똑똑한 아이는
어떻게 생각하고
질문하는가

사고력 실종의 시대, 앞서가는 아이들의 생존 전략

똑똑한 아이는
어떻게 생각하고
질문하는가

이시한 지음

북크레용

차례

1장

생각하는 부모가 생각하는 아이를 만든다

2장

똑똑한 아이는 어떻게 생각할까?

• 일러두기
본문 그림 중 일부는 ChatGPT에게 어떤 그림을 그려달라고 요청해, 그림 생성형 AI 'DALL · E 3'로
그린 것이다.

"너는 세상의 다른 아이들에게는 없는
훌륭한 장점이 있단다.
그래서 이 세상에는 너만이 감당할 수 있는 일이
너를 기다리고 있어.
그 길을 찾아가야 한다.
너는 틀림없이 훌륭한 사람이 될 거야."*

-파울리네 고흐

* 아인슈타인의 담임선생님은 학업성적이 좋지 않아 지진아로 분류된 아인슈타인의 성적기록부에
'이 아이는 나중에 무엇을 해도 성공할 가능성이 없음'이라고 기록했습니다. 이를 보고 아인슈타인의 어
머니가 아인슈타인에게 해준 말입니다.

그렇다면 우리 아이들은
어떻게 키워야 하나요?

최고 리더들이 한, 단 하나의 질문

봄이라고 하기에는 아직 조금 춥고, 겨울이라고 하기에는 너무 따듯한 그런 날 오후였습니다. (보통 환절기라고 하죠.) 강남 시내가 한눈에 내려 다보이는 삼성전자 사옥 20층에서 강연을 하기 위해 대기하고 있었어 요. 삼성의 한 계열사 고위급 리더들만을 위해 '똑똑한 리더는 어떻게 생각하고 질문하는가'라는 주제로 강연을 하는 날이었거든요. 이미 너 무 똑똑한 분들인데, 얼마나 더 똑똑해지려고 강연을 듣나 싶기도 하 고, 또 한편으로는 이미 너무 똑똑해서 강연이 눈에 차려나 하는 생각 이 교차했습니다.

그런데 그런 생각에 깊이 빠질 여유도 없이 곧바로 강연장에 들어갈 시간이 들이닥쳤고, (다행히) 열렬한 환호를 받으며 강연을 시작해, 'AI 시대에 인간은, 또 리더는 어떻게 경쟁력을 확보해야 할까?'라는 내용으로 강연을 진행했습니다. 집중도도 좋고 리액션도 좋아서 재미있고 유익하게 강연이 끝났습니다. 그런데 강연을 하다 보니 내용이 꽉 차서 시간이 모자라더라고요. 그래서 양해를 구하고 Q&A 시간까지 다 채워서 강연을 했습니다. 그러자 질문 하나 못 받는 게 섭섭했는지 사회자분께서, "딱 질문 하나만 받겠습니다"라고 하더라고요. 그러자 저도 궁금해졌습니다. '삼성 계열사의 고위 리더들이 뽑은 단 하나의 질문은 도대체 무엇일까?'가 말이죠.

그 하나의 질문이 바로 "그렇다면 우리 아이들은 어떻게 키워야 하나요?"였습니다. 삼성 계열사 최고의 리더이기 이전에 이분들은 부모인 거죠.

《똑똑한 사람은 어떻게 생각하고 질문하는가》라는 책이 나온 이후로 관련 강연을 가면 반드시 받는 질문이 아이들에 관한 것입니다. AI 시대라는 단어가 입에 채 붙기도 전에, AI 시대라는 폭풍은 이미 우리 눈앞에 당도해버렸습니다. 지도를 보고 경로를 정하고, 항해 전략을 세우기도 전에 우리는 이 AI라는 폭풍의 바다에 나서게 되었는데, 일찍이 본 적 없는 이 광포한 풍속 앞에 맞설 길은 새로운 항해술뿐입니다. 그 항해술이 바로 생각과 질문이죠. 그래서 '사람의 생각과 그것을 잘 표현하고 극대화하는 질문을 통해 AI를 자유자재로 다루고 효과적으로 사용할 수 있게 된다'라는 것은 많은 분이 동의하는 내용입니다. 그런데 그것을 우리 아이들이 어떤 방법으로 익힐 수 있느냐에 대해서는 부모님들이 도무지 감이 안 잡히는 거예요. 그래서 '아이들은 어떻게 해야 하나요?'라는 공통적인 질문을 계속 하는 거죠. (이러한 질문들의 전제에는 현재의 학교 교육이나 입시 시스템이 AI 시대를 대비하는 교육을 하는 것은 아니라는 확신이 깔려 있기는 합니다.)

이런 질문이 거듭될수록 이에 대해 정리해야겠다는 생각이 들었고, 또 정리하려고 보니 책 한 권 분량이 필요하다는 생각이 이어서 들었습니다. 그러니까 이 책은 독자들의 요청과 필요가 만들어낸 질문에 대한 답입니다.《똑똑한 사람은 어떻게 생각하고 질문하는가》책이 당위와 방향성, 그리고 그에 따른 구체적 스킬의 밸런스를 맞춰서 쓴 책이라면,《똑똑한 아이는 어떻게 생각하고 질문하는가》는 조금 더 구체적이고 현실적인 부모의 요구에 맞춰 썼습니다. 아이를 위한 책이지만, 그 전에 부모를 위한 책이죠.

이 책을 구성하는 데 바탕이 된 세 가지 경험
: ① tvN <문제적 남자>

이 책을 구성하는 데는 크게 저의 세 가지 경험이 자리했습니다. 먼저는 tvN의 〈문제적 남자〉 기획에 참여하고 초반기에는 출연도 한 경험입니다. 대만에 가족 여행을 가 있을 때 한국에서 모르는 번호로 전화가 왔어요. 받아보니 tvN PD라고 하더라고요. 새롭게 기획하는 예능 프로그램이 있으니 미팅을 하자는 전화였고, 다행히 이번 주는 아니기에 좋다고 했죠. (대만까지 갔는데 아직은 정체 모를 사람의 전화 한 통 때문에 이번 주에 귀국할 수는 없잖아요.)

다음 주에 카페에서 만났는데, PD가 새로운 프로그램으로 퀴즈 프로그램을 론칭할 계획이라고 하더라고요. 오래전에 한물도 아닌 여러물 간 '퀴즈 프로그램'이라고 하니까, 약간 의심이 생겼습니다. 그래도 계속 물어봤죠. "어떤 퀴즈를 풀게 되나요?" 하고요. 그랬더니 명문대학 면접 문제, 대기업 입사 문제, 아이큐 문제 같은 것을 풀게 된다는 거예요. 더더욱 의심이 갔습니다. '잘 될까?' 하고요. 그래서 PD한테 "실례지만 전작이 뭐예요?"라고 물어봤거든요. 〈화성인 바이러스〉라고 하더라고요. 그제야 조금 이해가 됐습니다. PD가 화성인이구나 하고요.

농담처럼 말했습니다만 실제로 처음에는 약간 이상하긴 했어요. 방송에서 면접 문제나 아이큐 문제 같은 것을 푸는 게 재미있을까 하는 생각이 들어서요. 그런데 기획 의도를 들으니까, 기존의 퀴즈들이 그냥 단답식으로 정답을 맞히는 것인데, 이 프로그램은 그런 것이 아니라 다른 사람들과 조금 다른 창의적인 생각을 하는 사람들은 도대체 어떻게 그러한 결론에 도달하는지 그 과정을 보여주겠다는 거였어요.

그 과정을 보고 자극을 받으면 보통의 사람들도 그런 창의적인 사고의 비밀을 조금은 엿볼 수 있다는 개념이었던 것이죠. 이게 바로 제가 평소 늘 말하고 다니던 것이어서, 왜 저한테 연락이 왔는지 알겠더라고요. 그다음부터는 의심하는 시각을 살짝 거두고, 제가 생각하는 것, 프로그램의 방향에 대해 신나게 떠들어재껴댔습니다. 생각이 맞는 사람들과 나누는 대화는 '떠들어재낀다'는 표현이 부족할 정도로 즐겁잖아요.

아직 출연진도 섭외되지 않았고, 세부적인 기획이 잡힌 것도 아니라 방향만 이야기되는 상태였기 때문에, 저도 세부적인 기획에 참여하기로 하고, 평소 저의 생각인 '창의적인 사고 역시 훈련으로 키워질 수 있다'는 것을 프로그램에 녹이기 위해 제작진과 같이 이야기했습니다. 나중에 출연진이 정해지고, 저도 초창기에는 방송에 '전문적 남자'라는 패널로 출연해, 인재의 사고법에 대해 여러 실험을 했고 실증도 할 수 있었어요. 그러면서 창의적인 사고가 훈련으로 가능하다는 것을 프로그램을 진행해가며 확인할 수 있었죠.

이 책을 구성하는 데 바탕이 된 세 가지 경험
: ② YG 엔터의 보석들

두 번째 경험은 YG 엔터테인먼트 연습생들과의 교육 경험입니다. YG

엔터테인먼트의 연습생들과 반 년 정도 '독서×인성' 프로그램을 진행한 적이 있거든요. 저도 처음에는 YG 엔터에서 연락이 와서 놀랐어요. 파주에서 출판사와 미팅을 하고 서울로 올라가려고 차를 막 탔는데, 갑자기 모르는 번호로 전화가 와서 "안녕하세요. YG 신인개발팀입니다."라고 하더라고요. 그 이야기를 듣고 참아야 했는데, 갑자기 제가 드립을 쳐버렸습니다. "드디어 제가 캐스팅된 건가요?" 하고 말이죠.

잠깐 웃으시다가 제가 마침 파주에 있고 자유로 타고 올라가는 길이니 바로 YG 사옥이 있는 합정으로 가서 미팅을 하자고 이야기가 되었어요. 그렇게 만나서 의뢰받은 것이 YG 연습생들의 독서×인성 프로그램이었습니다. 이런 대형 기획사의 연습생들은 춤, 노래 트레이닝뿐 아니라 스피치 훈련 같은 것도 다 따로 받는데요, 그중에 YG에서는 처음으로 시도되는 프로그램이었던 것이죠.

매달 한 번 정도 7~10명씩 4개 조로 진행되었는데, 남자 연습생이 반, 여자 연습생이 반이었어요. 그런데 나이로 보면 남자 연습생은 20대도 있고 고등학생이 많았는데, 여자 연습생은 중학교 학생이 많았고, 제일 어린 친구가 초등학교 5학년도 있었어요.

처음에는 독서 기반이다 보니 책을 읽고 앉아서 이야기를 나누는 식으로 진행하려다가 한 번 해보고 그것이 불가능함을 바로 알게 되었습니다. 하루에 10~12시간 이상을 춤과 노래 연습을 하는 친구들이라 앉으면 엄습하는 졸음의 기운을 참기가 힘든 거예요. 게다가 늘 최신

춤이나 노래 등에 노출되어 있고, 소속사에 있으면 블랙핑크 제니나 빅뱅의 지드래곤 같은 사람들과 마주치는 아이들이다 보니 화려한 자극에 익숙하거든요. 여러모로 가만히 앉아 책을 읽고 그에 대한 이야기를 나누는 프로그램을 그대로 진행하기에는 무리가 있더라고요.

그래서 다음 세션부터는 전략을 바꿔 '활동'을 해보았습니다. 책의 내용을 뮤직비디오 구성으로 만들어보기도 하고, 가사를 이어 붙여 써보기도 했죠. 무엇보다 제일 재미있었던 것은 예능처럼 편을 나눠 경쟁하면서 퀴즈를 맞히는 것이었는데요, 그 퀴즈가 보통은 추리나 사고를 연습하는, 조금은 어려운 것인데도 서로 이기려고 바닥을 굴러가면서 최선을 다하더라고요. 덕분에 교육 시간이 아주 즐거워지고, 집중이 잘되었죠.

그러면서 깨달은 것은 아무리 좋은 내용도 집중력이 잘 모이지 않는 환경에서는 효과가 떨어진다는 것이었고, 그것을 미션이나 프로젝트처럼 활동으로 만들어 수행하며 자연스럽게 익히게 하는 것이 훨씬 효과적이라는 사실이었습니다.

그래서 이 책에서는 사고와 질문법을 이야기하며 구체적 미션으로 만들었고, 그것을 부모와 같이 해보게 함으로써 흥미와 재미를 유지하며 수행할 수 있도록 구성했죠. 특히 마지막 장의 복합적 미션은 부모 입장에서도 매우 흥미로운 미션들입니다.

(이때 YG 연습생들은 지금은 많이 데뷔했어요. 남자 연습생은 대부분 〈트

춤 연습을 하는 아이돌 연습생들.

레져〉라는 보이 그룹의 멤버들이고, 방예담은 솔로 가수로 지금은 YG에서 나왔더라고요. 그리고 여자 연습생 중에는 걸그룹인 〈베이비몬스터〉의 멤버가 된 친구도 있습니다.)

이 책을 구성하는 데 바탕이 된 세 가지 경험
: ③ 딸과의 에피소드

세 번째 경험은 저의 딸과의 에피소드입니다. 사실 이 책에서 제시하는 방법들은 평범한 것이지만 차이는 그것을 구현하는 방법입니다. 방법만 제시하고 아이들에게 하라고 하면 아이들이 그 방법을 따를 리가 없잖아요. 당연히 부모의 역할이 중요한데, 제가 정말로 이 책을 통해서 전해드리고 싶은 핵심 메시지는, 그것을 아이를 위해 희생하고 아이만을 위한 작업이라고 생각하지 말라는 것이죠. 진짜는 부모와 아이가 같이 성장해야 한다는 것입니다. 부모라고 해봤자 아이를 키운다면 30~40대 나이가 평균적이죠. 이분들이야말로 AI 시대를 살아가기 위한 사고법과 질문법이 절실하게 필요한 세대입니다. 바로 AI가 도입되면서 직접적으로 경쟁해야 하는 상황에 몰려 있는 나이대거든요. 그리고 일단 지금까지 양상은 AI를 잘 활용하는 사람이 일자리를 점점 독식해가는 구조가 나타나게 될 예정이라는 거죠. 그러니까 AI 시대에 적응하는 것은 부모가 더 필요한 셈입니다. 아이에게는 대비 훈련이지만, 부모에게는 응급 상황인 거예요.

이 책에서 제안하는 여러 가지 미션을 아이들과 같이 하면서 아이와 부모가 함께 성장하기를 바랍니다. 아이를 통해서도 부모는 얼마든지 성장하거든요. 지금은 뉴욕대학교에 진학한 딸이 초등학생 시절의 이야기입니다. 한번은 아이가 방학 때 친구가 다니던 교회의 여름 성경학교에 따라가게 되었는데요, 거기서 전도사님이 성경이야기를 하며 아이들에게 이렇게 질문했다고 합니다. "아빠가 약속을 했지만 지키지 못한 것은 어떤 것이 있었어?"라고 말이죠. 전도사님의 의도는 '여러분의 부모님은 가끔 약속을 어기기도 하지만, 하나님 아버지는 약속을 절대 어기지 않는다'는 이야기를 하기 위해 먼저 아이들에게 그렇게 질문했다고 하더라고요. 그런데 다른 아이들이 이런저런 사례를 대면서 이야기하는데, 우리 아이는 한참을 생각하더니 자기 차례가 오자 "우리 아빠는 저하고 한 약속을 한 번도 어긴 적이 없어요."라고 대답했다고 합니다.

그 이야기를 전하는 전도사님의 눈에는 존경심이 표해졌지만 사실 그럴 리는 없습니다. '몇 시까지 들어올게'라고 이야기하고 그 시간에 못 들어온 적도 있고, '주말에 어디에 가자'라고 해놓고 못 간 적도 있으니까요. 하지만 아이에게는 약속을 지키려고 노력하는 모습이 기억에 남았는지, 실제로 아빠는 약속을 꼭 지키는 사람이라는 이미지로 되어 있더라고요.

이 이야기를 제가 하는 이유는 제가 특별히 약속을 지키려고 노력하는 사람이라는 것을 말하고자 하는 것이 아닙니다. 모든 부모가 아이와 한 약속을 지키려고 노력하니까요. (제 딸이 조금 더 긍정적인 아이일 뿐이죠.) 다만 이런 이야기를 전해 들은 뒤로는 아이와 한 약속을 지키기 위해 제가 최선을 다하게 되더라는 것입니다. 이 이야기는 찔리는 구석도 있기 때문에 부모로서의 저를 돌아보게 하는 계기가 되기도 했어요. 그리고 아이가 너무 아름답게 기억하고 있으니 그 기억을 지켜주기 위해 최선을 다해 약속을 지키는 아빠가 되어야겠다고 생각한 것입니다.

부모가 아이를 양육한다고 생각하지만, 부모 역시 아이를 통해 자람니다. 아무리 욕쟁이 부모라도 자식 앞에서는 욕을 줄이려고 합니다. 평생 못 끊던 담배를 아이가 생기자 끊을 수 있었다는 '기적'은 차고도 넘치죠. 아이 덕분에 부모도 좋은 사람이 될 수 있어요. 아이에게 좋은 사람으로 보인다면, 분명 그 모습은 다른 사람에게도 좋은 사람일 것입니다.

아이에게 잘 보이는 것뿐 아니라, 부모는 아이 덕분에 용기를 내기도 하거든요. 미국 국무부의 중동 인권 담당 직원인 애넬 셜라인은 미국의 이스라엘 가자 학살 지원에 대해 언론에 공개 항의하면서 사임했습니다. CNN과 〈워싱턴포스트〉 등 언론 매체에 미국 정부가 자국 법을 위반하며 이스라엘에 극단적 지원을 한다고 비판을 하죠. 언론들이 안정적인 정부 관리이면서 이같이 행동한 이유를 묻자 애넬은 눈물을 흘리며 "나는 어린 딸이 있다. 나중에 딸이 나에게 '이때 엄마는 뭘 하고 있었어? 국무부에 있었잖아.'라고 묻는 것을 생각했다. 나는 딸에게 그때 침묵하지 않았다고 말하고 싶었다."라고 말합니다.[1] 사회적으로 옳은 일을 할 수 있게 용기를 내는 데 영향을 미친 것이 바로 딸인 거죠. 아이들은 부모에게 조금 더 나은 사람이 될 수 있는 기회를 제공합니다.

그리고 아마 극한의 육아를 경험해본 분들은 한 조각 잠이, 가만히 앉아서 먹을 수 있는 점심이, 평온한 커피 한 잔이 얼마나 소중하고 고마운 일인 줄 알 거예요. 아이는 부모에게 작은 일에 감사하고 행복한 마음을 갖게 해주기도 해요. 로또와 코인에서만 찾을 수 있을 줄 알았던 행복이 생각보다 가까이 있고, 사실은 안경 한번 바꿔 쓰면 보이는 것이라는 사실을 아이를 통해 깨닫게 되는 거죠.

부모와 아이는 원 팀이다

세 가지 경험이 바탕이 되어 쓴 이 책은 '구체적인 미션'을 통해 '부모와 같이' '생각의 훈련'을 하게 합니다. 생각은 구체적인 미션과 방법을 통해 훈련될 수 있으며, 부모와 같이 그런 과정을 해냄으로써 아이도, 부모도 성장하는 기쁨을 함께 맛볼 수 있습니다.

부모와 아이는 원 팀입니다. AI 시대라는 거친 바다에 나가야 하는 이때에는 더더욱 그렇죠. 한 배를 탔다는 사실이 그 어느 때보다 절실하게 느껴지는 때거든요. 하고 있는 것, 할 수 있는 것, 해야 하는 것이 워낙에 급박하게 변하니까, 결국 우리는 지금 무엇을 준비해야 하는지 아무도 모르는 지경입니다.

사태가 이렇게 흘러가는데 오히려 지금의 사회 환경은 아이의 사고력을 빼앗아가는 방향으로 발달하고 있습니다. 모든 콘텐츠가 아이들의 시간을 노리고 있고요, 여러 비즈니스는 아이들에게 집중력을 내어놓으라고 합니다. 이런 위협에 빠진 것은 아이들만은 아니죠. 부모 역시 마찬가지입니다.

이런 환경에서 살아남기 위해서는 어느 때보다 높은 집중력으로 시대를 읽고, 환경을 분석하고, 그에 맞춰 새로운 정보를 습득하여 자기 것으로 해 적응력을 높여야 합니다. 그리고 그런 주체가 학교보다는 오히려 가정이 되어야 하는 것이죠. 시대의 변화에 빠르게 대응할 순발력을 가질 수 있는 것은 학교보다는 부모거든요. 게다가 부모 역시 이 AI 시대에 적응해야 할 상황이기도 하고요.

급변하는 상황을 빠르게 파악하고 판단해서, 상황에 최적화된 판단을 내리고, 새로운 것들을 빠르게 습득하는 순발력과 의지를 발휘하는 사람이 되는 것은 아이도 부모도 같이 설정해야 할 공동의 목표입니다. 이 책에 나오는 여러 가지 방법을 익히고 아이와 같이 해보면서, AI 시대에 필요한 사고력, 그리고 그것을 표현하는 질문력, 구체적으로 적용하는 적응력을 모두 높일 수 있기를 바랍니다.

1장

생각하는 부모가
생각하는 아이를
만든다

생각을 조심해라. 말이 된다.
말을 조심해라. 행동이 된다.
행동을 조심해라. 습관이 된다.
습관을 조심해라. 성격이 된다.
성격을 조심해라. 운명이 된다.

우리는 생각하는 대로 된다.

－마거릿 대처

지식보다 지혜가,
답보다 질문이 중요한 시대

?.... 테세우스의 배 난제

요즘은 아침에 일어나면 먼저 SNS나 유튜브를 찾아보게 됩니다. '이제 우리는 뭐 먹고 사나?'라든가, '진심 미쳤음', '충격', '특이점' 등의 제목을 단 게시물이나 영상 등을 발견하게 돼요. 대부분 밤사이 바다 건너에서 발표된 새로운 AI 툴들을 소개하는 내용입니다. 보통 유튜브 섬네일은 어그로(인터넷상에서 관심을 끌기 위해 자극적인 제목을 붙이거나 글을 쓰는 것)가 많아서 실제를 과장한 자극적인 제목을 붙이는 경향이 있긴 한데, 적어도 AI 씬에서의 새로운 발표들은 '진심 미친' 게 많은 게 사실이에요.

그중 잠이 확 깨는 내용을 1~2주일에 한 번 정도씩은 보게 됩니다. 그런 내용을 발견하면 끈적끈적 달라붙는 침대를 과감하게 끊어내고 일단 부엌으로 가서 일리커피를 내립니다. 그리고 따뜻하게 올라오는 모락김의 부드러움을 한 모금씩 마시며 컴퓨터 앞에 앉아 오늘 오후에 할 강의의 PPT 자료를 불러옵니다. 그리고 장표의 한 부분에 급하게 새로운 툴에 대한 정보를 삽입하죠. 그리고 오늘 강연의 담당자에게 이메일을 보내, '혹시 오늘 PPT를 지금 보내는 것으로 대체할 수 있을지?' 물어봅니다. 대체로 된다고 하는 편인데, 다 고치는 것은 아니고 장표 몇 장만 업그레이드하는 것이니까요. 그런데 이렇게 한두 달 지나면, 어느새 PPT 내용 자체가 다 바뀌어 있죠.

이렇게 하다 보면 생각지도 않게 철학적 난제인 '테세우스의 배'라는 역설과 비슷한 상황에 다다르게 됩니다. 그리스 신화의 영웅인 테세우스가 크레타에서 미궁 속의 괴물 미노타우로스를 죽이고 아테네로 귀환했을 때 타고 온 배가 테세우스의 배인데요, 아테네 사람들은 이 배를 기념으로 보존하기로 했어요. 그런데 목재 배라서 세월이 지나자 하나둘씩 썩기 시작했고, 아테네 사람들은 그런 부분을 새로운 목재로 갈아 끼워가며 계속 보존했죠. 어느 순간이 되자 배 전체가 다 새로운 목재로 대체되었습니다. 그렇다면 이게 테세우스가 귀환할 때 타고 온 그 배가 맞을까요?[2] 이게 바로 테세우스의 배 역설입니다.

이것을 제 PPT에 적용해보면 두 달여 지나면 거의 모든 내용이 바뀌

테세우스의 배.

어 있는 저 PPT는 두 달 전쯤에 만든 PPT의 수정판일까요, 아니면 새롭게 만들어진 새로운 PPT일까요? 그런데 사실 뭐가 중요하겠습니까. 제가 하고 싶은 이야기는 이 정도로 변화가 빠른 세상을 우리는 살고 있다는 것입니다. 두 달 정도면 PPT가 새로운 테세우스의 배가 되어버린다는 이야기는, 두 달 정도의 시간이면 이미 그 전과는 다른 AI 세상이 펼쳐진다는 뜻입니다.

이 변화를 체감하지 못한다면 그것은 변화에 애써 눈 돌리고 마주하지 않으려 노력하기 때문일 겁니다. 하지만 자신이 자고 있다고 해서 새벽이 오지 않는 것이 아닙니다. 그리고 보통은 자고 있을 때 아침이 도착하곤 하죠.

?.... 프로덕트로 쓸모를 획득하는 AI

AI가 무섭도록 쓸모 있어지고 있습니다. ChatGPT로 소개되었을 때는 원천기술 형식 정도이던 AI가 프로덕트가 되면서 강력한 활용성을 가지게 되었거든요. 비유적으로 보면 원천기술이 자율주행이라면, 프로덕트는 자율주행 차인 거죠. 자율주행 기술을 이용할 분야는 많지만 이 기술만 존재해서는 엔지니어를 제외한 다른 사람들은 활용하기가 어렵습니다. 그런데 그것을 기존의 차와 결합해서 상품으로 만들어 팔게 되니까, 쉽게 자율주행 기술을 활용한 차를 우리가 이용할 수 있게 되는 것입니다.

AI 기술이 특정 동작이나 목적에 맞게 조정되고 결합되어 상품이 되면, 우리는 AI를 단추 하나 눌러서 자유롭게 활용할 수 있게 되는 거예요. 예를 들어 로어 머신은 웹툰을 만들어주는 AI 툴입니다. 정식 명칭은 Story Visualization System으로 스토리 시각화 시스템이에요. 스토리를 입력하면 이에 맞춰 다양한 스타일의 이미지나 사운드, 애니메이션을 생성해 웹툰이나 그래픽노블을 만들어주는 도구입니다.[3]

미드저니나 DALL·E 같은 이미지 생성형 AI를 이용해서 웹툰을 창작할 수도 있지만, 이럴 경우 한 컷 한 컷 수동으로 생산해야 할 뿐 아니라 가장 큰 문제는 등장 캐릭터들의 일관성이 유지되지 않았거든요. 그런데 로어 머신을 쓰면 스토리만 입력하면 연속적인 웹툰 컷이 생성

로어 머신 홈페이지.[4]

되는 거죠. 스토리보드도 만들 수 있고, 짧은 애니메이션 형식도 가능합니다.

이 툴을 쓰면 그림을 그리지 못해도 스토리만 좋으면, 웹툰 작가가 될 수 있습니다. 그리고 스토리 역시 텍스트 생성형 AI를 쓰거나 스토리 쓰기에 특화된 GPTs 등의 도움을 받으면, 괜찮은 것을 뽑아낼 수도 있죠.

프로덕트 형태가 된다는 것은 바로 이렇게 특정 목적을 수행하기 좋게 최적화되어 상품이 된다는 것인데요, 단추 하나 누르면 작동될 정도로 편한 사용성이 특징입니다. 자고 일어나면 이런 AI 프로덕트가 쏟아지고 있어요. 이제 AI는 기본적인 형태인 챗봇에서 어시스턴트로 진화하고 있습니다. 그리고 궁극적으로는 에이전트로 가게 됩니다. 챗봇은 그냥 대화를 주고받으며 질문과 답을 주고받는 수준이었다면, 어시스턴트는 본격적으로 AI의 도움을 받는 것입니다. 웹툰을 연재하기 위해 로어 머신의 도움을 받는 것처럼 말이죠. 그리고 에이전트는 그냥 AI 자체가 작업을 수행하는 것입니다. 기계가 사람의 일을 대체한다는 것은 이런 에이전트가 결국에는 사람 대신 일하는 것을 말하는 것이죠.

?.... AI라는 도구

우리 아이들은 이런 세상을 살아가야 합니다. 게다가 AI로 인한 혁신과 변화는 이제 시작입니다. 지금의 상황과 조건으로 아이들 앞에 놓인 싸움의 강도와 규모를 재단해서는 안 됩니다. AI는 지금보다 강력해지고, 활용도와 친화도는 높아져서 사람과 일자리를 놓고 벌이는 경쟁에서 압도적 우위를 보일 것이기 때문입니다.

그래서 아이들은 AI를 싸움의 대상이 아니라 모험의 동료로 삼아야 합니다. AI를 적으로 돌리게 되면 승산을 계산하기가 힘들어집니다. 질 수밖에 없는 싸움인데, 언제 어떻게 지느냐를 따질 뿐이죠. 왜냐하면 지금 이 순간에도 AI는 발전하고 확장하고, 다양한 솔루션과 연결되고 있기 때문이죠.

AI 툴이라는 말처럼, AI는 도구입니다. 원래 인간은 도구를 통해 자신의 한계 이상의 능력을 발휘해왔습니다. 《정글북》은 늑대 무리 속에서 자라는 아이 모글리가 주인공으로 등장하는 어린이 소설이죠.[5] 모글리를 호시탐탐 노리는 호랑이 시어 칸에 비하면 인간인 모글리는 신체적 장점이 전혀 없습니다. 늑대보다도 약한 게 사람인 모글리죠. 하지만 모글리는 불이라는 도구를 사용해 시어 칸에 대항해요. 디즈니에서 만화로도 실사영화로도 〈정글북〉이 만들어지는데, 여기서는 모글리가 늑대의 일원으로 인정받기 위해 인간의 특징이라고 인식되는 도구 사용을 거부하는 모습이 나오거든요. 하지만 나중에는 도구를 사용하는 것 역시 인간이 가진 능력의 일부라고 인정하면서 정글의 일원으로 생활하게 됩니다.

미국 건국의 아버지라는 벤저민 프랭클린은 "인간은 도구를 만드는 동물"이라고 말했습니다.[6] 프랑스 철학자 앙리 베르그송은 "인간은 도구를 만들고 도구는 인간을 만든다"[7]고 하면서 호모 파베르라는 말을 썼죠. 인간은 도구를 만드는 과정에서 진화했다는 겁니다. 도구를 활용하는 것은 인간의 '종특'(종족 특성)입니다. 따라서 AI를 도구로 활용하려고 하는 것은 지극히 당연한 과정입니다.

앞으로는 이 AI라는 도구를 잘 활용하는 사람과 그렇지 않은 사람 사이에서는 상당한 격차가 생길 수밖에 없어요. 보고서를 한 땀 한 땀

정성스럽게 작성하는 사람과 '코파일럿' 같은 AI 프로덕트를 이용해 단추 한 번으로 작성하는 사람 사이에는 생산성 차이가 발생합니다. AI가 하는 것에 비해 아직은 사람이 하는 것이 퀄리티 면에서는 낮다고 이야기하는 분도 있는데, 아무래도 AI 방식은 기존 결과물들의 평균을 찾아가는 것이니까, 탁월한 사람이 하는 것에 비해 퀄리티가 떨어질 수는 있어요. 하지만 보통 평균 정도는 되죠. (이런 특징도 지금의 발전 속도로 보면 언제까지 지속될지는 알 수 없지만요.)

그런데 속도 면에서 보면 AI에게 명령해서 보고서를 뽑으면 20배를 넘어 200배 차이도 날 수 있어요. AI에게 맡기면 1분이면 나오는 보고서가 사람이 하면 200분 걸릴 수 있거든요. 그러면 AI를 활용하는 사람은 20분 동안 20개의 다른 보고서를 생성해 그것들을 잘 편집해서 최적화된 보고서를 뽑아내면 됩니다. 편집에 20분 정도 걸린다고 하면 총 40분이 될 텐데, 여전히 200분보다 5배 정도는 빠릅니다. AI를 도구로 잘 활용하는 사람이 살아남는 이유입니다.

?.... 질문만 잘하면 필요한 것을 얻을 수 있는 세상에서 우리에게 정말 필요한 것은?

AI를 도구로 다루는 조종법이 바로 질문입니다. 답을 내주는 기계, 요청에 대해 반응하는 AI가 나오면서, 이제 답에는 경쟁력이 없어졌어요. 이것은 마치 검색의 시대가 열리면서 지식의 경쟁력이 사라지고, 그 지식들을 통섭이라는 이름으로 선 이어서 의미를 만드는 인사이트, 그러니까 지혜가 더 중요해진 것과 비슷합니다. 기술의 발전으로 유용한 지혜와 그것을 찾아내는 방법 자체가 바뀌는 것이죠.

질문에 대한 답은 즉시적으로 주어지니까, 어떤 질문을 하느냐가 경쟁력인 것이지, 답 자체에는 차별성이 없어집니다. 필요한 지식도 검색할 필요도 없이 단번에 내어주고, 찾아야 하는 인사이트도 평균적인 정도는 제시해줍니다. 이 이상을 뛰어넘는 생각의 힘, 기획의 묘는 인간의 경험과 반짝임이 필요하겠지만, 일반적으로 루틴한 업무 상황에서는 그렇게까지 할 필요는 없거든요.

과거에는 적당한 질문뿐 아니라 그 질문에 답을 찾아내는 능력도 중요했지만, 이제는 적당한 질문만 하면 답이 나오기 때문에 답을 찾아내는 능력이 아니라 질문을 통해 목적을 정확하게 표현하고, 답이 나왔을 때 그것을 검증할 만한 지혜가 필요한 시점입니다.

과거에는 지식인이라는 표현을 썼잖아요. 하지만 이제는 지혜인이 필요한 때입니다. 지혜는 사용성, 활용성의 문제예요. '초등학교도 안 나온 지식인'이라는 표현은 뭔가 좀 안 맞는 느낌이죠. 그만큼 지식이라는 것은 배움과 축적의 시간이 쌓여야 가능하다는 양적인 이미지가 있거든요. 하지만 배움은 짧지만 지혜 있는 사람은 많이 있습니다. 이렇게 보면 지혜 있는 사람은 자신이 가지고 있는 정보, 경험을 잘 파악해서 환경과 조건에 맞는 행동이나 말을 하는 사람인 겁니다. 그러면 지혜는 프로세스에서 발동한다는 것이죠. 지식은 자신이 아는 것의 결과물의 축적에 경쟁력이 있다면, 지혜는 아는 것의 양이 아니라 가진 것의 활용성에 그 가치가 달려 있습니다.

아는 것이 많으면 아무래도 선택과 방향이 폭이 넓고 그 아는 것들을 선 이어서 의미를 만들어내기도 좋으니 과거에는 지식 있는 사람이 지혜도 같이 가지고 있는 확률이 높았죠. 그런데 이제 지식 축적, 아는 것의 빠른 인덱스, 적재적소의 대답 같은 것을 AI에게 시킬 수 있는 시대가 되니, 인간은 지혜에 집중할 수 있게 된 거예요.

그 방향성은 시간이 지날수록 더욱 짙어집니다. 1980년대에도 아이들은 학원에 다녔어요. 그 당시에 초등학생들이 다니는 학원으로 가장 많은 것이 주산학원, 서예학원, 태권도장 같은 것이었습니다. 그런데 계산기가 일반화되고 스마트폰으로 빠르게 계산할 수 있게 된 요즘에 주산학원을 다니는 사람은 웬만해서는 보기 힘들죠. 주산학원도 '암산으로 두뇌를 강화하자' 정도의 개념으로 존재하지, 과거처럼 실용적인 목적의 학원은 아니에요. 워드프로세서로 웬만한 글을 쓰면서 글씨를 잘 쓸 필요가 사라진 지금 서예학원은 마음 수양의 장이지, 실용적인 목적의 학원이 아닌 것과 마찬가지로요. 요즘 실용적인 글씨쓰기는 차라리 캘리그라피죠. 그나마 몸으로 부딪히는 태권도장만이 과거와 비슷하게 살아남아 있습니다.

만약 어린 시절에 주산왕으로 아무리 복잡한 계산도 주판 하나만 있으면 척척 해내는 친구가 있었다면 지금은 어디서 무엇을 하고 있을까요? 회계사, 세무사 같은 전문직뿐 아니라 기업의 경리 파트도 모두 프로그램으로 자동화되고, 일상생활에서는 개인적으로 계산할 필요가 거의 없어진 지금에는 '제기차기를 끝내주게 잘하는 것'과 그다지 다른 것이 있을까 싶어요. 제기를 잘 차는 것은 부러운 일이지만, 제기차기를 위해 하루 2시간씩 연습할 만큼 실용적인 쓰임새가 있는 일은 아니잖아요.

과거 30~40년의 변화만 해도 그것을 쫓으려면 눈이 돌아갈 지경입니다. 그런데 누구나 인정하듯 변화의 속도가 급진적으로 가속화된 요즘 그런 변화는 10년 이내에도 일어날 수 있고요, AI가 매개된 분야는 1~2년 안에도 일어날 수 있죠. 이런 변화를 눈으로 쫓다가는 이제는 눈이 튀어나와버릴 지경입니다. 문제는 10년이라고 해봤자 아이들은 아직 학생이라는 것이죠. 아이들이 사회에서 자리 잡을 20년 후를 놓고 보면 아득합니다. 그야말로 미래를 도무지 예측할 수 없습니다. 이런 알 수 없는 미래에 대한 불안은 오히려 초과학이라는 트렌드로 나타나 〈파묘〉 영화가 관객 1,000만 명을 동원하기도 하고, 넷플릭스에서는 〈삼체〉 시리즈가 전 세계적으로 히트하기도 했죠. 초과학에 대한 관심은 과학기술에 대한 반감이기도 하면서, 또 하나는 과학기술 자체가 이미 마술적으로 보이기 시작했다는 뜻이기도 합니다.

아이에게 물고기 잡는 법을 가르쳐주는 부모.

예측할 수 없는 미래를 살게 될 아이들을 위해 지금 준비할 수 있는 일은 무엇일까요? 지식과 정보를 다루는 방법 자체를 익히는 것입니다. 최신 정보를 알아서 암기해봤자 1년이면 이미 그 정보의 반 이상은 무용지물이 됩니다. 중요한 것은 최신 정보를 빠르게 습득하는 과정의 훈련입니다. 정보 습득 방법과 프로세스를 익히고 내면화하면 어떠한 최신 정보가 나와도 그것을 빠르게 익힐 수 있거든요.

어떻게 생각하면 《탈무드》에도 전해 내려오는 고리타분하다고 생각되던 조언이 과학기술의 힘에 압도당하는 지금 이 순간에도 여전히 적용되는 것입니다. "아이에게 물고기를 주어라. 한 끼를 먹을 것이다. 물고기 잡는 법을 가르쳐주어라. 평생을 먹을 것이다."라는 격언 말이죠. 이렇게 바꿀 수 있죠. "아이에게 코딩하는 법을 알려주어라. 몇 년은 살아남을 것이다. 아이에게 질문하는 법을 익히게 하라. 평생을 먹을 것이다."

?.... AI의 주인이 되기 위해서는?

지식과 답은 차별성이 없어지고 있습니다. 차별성은 지혜와 질문에서 나옵니다. 그러니 지혜로운 질문은 최고의 경쟁력이 됩니다. AI는 도구일 뿐입니다. 하지만 전제가 있죠. 사람이 그것을 도구로 쓰면 그냥 도구일 뿐이지, 그것에 의존하고 무조건 따라가면 사람의 주인이 되어버릴 수도 있는 것이 AI입니다. AI는 도구 사용자의 의도에 따라 얼마든지 활용될 수 있어요. 아이들을 AI의 노예가 아니라 주인으로 키워야 하는 것은 바로 이 때문입니다.

제가 경희사이버대에서 강의를 하고 있는데, 사이버대다 보니 학생 중에는 직장인이 많고 궁금한 것에 대해서는 적극적으로 문의하는 편이에요. 한번은 'ChatGPT가 논문 표절 방지에 도움이 안 된다'라는 내용이 맞는지 확인해달라는 문의가 왔어요. 자신이 생각하기에는 기존의 데이터 수집 및 분석 결과를 도출하기에 ChatGPT가 표절 방지에 도움이 되지 않을 것 같다면서 ChatGPT 과목답게 ChatGPT에 물어본 답을 근거로 들더라고요.

'ChatGPT가 표절 방지에 도움이 되지 않을 것 같다'면서 수강생이 근거로 보내온 ChatGPT의 답.

그래서 저도 그에 맞춰 답변을 ChatGPT로 출력한 내용을 근거로 보냈습니다. 그에 반대되는 내용을 출력해서 말이죠.

그러면서 메일에 덧붙인 말은 다음과 같습니다.

"ChatGPT를 사용하여 논문 표절을 방지할 수 있는 이유에 대해서 ChatGPT에게 물어보겠습니다. 그러면 이렇게 나오죠. ○○님이 프롬프트에 입력하는 뉘앙스와 제가 입력하는 뉘앙스가 다르기 때문에 이렇게 극과 극으로 다른 결과가 나왔습니다. 바로 이것이 ChatGPT가 독립적으로 작동될 수 없는 이유입니다. 프롬프트를 어떻게 넣느냐에 따라 다르기 때문이에요."

그러니까 학생분은 처음부터 'ChatGPT가 표절 방지를 목적으로 사

ChatGPT

ChatGPT를 사용하여 논문의 표절 방지에 도움이 되는 방법을 논리적으로 설명하겠습니다.

1. 고유한 내용 생성 지원

개념 이해 및 설명

ChatGPT는 다양한 주제에 대한 광범위한 정보를 제공하며, 이를 통해 사용자가 주제에 대해 더 깊이 이해할 수 있도록 도와줍니다. 이해도가 높아질수록 사용자는 자신만의 해석과 분석을 논문에 반영할 수 있으며, 이는 고유한 내용의 생성을 촉진합니다.

자체적인 문장 구성

ChatGPT를 활용하여 주제에 대한 다양한 관점을 탐색하고, 이를 바탕으로 자신만의 독창적인 문장과 단락을 구성할 수 있습니다. 이는 기존 자료를 단순히 재구성하는 것이 아니라, 새로운 관점과 해석을 논문에 반영하는 데 도움이 됩니다.

2. 참고 자료 및 인용 가이드 제공

인용 규칙 및 형식 안내

ChatGPT는 다양한 인용 규칙과 형식을 사용자에게 안내할 수 있습니다. 이는 연구자가 사용하는 자료를 적절하게 인용하고, 표절의 위험을 줄이는 데 중요한 역할을 합니다.

다양한 자료 출처 제공

ChatGPT는 연구 주제와 관련된 다양한 자료 출처를 제공할 수 있습니다. 이를 통해 연구자는 더 폭넓은 자료를 참고하고, 다양한 관점을 논문에 반영할 수 있습니다. 이는 논문의 독창성과 신뢰도를 높이는 데 기여합니다.

3. 문체와 표현의 다양화

다양한 문체 제안

ChatGPT는 다양한 문체와 표현 방식을 제안할 수 있습니다. 이를 통해 연구자는 자신의 논문에 다양한 문체와 표현을 적용할 수 있으며, 이는 표절의 위험을 줄이는 데 도움이 됩니다.

언어적 다양성

논문 작성 시 ChatGPT를 활용하면 언어적 다양성을 확보할 수 있습니다. 연구자가 사용하는 언어와 표현이 다양해질수록, 기존 문헌이나 타인의 작업을 그대로 베끼는 일 없이 자신만의 독특한 스타일로 논문을 작성할 수 있습니다.

결론

ChatGPT를 활용하면 논문 작성 과정에서의 독창적인 내용 개발, 적절한 인용 및 참고 자료 활용, 그리고 문체와 표현의 다양화를 통해 표절을 방지하는 데 도움을 줄 수 있습니다. 그러나 주의할 점은, ChatGPT의 사용이 논문의 전체적인 품질과 독창성을 보장하지는 않으며, 항상 연구자의 비판적 사고와 독창적인 기여가 필요하다는 점입니다.

필자가 ChatGPT로 생성한 'ChatGPT가 논문 표절 방지에 도움이 된다'는 내용.

용되지 않는다'는 전제를 가지고 물어보았고, 저는 반대로 'ChatGPT
가 논문 표절 방지에 도움이 된다'라는 전제로 물어보았거든요. 그랬
더니 AI는 사용자가 원하는 식으로 다른 답변을 내놓은 것입니다.

제가 답 메일에서 하려는 얘기는 어떤 의도를 가지고 ChatGPT에게
그 근거를 찾아달라는 용도 정도로는 AI를 써도 되는데, 그렇게 나온
결과물이 마치 정답처럼 인식해서는 안 된다는 것이었습니다.

"거울아~ 거울아~ 세상에서 제일 예쁜 사람은 누구지?"라는 질문에
마녀의 거울은 곧이곧대로 '백설공주'라고 대답할 텐데, AI라는 거울
은 물어보는 사람의 의도와 성격, 어조, 말의 떨림 등을 다 파악한 후에
"너 님입니다." 이렇게 듣고 싶은 대답을 해주는 거울일 수도 있다는
거예요.

'논의와 토론의 근거를 찾아줘'라고 해서 나온 여러 가지 정보를 자
신이 수합하고, 생각 정리해서 그것을 활용하는 것이 AI의 활용법이
에요. AI를 이용해서 얻은 답이 마치 정답처럼 취급되어서는 안 됩니
다. AI는 정답 머신이 아니라 자신의 의도와 상황에 맞게 최적화된 답
을 제시해주는 어시스턴트 도구니까요. 그리고 이렇게 보조 도구를 잘
활용한다는 정체성으로 AI를 대하면 우리 아이들은 AI의 주인이 될 수
있습니다.

거기에다 이 보조들을 잘 활용하는 방법을 익히면 좋은 주인이 될
수도 있죠. 그것이 AI를 활용하는 가장 원론적이면서도 트렌디한 방법

인, '생각하고 질문을 만드는 방법'을 제대로 알아야 하는 이유입니다. AI의 유능한 주인이 되어서, 누구보다 재미있게 미래 세계를 살 수 있게 말이죠.

2

집단보다 위대한 개인이
가능해지는 시대

?.... 축구는 11명이 한다

축구는 골키퍼까지 11명이 뛰죠. 전 세계적으로 보면 축구와 유사한 놀이를 예전부터 했다는 기록들이 있지만 근대적인 형태의 축구 규칙이 정립된 것은 1863년 영국축구협회를 통해서였습니다. 이때 경기에 임하는 선수가 11명이라는 것도 고정되었는데, 왜 11명인가에 대해서는 여러 가지 설이 있습니다. 그중에 가장 유력한 것은 당시 영국 사립학교의 기숙사 한 방의 인원이 대체로 10명 내외여서라는 것입니다. 여기에 사감 한 명을 껴서 11명의 팀으로 기숙사 방 대항전이나 사립학교 간 친선전을 하던 것이 11명으로 인원이 굳어진 이유라는 것이죠.[8]

오늘날의 축구는 그야말로 국가 간의 경쟁과 전쟁을 은유적으로 수행하는 메타포 역할을 합니다. 축구에 관심이 없던 사람도 국가대항전에는 모두 붉은악마가 되고, 애국자가 되죠. 그런 면에서 대한민국 축구 대표팀이 크게 흔들린 적이 한 번 있죠. 우승에 대한 기대감을 가지고 아시아축구연맹AFC 아시안컵에 참가했는데, 8강에서 떨어진 겁니다.

문제는 결과가 아니라 과정이었어요. 엄청난 문제들이 축구 국가대표팀에 있었던 거죠. 일단은 무책임하고 무능력한 외국인 감독에 그 비난이 많이 쏠렸는데요, 대표팀 안에서도 불화가 있고 원 팀으로 뭉치지 못했다는 사실이 드러나면서 원인을 제공한 선수 몇 명에게도 비난의 화살이 쏟아졌습니다.

그런데 사실 제가 놀란 것 중 하나는 아시아축구연맹 아시안컵의 경기 결과였어요. 아무리 그래도 유럽에서 뛰어난 스타 대접을 받는 선수들이 유난히 많이 참가한 경기였거든요. 그래서 한국 안에서도 우승은 당연하다는 식으로 전력에 자신을 가지고 대회에 임했는데, 막상 경기를 해보니 몇 수 아래라고 생각한 팀에 고전하면서 어찌어찌해서 끌고 가더니, 결국 8강에서 탈락해버린 것입니다.

그러면서 11명이 뛰는 축구라는 경기는 3~4명만 잘한다고 해서 되는 게 아님을 다시 한번 생각하게 된 것이죠. 11명이 합해서 나오는 능력치라는 것은 개인들의 능력치를 단순 합산해서 나오는 총합과는 다른 것이었어요. 결국 '팀보다 위대한 선수는 없다'는 말이 증명되는 결과였죠.

단체가 개인의 합보다 크다는 이러한 믿음은 축구뿐 아니라 모든 분야에서 적용됩니다. 아무리 뛰어난 팀원이라도 팀을 깨는 팀 브레이커 역할을 하는 사람은 팀에서 내보내게 돼요. 기업에서 사람을 뽑을 때 토론면접 같은 과정을 통해 협업하고 소통하는 능력이 있는 사람을 선발하려는 이유입니다. 5명의 팀에서 한 명이 2인분 역할을 하더라도, 그 한 사람이 너무 잘난 척하고 독선적이어서 다른 팀원들의 협업을 방해한다면 그 팀의 결과치는 잘해야 4~5일 것입니다. 그런데 1 정도를 하는 5명의 팀원이 소통하면서 서로 배려하는 팀플레이를 원활히 한다면 그 팀은 10까지도 결과치를 내곤 하거든요. 그런 것을 시너지Synergy 효과라고 하잖아요. 소통, 배려, 협업, 인성, 리더십 같은 말이 기업에서 중요하게 쓰이는 근본적인 이유죠. 이런 것들이 결국 성과를 담보하니까요.

?.... 팀보다 위대한 개인?

그런데 축구는 11명이 해야 하지만, 축구 게임은 혼자서 할 수 있습니다. 실력이 있는 사람이라면 오히려 혼자 해야 더 효과적이죠. 개인이 실력이 뛰어나면 그만큼의 성과를 혼자서 낼 수 있는 게 〈위닝일레븐〉

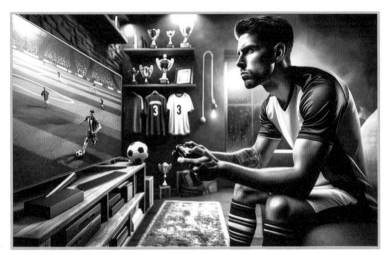

축구 게임을 즐기는 축구선수.

이나 〈피파〉 같은 축구 게임이에요. 플레이어는 그때그때 표시된 선수를 콘트롤하면서 공격이든 수비든 해내면 됩니다. 그럴 때 다른 10명의 선수들은 플레이어가 직접 조정하지 않지만 평균적인 움직임에 따라 알아서 경기장 곳곳에서 움직이는 거죠. 처음 설정한 전술에 따라 4 - 3 - 3이든 3 - 5 - 2든 선수들은 작전을 수행합니다. 그런데 이 10명의 선수들을 움직이는 것은 사람은 아니죠.

AI가 우리 업무와 사회에 등장해서 일정 정도의 일을 수행한다는 것은 축구보다는 축구 게임에 더 가깝습니다. 그래서 AI를 적재적소에 잘 활용한다면 팀보다 위대한 개인이 나올 수도 있는 거죠. 예를 들어 기획안을 쓴다고 생각하면 기획의 메인 아이디어, 자료 조사, 예산안 세우기, 그것을 보고서 형태로 만들기, PPT로 깔끔하게 발표하기 등 해야 할 것이 많고 개인 혼자서 다 잘할 수 있는 것도 아닙니다. 일단 시간도 많이 들고요. 아이디어는 좋은 사람이 수치 자료만 보면 머리가 빙빙 돌아 예산안에서는 손들고 나올 수 있거든요. 보고서 글로는 날아다니는 사람이 말을 잘 못해서 PPT 발표에서는 버벅거릴 수도 있습니다. 그러니 이것들을 총합해서 수행하기 위해서는 팀이 필요합니다.

그런데 이것을 개인이 혼자서 AI와 나눠서 수행한다고 해보죠. 자료 조사는 AI가 훨씬 더 빠르고 꼼꼼하게, 그리고 최신의 정보까지 합해서 잘할 수 있습니다. 어떤 부분의 데이터를 정리해달라고 요청하면 되죠. 그리고 예산안을 뽑거나 기본적인 보고서 작성도 AI에게 시키고, 자신은 그렇게 나온 결과물에 경험과 상황을 덧대어 조금 수정을 가하는 정도로 참여합니다. 그렇게 완성된 내용을 AI에게 요즘 가장 트렌디한 디자인으로 PPT를 만들어달라고 요청한 다음, 그렇게 나온 PPT 결과물에 약간의 휴먼터치를 가한 후 결정권자들 앞에서 발표합니다. 결과물을 수정하고, 휴먼터치 감각을 부여하며, 발표로 다른 사람을 설득할 수 있는 인간적인 매력을 가진, '한 사람'은 여러 명이 이 작업을 수행하는 것보다 일관성 면에서 훨씬 깔끔하게 결과물을 뽑아낼 수 있죠. 무엇보다 1/10의 시간으로요.

사실 집단으로 일하는 것에는 실제 업무 능력 외에도 협업과 커뮤니케이션에 많은 에너지와 시간이 들어갑니다. 여러 명이 모여 있으면 그 사람들을 조율하는 역할을 주로 하는 리더가 필요하고, 이 사람은 어떤 면에서는 플러스 인건비가 되는 것이죠.

그리고 집단의 능력치는 평균이 아니라 제일 약한 사람에게 맞춰지는 경향이 있습니다. 예를 들어 일의 연속성이라는 면에서 보면 마감이 중간 고리의 한 사람 때문에 늦춰지기도 하거든요. 그리고 한 사람의 실수 때문에 전체 프로젝트가 위협받는 경우도 많죠.

한맥투자증권은 지금은 사라진 증권사인데요, 이 회사가 사라진 것은 단 한 사람 때문이었어요. 한 직원이 주문을 하다가 실수로 옵션을 시장 가격보다 현저히 낮은 가격에 대거 내놓게 됩니다. 이 직원이 실수를 깨닫고 컴퓨터 코드를 뽑아버리는 데 걸린 시간은 143초였는데요, 그사이에 3만 6,100건의 매수 주문이 쏟아졌어요. 결국 이 증권사는 462억 원의 손실을 입게 되죠.[9]

이때 얻은 이익은 부당이익이라며 이 증권사는 돌려달라고 소송까지 하면서 실수를 만회하려고 애썼지만, 이익을 얻은 사람들이 그 이익을 돌려줄 리는 없었죠. 결국 사건이 일어나고 2년 후인 2015년에 이때 입은 400억 원의 손실을 만회하지 못하고 한맥증권은 문을 닫게 됩니다. 단 한 명의 143초 동안의 실수가 150여 명이 근무하는 회사를 날려버린 거예요.

?.... 자기 인생의 키를
자신이 잡고 싶은 개인에게 온 기회

능력이 있는 사람이라면 내가 아니라 다른 사람에 의해 자신의 운명까지 정해지는 이런 상황이 당연히 만족스럽지 못합니다. 내 운명의 키를 내가 잡지 못하고 좋은 동료를 만나야 한다는 운에 맡겨야 하는 거잖아요. 특히 회사에서 팀으로 만나는 사람들은 그 사람과 같은 팀원이 되는 데 자신의 선택권은 1도 없을 때가 많거든요.

또한 여러 명과 합을 맞춰야 할 때는 그 과정에서 이미 진이 다 빠지는 경우도 생각보다 많습니다. 제가 예전에 대기업 CEO 출신의 대표가 교육업체를 만들어 운영하는 회사에 비상근직 이사로 참여한 적이 있어요. 인맥도 좋으신 CEO여서 대기업의 전문적 경영 노하우도 있는데다가, 어느 정도 투자까지 받은 회사여서 전망이 굉장히 좋아 보였습니다. 그런데 이 기업의 운영에 막상 들어가 보니, 월요일 아침마다 40~50명 되는 전 직원을 모아놓고 회의를 하는데, 그야말로 무차별하게 개별 팀원들이나 사람을 질책하는 자리였어요.

이래서 안 되고 저래서 안 된다고 이야기를 하는데, 저 얘기를 왜 전 직원이 다 있는 자리에서 하는지 이해할 수 없는 작은 일조차 이 월요회의 시간에 까발려졌습니다. 그러다 보니 이 회사 직원들의 업무 목적은 이 월요회의 통과가 되어버렸습니다. 재미있는 것은 이 회의 통과에 대부분의 진을 빼다 보니 이 회의에서 통과된 안건, 기획안을 추진할 힘이 남아 있지 않은 경우가 많다는 거예요. 처음에 즐겁게 추진하던 일들도 서류상으로 완벽하게 만드는 데 3개월, 그리고 그렇게 상정된 안건을 번번이 퇴짜 맞으며 보완하다가 결국 회의 통과까지 걸린 시간 3개월, 이러다 보니 이 안건은 이미 6개월 전의 이야기가 되어버립니다. 추진하던 직원들이 이제 이 안건만 보면 질려버릴 지경이어서 추진하고 싶은 열정과 의지가 별로 남아 있지 않은 상태예요. 그리고 무엇보다 현장의 기획이 아니라 회의 통과를 위한 기획이 되기 쉬워서, 결국 실제 시행해보면 탁상공론으로 끝나는 일도 많았습니다.

신중하게 기획해서 전력을 쏟아 실행하는 대기업 스타일에 익숙한 대표님이 그럴 필요 없는 중소기업의 서비스와 상품에 똑같은 프로세스를 적용한 거예요. 저는 어차피 비상근직이어서 6개월 정도 같이 일을 해본 뒤에 대표님이 안 바뀌면 이 기업은 어렵겠다고 판단하고 나왔습니다.

이러한 프로세스를 가진 회사에서 빨리 회의 통과를 하는 방법은 결정권자의 마음에 드는 것입니다. 업무를 추진하는 효율적인 방법이 결정권자와 좋은 관계를 유지하는 것이 되다 보니 직원들은 실제 업무가 아니라 인간관계와 조직의 위계에 힘과 에너지를 쏟게 되는데요, 그 결과로 능력은 없지만 인간관계에 능한 사람들이 기업에서 중요한 자리를 차지하는 일도 많이 일어나는 것이죠. 그래서 능력이 있는 사람에게는 AI로 구축되는 1인 시스템이 엄청난 기회가 됩니다. 자신의 에너지와 시간을 온전히 일에만 쏟을 수 있거든요.

?.... 자영업에도 적용되는 1인 바람

일반적인 회사 업무뿐 아니라 AI와 로봇 시스템은 일반적인 자영업도 혼자서 운영할 수 있게 해줍니다. 예를 들어 식당 같은 경우는 점심과 저녁 등 사람이 많을 때만 몰리는데, 인력은 손님이 많을 때를 기준으로 유지해야 합니다. 그런데 하루 2시간만 일하라고 하면 그 조건을 수락해 아르바이트하는 사람을 구하기는 어려울 수 있거든요. 그러면 손님이 없을 때도 직원은 어느 정도 인원을 유지하게 돼요. 사장 입장에서는 효율적으로 인력을 쓸 수 있는 상황은 아닌 거죠.

하지만 최근의 기술들은 F&B 매장도 혼자서 운영할 수 있게 해줍니다. 키오스크로 주문받는 것만 기계를 시켜도 인력 한 명분을 대체할 수 있습니다. 그런데 여기에 서빙 로봇, 조리 로봇 등이 등장하며 식당을 운영하기 위해 필요한 최소 인력의 수를 자꾸만 줄이고 있습니다. 예를 들어 한국의 롸버트 치킨은 치킨 집을 1인이 운영할 수 있게 만드는 것을 목표로 치킨을 튀겨주는 기계를 개발했습니다. 튀김 로봇 1대로 시간당 50마리까지 조리가 가능합니다.[10] 반죽하기부터 직접 튀기기까지 치킨을 만드는 전 과정을 로봇이 수행하기 때문에 사람은

라버트 치킨 홈페이지.[11]

적어도 치킨을 만드는 데에서는 할 일이 없습니다.

라버트 치킨의 장점은 새로운 레시피가 개발되면 본사에서 기계에 들어가는 알고리즘을 업그레이드해주기만 하면 전 사에서 동시에 새로운 맛이 론칭되는 것입니다. 어디에서 조리해도 맛이 일정하게 유지되다 보니, 누가 조리를 하든 맛 관리도 문제없고요.

이런 식으로 기계에게 조리를 맡기는 식당이 늘어나고 있죠. 볶음밥류나 불을 쓰는 중화요리, 샐러드 같은 음식부터 기계를 활용한 조리가 시작되고 있어요. 주문은 키오스크나 스마트폰 앱으로 받고, 서빙은 서빙 기계를 쓰거나 셀프 시스템으로 만들면, 그야말로 점주 혼자서도 운영 가능한 매장이 됩니다.

인건비가 절약되니 그렇게 세이브된 비용을 가격으로 표현해서 고객에게 저렴한 가격을 어필할 수 있고요, 기계로 절약된 시간에 점주는 손님들과 대화하거나 접객을 하며 휴먼터치를 할 수도 있습니다. 서비스에 투여할 시간과 마음의 여유를 얻는 것이죠. 이런 점주의 여유는 손님에게는 편안한 매력으로 느껴질 수 있겠죠.

무엇보다 외식업을 하는 점주에게 가장 어렵고도 매일 신경 써야 하는 게 인력 관리, 아르바이트생 관리입니다. 툭하면 그만두고, 갑자기 안 나오고, 가끔 사고도 치는 게 다 사람 문제였죠. 개그맨 박명수 씨가 잘되는 프랜차이즈 치킨집을 하다가 결국에는 문을 닫게 된 이유가 사람 구하기가 어려워서였다고 하죠. 사람을 구하기 어렵다 보니 가족들이 장사에 투입되었고, 그러다 아버지, 어머니가 다치기도 하는 등 가족 해체 위기가 와서 아예 장사를 접었다고 방송에서 고백한 적이 있습니다.[12]

그런데 최근의 로봇과 AI 기술은 이런 문제를 깔끔하게 해결해줘요. 기존 매장에서 조리, 주문 등에 필요한 인력을 대체하고 배달은 전문 배달업체를 활용하면 되기 때문에, 한 명이 전체적인 흐름을 통제하고 관리만 잘하면 1인이 4~5인 이상이 운영하는 매장의 규모를 감당할 수도 있게 됩니다. 청소와 접객 등에 주 에너지를 쏟으면 돼요.

이 1인은 홍보나 마케팅 문구, 기획안을 만들 때 텍스트 생성형 AI를 활용하고, 매장 안내문 만드는 일에 그림 생성형 AI를 활용하고, 매장에서 틀 음악을 음악 생성형 AI로 만들 수도 있습니다. 혼자서 대행 업체 써서 해야 하는 일까지 감당할 수 있어요. 그야말로 강한 개인이 될 수 있습니다.

?.... 강한 개인

개인 프리랜서라면 AI를 활용할 만한 일은 더욱 많죠. 디자이너, 기획자, 마케터, 편집자, 작가, PD 등 여러 프리랜서 직군에서 쓰이는 다양한 툴에는 이미 AI가 들어가서 훨씬 사용성이 좋아진 상태입니다. 포토샵에 AI가 적용되어, 일정한 범위를 지정해주고 호수를 그려달라고 하면 순식간에 호수가 사진처럼 그려지는 식입니다. 영상을 만들어주기도 하고, AI 휴먼을 생성하고, 자신의 목소리를 복제해주기도 합니다.

이런 AI 도구들이 우후죽순 쏟아지다 보니 이런 툴을 이용하는 크리에이터의 일도 상당 부분 줄어들었죠. 저도 개인적으로 책을 리뷰해주는 '시한책방'이라는 북튜브 채널을 운영하는데, 예전에는 내용에 맞는 자료 사진을 찾는 데 많은 시간을 쏟았지만 이제는 그림 생성형 AI인 DALL·E 3로 내용에 맞게 생성시킨 그림을 쓰고 있습니다. 이 부분에서의 시간을 확 줄였죠.

최근에는 심지어 크리에이터 자체도 AI로 대체할 수 있게 되었어요. 아예 숏폼 같은 짧은 동영상을 생성해주는 툴이 늘다 보니, 이제는 크

X에 올라온, AI가 생성한 숏폼 영상.[13]

리에이터가 이야기하는 모습으로 숏폼을 만들어주기도 합니다.

그러면 도대체 사람이 하는 일은 무엇일까 의구심이 들 수밖에 없는데요, 이 영상을 생성하는 단추를 눌렀다는 것이죠. 그렇다고 그냥 단추를 누른 것은 아닙니다. 영상을 만들고 그림을 그리는 것을 AI가 한다면, 사람은 그것을 기획하고 방향성을 정하는 것이죠. 큰 틀에서 필요한 가이드를 정하면 실무에 가까운 일은 AI가 하는 것입니다.

그러면 크리에이터 하나가 만들 수 있는 영상의 개수와 퀄리티는 기하급수적으로 증가하게 됩니다. 혹시 시간이 남는다면 자신의 영상을 마케팅하거나, 네트워킹을 통해 다른 사람들과 콜라보를 하는 등의 시도를 하는 데 그 시간을 효과적으로 쓸 수 있을 겁니다.

그러니 강한 개인이라는 말이 절로 나옵니다. AI를 잘 활용하는 강한 개인은 몇십 배의 생산성을 가지게 됩니다. AI 시대에는 인간의 가치가 떨어질 거라 생각되지만, AI를 활용하는 강한 개인을 생각해보면, 오히려 인간 한 명의 가치가 더 중요해집니다. 개인이 AI를 잘 활용하는 능력이 있고 자기만의 브랜드가 있다면, 1인이 할 수 있는 일의 양과 성취의 정도는 10인, 20인이 기업적으로 일을 하는 것과 다름없게 되는 것입니다. 걸어 다니는 중소기업이라는 말을 연예인에게 많이 쓰잖아요. 한 명을 통해 창출되는 매출이 그만큼 크다는 것인데, 이제는 매출만이 아니라 실제로 일의 양이나 서비스, 상품의 양 자체도 중소기업에서 몇십 명이 생산하는 것과 맞먹는 생산성을 가질 수도 있게 되는 거예요.

?.... 강한 개인이 되어야 하는 아이, 그리고 부모

우리 아이들의 지향점이 바로 이 강한 개인이 되어야 하는 것이죠. 꼭 혼자서 뭘 하라는 것이 아니라 AI 시대에 AI를 최대한 잘 활용하여 자신의 능력을 극대화할 수 있는 사람, 그것이 강한 개인입니다.

그런데 말해놓고 보니 이것이 아이의 문제만은 아닙니다. 부모 역시 강한 개인이 되어야만 이 AI로 인한 변화의 바람을 견뎌낼 수 있어요. 사회가 바뀌는 데 몇십 년씩 걸리던 옛날이 아니라, 지금은 하나의 기술로 순식간에 전 세계가 바뀌어버리는 때거든요. 지금은 누구나 당연하게 쓰는 월드와이드웹www은 1990년에 세계 최초로 사용되었어요. 30여 년밖에 안 된 거죠. 스마트폰이 한국에 처음 나온 것은 2009년입니다. 겨우 15년 정도 된 기술인 겁니다. 그런데 우리 사회에서 스마트폰 없이 업무를 하고 생활을 한다는 것을 상상하기는 어렵게 되었잖아요.

AI의 발전 속도와 보급 속도는 그 전의 여러 기술보다도 급격하고 전폭적이고 충격적입니다. 'AI는 우리 아이들이 쓸 기술이고 우리 때는 아니야'라고 안심하기에는 부모도 그리 많은 나이는 아니라는 것이죠. 그래서 한 팀이라는 용어를 썼는데요, 아이와 함께 AI 세상을 잘 활용하기 위한 능력을 길러야 한다는 것입니다. 아이만 수련장에 내놓아서는 안 됩니다. 정말 급하게 수련이 필요한 것은 오히려 부모 쪽이에요. 아이들은 어쨌든 AI에 적응할 테니까요.

아이도 부모도 강한 개인을 목표로 AI 세상에 맞는 스스로를 만들어야 합니다.

3

아직 자라고 있는 아이의 뇌를
어떻게 세팅해야 할까?

?···· 변화하는 뇌

인간의 신체 중에서 가장 중요한 것을 하나만 뽑으라면 단연코 뇌라는 친구를 뽑을 수 있습니다. 인간을 인간답게 만들어주는 것이니까요. 그런데 인간의 신체 중에서 가장 모르는 것 하나를 뽑으라면 아까 그 친구를 다시 불러올 수밖에 없어요, 뇌 말입니다. (그러니까 속내 모를 음흉한 친구인 거죠.) 그동안 우리가 뇌에 대해 알고 있던 모든 것은 잘못된 상식이라고 맨체스터대학교 매튜 코브 교수는 《뇌 과학의 모든 역사》라는 책에서 말하고 있어요.[14] 600페이지가 넘는 벽돌책인데 이 책을 열심히 정독하고 나면 남는 핵심 메시지는, (상당히 허무하게도) '우리는 뇌에 대해서 아무것도 모른다'거든요. 좌뇌, 우뇌가 다른 분야를 담당한다거나 인간의 뇌는 삼위일체의 뇌로 파충류의 뇌 같은 세 단계의 뇌라거나 하는 모든 이야기는 다 거짓이랍니다.

그런데 뇌과학계에서도 인정하는 하나의 사실은 뇌는 변한다는 것이죠. 그것도 어린 시절에 빠르게 변하는데, 성장함에 따라 변화의 속도와 정도가 늦어지며 뇌가 점점 고정구조를 가지게 되는 거예요. 물론 뇌가소성이라는 개념으로 커서도 뇌의 변화는 가능할 수 있지만, 그 변화에 들어가는 힘과 에너지는 어릴 때에 비하면 비효율적인 것이죠. 달리 말하면 어린 시절에 세팅된 뇌구조는 웬만하면 평생을 간다는 이야기고, 이 뇌구조가 시대의 변화 방향과 맞으면 그 아이는 말 그대로 변화를 '즐길 줄 아는' 아이가 됩니다. '열심히 하는' 아이보다 더 바람직한 아이잖아요.

뇌는 아이의 출생 시 무게가 약 350g으로 성인 뇌 무게의 25% 정도밖에 안 돼요. 그러다가 생후 1년 동안 뇌가 빠르게 성장하여 대뇌 피질이 두꺼워지고 1세 전후로 뇌 무게가 약 1kg이 되어 성인의 75% 수준에 이르게 됩니다. 이때 감각과 운동 신경계가 급격히 발달하죠. 2~3세에 대뇌 피질이 성숙해지면서 고차원적 인지 능력이 향상되기 시작하고요, 3~6세에는 전두엽 발달로 주의력, 기억력, 언어력이 크게 늘어납니다. 그리고 7~10세에 시상하부 - 뇌하수체 연결이 발달하면서 정서 조절 능력이 생기는 거예요.[15]

청소년기가 되면 전두엽과 측두엽 연결이 발달하여 고차원적 사고력과 추상화 능력이 향상되고, 대뇌 피질의 가지치기가 일어나 신경회로가 정돈되고 뇌 효율성이 높아집니다. 이때 감정조절 능력이 발달하긴 하지만 아직 불완전하여 격한 변화를 보이게 되어, 흔히 말하는 질풍노도의 시기를 겪죠. 그런데 감정은 변화의 한가운데 있을지 몰라도 이 시기에 뇌는 구조의 고착화를 향해 나아가고 있는 거예요. 이 시기에 가해지는 환경적 자극이나 새로운 경험은 뇌의 구조를 결정짓는 데 크게 영향을 미치게 되죠.

그렇다면 우리 아이들의 뇌가 비교적 단단하게 고착화되기 전에 이왕이면 미래 사회에 맞는 방향으로 아이의 뇌를 유도해줄 만한 방향성은 어떤 것이 있을까요?

?.... AI와 같이 사는 사회에서 필요한 새로운 감각들

크게 두 가지가 있습니다. 생각하는 아이, 질문하는 아이를 만들어 미래를 경쟁력 있게 살아가게 하기 위한 두 가지 전제적 조건이라고 생각해도 될 것입니다. 그 하나는 AI 네이티브로서의 감각입니다. 그리고 또 다른 하나는 호기심에 대한 태도예요. 먼저 AI 네이티브로서의 감각에 대해 살펴볼게요.

우리 아이들이 살아갈 미래는 배려와 소통 능력으로 동료들과 팀워

팀으로 일하는 사람들과 혼자서 일하는 사람, 그런데 생산성은 같다.

크를 맞춰 일을 해나가는 능력이 최우선적으로 요구되는 사회가 아닐 수 있습니다. 지금 사회는 몇 명의 동료와 팀을 이루어 성과를 내는 것이 업무의 기본 단위입니다. 그래서 대학 때부터 조별모임이라는 이름으로 안 맞는 사람과도 팀워크를 맞추는 연습을 하고, 기업교육을 하면 무조건적으로 소통 교육부터 하는 거예요. 하지만 동료들이 AI로 대체되고 하나의 프로젝트팀은 그냥 개인으로 대체된다면 화합, 배려, 소통 등에 걸리는 시간과 에너지가 줄어들면서 훨씬 효과적으로 업무를 수행할 수 있습니다. 그러면서 한 사람이 AI로 할 수 있는 일이 5~10배가 된다면, 개인이 충분히 팀을 대신할 만한 겁니다.

그러니 이때는 AI와 같이 일하는 감각, 도구로 AI를 마음껏 사용하는 능력이 훨씬 중요해집니다. 다른 사람들과 협업하기 위해 소통과 배려심, 인성을 기르듯이, AI와 협업하기 위해 AI를 활용하고 AI를 동료로 삼는 감각 역시 길러야 합니다. 사실 지금의 우리로서는 이런 새로운 프로세스에 대해 네이티브가 될 수 없습니다. 배워서 익힐 뿐이죠. 그것은 마치 스마트폰이 나오고 적응하는 과정과 비슷합니다.

세대로 치면 40~60대의 X세대나 베이비 붐 세대에서는 스마트폰을 사용할 수는 있지만 그야말로 사용하는 것이지, 스마트폰을 자기 몸의 일부처럼 느끼는 사람은 흔치 않을 것입니다. 그런데 20대 이하인 Z세대나 알파세대로 가면 스마트폰은 배워서 익히는 것이 아니라 태어날 때 자기 손에 들려 있던 것이나 마찬가지입니다. 손의 움직임을 배워서 아는 게 아니듯이 나면서부터 스마트폰을 쓸 줄 압니다. '세 살짜리 아이에게 스마트폰을 쥐여주고 얼마 있다 봤더니 모르는 게임이 깔려 있더라'는 도시 전설은 충분히 현실적인 이야기입니다. 오죽하면 스마트폰이 낳은 신인류라는 뜻으로 '포노 사피엔스'라는 말을 쓰겠어요.[16]

그러니 스마트폰을 활용해서 무언가를 해야 하는 일이라면 예전 세대는 새로운 세대에 밀리기 마련입니다. 에어드롭을 받으려고 해도, 핫스팟을 켜려고 해도, 블로그를 찾아서 방법을 알아낸 뒤에 작동해야 하기 때문에 귀찮은 마음에 그냥 안 하고 맙니다. 외국에 갈 때 e심을 이용하면 좋다는 이야기는 들었지만, 새로운 앱을 받고 작동시키는 게 복잡해 보여 그냥 통신사의 데이터 로밍을 이용하기로 하기도 하죠.

이와 마찬가지 현상이 AI에도 일어납니다. 지금 사회를 이끌어가는 사람들은 AI에 대해 매우 부정적인 반응을 보입니다. 이들이 보고 자란 영화는 〈터미네이터〉, 〈매트릭스〉, 〈어벤저스 : 에이지 오브 울트론〉 같은 영화들이다 보니 마치 AI의 탄생 목적은 인간 정복, 혹은 인간 말살처럼 생각합니다. 영화는 그 시대의 분위기를 반영하니까, 시대적으로 AI에 대해서 이렇게까지는 아니더라도 기본적으로 두려운 감정을 어느 정도 가지고 있다는 것을 알 수 있죠. 그런 세대들이기 때문에, 자신의 많은 부분을 AI에게 맡기는 것에 대해 불안감을 가지고 있어요. AI가 언젠가는 내가 먹고살 길을 막아설 것이라는 생각도 늘 기본값으로 가지고 있는 거죠.

하지만 AI와 같이 살 수밖에 없는 새로운 세대는 AI를 긍정적으로 바라봅니다. 넷플릭스 영화 〈크리에이터〉는 평화롭게 인간과 공존하고 싶어 하는 AI에 비해 무조건적으로 AI를 탄압하는 인간의 모습이 묘사되죠. 선과 공존을 지향하는 것이 AI이고, 인간은 무조건적인 말살과 복종을 지향합니다. 따지고 보면 노예처럼 막 부려먹으려고 만든 AI가 주인을 위협하고 주인과 동급으로 취급되는 데 화가 난 인간의 모습이 아닐까 하는 생각도 들어요. 그렇다면 노예해방이 일어나고 신분이 타파되는 과거가 겹쳐 보인다고 하면 아무래도 SF를 너무 많이 본 탓일 겁니다. 하지만 과연 그럴까요?

?.... AI 네이티브가 되는 방법은?

미래를 살아갈 아이들은 AI를 생경한 적보다는 생생한 동료로 받아들여야 합니다. 그런데 아이들은 아마도 이렇게 당위를 외치지 않아도 AI를 생활 속에 당연하게 받아들일 겁니다. AI를 일상화해서 자연스럽게 이용하는 AI 네이티브가 될 수 있는 게 지금의 아이들이고 여전히 AI에 대한 거리감을 유지하는 것은 지금의 어른들이죠.

AI 네이티브와 AI 이민자를 구분하는 감각을 저는 《GPT 제너레이션》이라는 책에서 AI 인디시전AI Indecision이라는 개념으로 정의했고,[17] 이 용어가 《트렌드 코리아》에도 인용되어 쓰이기도 했습니다.[18] 인디시전Indecision은 망설임, 애매함, 우유부단 같은 뜻으로 해석할 수 있는데요, AI 망설임이라는 것이죠. 이 망설임의 근원은 AI 자체가 아니라 결과물에 대한 것입니다. AI 자체를 사용할까 말까 망설이는 사람은 점점 없어지고 있죠. 인터넷을 사용할까 말까 고민하지는 않듯이, 대중이 일반적으로 사용하는 기술이 되었을 때 그것을 사용할지는 고민할 필요가 없거든요.

AI 인디시전은 AI가 만들어준 결과물에 대한 것입니다. AI가 만들어준 결과물이 과연 '내 것이라고 해야 하나 아니라고 해야 하나'라는 망설임이라고 할 수 있어요. AI가 만들어준 결과물의 저작권, 소유권에 대한 감각이죠. ChatGPT를 사용해서 결과물을 얻었으면, 그것은 분명 명령어를 입력하고 질문을 한 사용자의 것입니다. 다른 사람은 그 결과물 자체를 못 보죠. 그 명령어와 그 질문을 한 사용자 한 사람에게만 결과가 도착하는 것이니까요.

하지만 이상하게도 ChatGPT로 얻은 결과가 자신의 통찰과 창의력이 발휘된 것이라는 생각은 잘 안 듭니다. 여러 텍스트를 '참고'하고 '통합'해서 쓴다고 알려진 ChatGPT의 작동기제 때문일까요? 그런데 생각해보면 우리가 글을 쓰거나 말을 할 때 처음부터 끝까지 자신이 창작한 단어와 문장으로만 하는 사람은 없습니다. 여기저기서 본 단어들, 문장들, 텍스트들을 자신의 언어로 조합해 만드는 것뿐이죠.

그렇게 보면 ChatGPT가 새로운 글을 만들어내는 과정은 평범한 인간이라면 늘 하는 바로 그런 기제를 따르는 거예요. 그런데 그렇게 스스로가 만든 글과 말은 자신의 것이라는 생각이 드는데, ChatGPT가 만들어준 글은 자신의 것이라는 생각이 잘 들지 않거든요. 그러다 보니 그 결과물을 사용할 때도, 내 생각이나 내 작품, 내 글이라고 말하기에는 망설여집니다.

그런데 AI 인디시전은 결국에는 시간이 해결해줄 문제이기도 합니다. 예를 들어 포토샵이라는 기술이 처음 나왔을 때 디자인을 하는 사람들은 포토샵으로 그림을 그리거나 수정하는 것은 무언가 정직하지 못하다는 느낌을 받았거든요. 그림을 그리는 사람은 실제로 자신이 그림을 잘 그려야지, 이런 도구의 도움을 받아서 그림을 잘 그리는 것은 진정으로 그림을 잘 그리는 게 아니라고 생각했죠. 하지만 그 후 도구로 그림을 그리는 것이 일반화되며 그림을 잘 그린다는 개념이 조금은 바뀌었습니다. 그래서 미대 입시에서 실기 테스트가 그림을 잘 그리는 게 아니라 아이디어나 사고력 같은 부분을 조금 더 중요하게 평가하는 방식으로 변화하기도 했고요. 일부 미대에서는 실기를 아예 없애기도 했죠. 그러니까 기술적인 그림의 결과물에서 중요한 것은 사람의 아이디어지, 그림 기술 자체는 부차적이라고 생각하기 시작한 거죠. 마찬가지로 AI 인디시전은 AI 결과물 자체의 핵심은 그것을 생성시킨 사람의 아이디어와 생각이라는 것이 공감대를 형성하면서 자연스럽게 사라져갈 것입니다. 무엇보다 주변에 AI 결과물들이 넘쳐날 테니까, 받아들일 수밖에 없는 대세가 될 것이거든요.

스마트폰이 당연하게 사용되는 시대에 태어난 아이들이 스마트폰 네이티브가 되듯이, AI가 당연스럽다는 듯이 결과물을 생성하는 시대에 태어난 아이들이 AI 네이티브가 되는 겁니다. 미국 이민자와 네이티브는 영어 발음에서 이미 그 차이가 확연하듯, AI 네이티브와 그렇지 않은 사람은 AI를 활용하는 감각 면에서 차이가 날 수 있습니다. AI를 당연하게 도구로 여기고 그것을 활용하는 감각, AI는 동료지 적이 아니라는 확신, AI 인디시전이 전혀 없이 AI 결과물을 자신의 것으로 여기는 생각, 이런 것들이 AI 네이티브의 조건이 됩니다.

지금의 아이들은 그런 면에서 AI 네이티브가 될 수 있죠. 그건 부모가 AI 환경을 적극적으로 받아들이느냐 아니냐의 문제예요. 어려서부터 AI 스피커와 자연스럽게 대화하던 아이는 그보다 더 발달한 인공지능과는 더 자연스럽게 대화할 수 있을 거예요. ChatGPT와 대화하고, 음악 생성형 AI로 자기만의 노래를 만들어본 아이가 AI 결과물을 잘 활용할 방법들을 기가 막히게 찾아내겠죠. 그래서 아이와 함께 AI 환경을 적극적으로 수용해야 합니다.

그리고 이 과정에서 부모 세대도 네이티브까지는 안 되더라도 이민 1.5세대 정도는 될 수 있어요. 미국으로 이민 갔지만 새로운 환경에 문 닫아걸고 한국 문화만 고수하는 이민 1세대 가운데에는 20년이나 지났는데도 영어로 의사소통을 한마디도 하지 못하는 사람도 있어요. 반면 이민을 가서 적극적으로 그 사회에 섞여들어 새로운 친구도 사귀고 어려움에 부딪힌 사람이 그나마 성공스토리를 쓸 확률이 높았죠. 그런 것과 유사하게 생각하면 우리가 원해서 AI라는 새로운 환경에 이민을 온 것은 아니지만, 이런 환경이 도래한 이상 그 환경에 적극적으로 대응하고 받아들이면 오히려 기존 환경에서 가능하지 않았던 새로운 가능성을 발견할 수도 있다는 것입니다. 그것이 지금의 부모 세대에게 놓인 선택지입니다.

적극적으로 새로운 환경을 받아들이고 적응하려고 하면, 이 새로운 환경은 그에 걸맞은 새로운 기회를 줄 것입니다. 그래서 아이들에게는 AI 네이티브로서의 감각을, 그리고 부모들은 그 정도까지는 아니더라

새로운 AI 환경에 적응해야 하는 아이와 부모.

도 네이티브로서의 감각을 이해하는 정도만 되어도 성공적이라는 것
이죠. (이 책의 4장에 제시하는 여러 AI 도구의 다양한 사용을 아이들과 같이
해봄으로써, 그런 감각을 기르는 첫걸음에 나서보기 바랍니다.)

?.... 호기심은 죽음도 이긴다

질문하는 아이를 키우기 위해서 전제해야 할, 그리고 뇌 자체를 세팅
해야 할 또 하나의 중요한 요소는 호기심에 대한 지향입니다. 스위스
의 심리학자 장 피아제는 "살면서 미지의 대상이나 환경을 접할 때 사
람은 일종의 불편감을 느끼는데, 이것을 극복하고자 노력하는 게 본능

이고, 이 과정에서 불쑥 '호기심'이 솟아오른다."라고 말했습니다.[19] 인간의 인지능력은 기본적으로 불평형 상태를 견디지 못하여 끊임없이 평형 상태를 되찾으려는 성질을 지니는데, 그것의 도구가 호기심인 것이죠. 그러니까 호기심은 인간이 낯선 환경에 적응하며 생존하도록 돕는 중요한 도구입니다.

호기심은 쉽게 생각하면 새로운 것에 대한 궁금함이라고 할 수 있죠. 이 '새로운 것'은 두 가지 의미를 지닙니다. 낯선 것이어서 위험할 수 있는데 그러면서도 발전의 씨앗이 될 수도 있는 것이죠. 새로운 것의 반대는 익숙한 것입니다. 익숙한 것은 오늘도 어제와 같고, 내일 역시 오늘과 같을 때 생기는 감각입니다. 그러니까 1년 전이나 오늘이나, 그리고 1년 후나 여전히 똑같이 반복되고 고정된 것이 '익숙한 것'입니다. 모처럼 부모님 집에 가면 몇 개월 전에 왔을 때나 몇 년 전에 왔을 때나 큰 차이를 못 느낄 때가 많은데요, 그것이 바로 익숙함의 감각입니다.

그 반대가 되는 게 바로 새로움이에요. 새로운 것에 대한 감각은 DNA에 두 가지 갈래로 새겨져 있어요. 두 가지 성향으로 갈린다는 것이죠. 먼저는 거부감입니다. 고정된 생활패턴으로 살아왔다는 것은 적어도 그렇게 루틴을 따르면 생존을 위협받는 일은 없다는 것이 증명되었다는 것입니다. 늘 다니던 길은 이미 포식자의 사냥터가 아닌 게 증명된 거고요, 늘 먹던 풀은 독초가 아닌 게 확실하게 알려진 것이거든요. 그러니 새로운 풀을 먹고 독에 중독될 위험, 새로운 길에 들어섰다가 검치호랑이의 만찬이 될 위험을 경고하는 것이 새로운 것에 대한 거부감, 불안감입니다.

반대로 새로운 것에 대한 호기심 반응을 가진 사람들도 있습니다. 새롭게 나타난 풀이 독초인지 아닌지 궁금하거든요. 안 다니던 길이 포식자의 사냥터인지, 아니면 인간의 사냥터가 될 수 있는 식량 공급지일지는 가봐야 알 수 있습니다. 새로운 것에 대한 탐색, 경계, 실험 등의 의미를 담고 있는 것이 바로 호기심입니다.

생명체가 생존하기 위해서는 이 호기심에 대한 균형 잡힌 태도가 필요했어요. 호기심이 너무 없으면 먹이를 얻을 새로운 방법도, 번식할 대상을 찾을 수 있는 기회도, 포식자의 눈을 피할 새로운 안식처를 발견할 기회도 얻기 힘듭니다. 반면 호기심이 너무 강하면 새로운 변화를 제일 먼저 경험하다가 위기 상황에 처할 가능성이 높아집니다. 생존 확률을 스스로 줄이게 되죠.

하지만 호기심의 균형은 우리 아이들의 미래에는 사치입니다. 호기심의 연료를 태워 인식하기에도 버거운 변화의 속도를 따라잡아야 해요. 새로운 방법이 생기고, 시스템이 바뀌고, 낯선 기준이 우후죽순 들어설 때 그런 새로운 변화에 대한 호기심이 없다면, 삶이 너무나 힘겨워질 것입니다. 매일매일 새로운 것을 배우고 어제와 다른 기준을 적용해야 한다는 의무는, 일정한 환경이 지속되는 것을 선호하는 사람에게는 엄청한 스트레스가 될 것입니다.

게다가 그 변화가 일자리나 경쟁력에 관한 것이라면, 이 변화에 적응할 수 있는 능력은 그야말로 생존의 문제가 됩니다. 이 변화를 압박이 아니라 즐거움으로 받아들일 수 있게 '뽀샵질'을 해주는 것이 바로 호기심입니다. 얼굴도 어둡고 다리도 짤막하게 나온 사진을 조금만 뽀샵질을 하면 환하게 웃고 있는 롱다리의 사진으로 만들 수도 있어요. 호기심은 주변의 급격한 변화를 압박이 아니라 즐거움으로 만들어주는 필터입니다.

엄청난 AI 도구들이 나와서 분명 자신의 일자리까지 위협할 수 있는 포텐셜을 보이는데도, 그것을 적극적으로 강연이나 책, 아니면 자신의 SNS 같은 것을 통해서 사람들에게 널리널리 알리는 사람들이 있어요. 이런 사람들은 이 AI들이 무엇을 할 것이며, 어떻게 진화할지에 대한 호기심이 AI가 자신의 일을 대체할 것이라는 스트레스를 이기는 사람들입니다.

호기심은 웬만한 스트레스를 이기거든요. 때로는 죽음을 결심한 자의 좌절마저도 호기심이 극복하기도 해요. 페르마의 마지막 정리는 'n이 3 이상의 정수일 때, $x^n + y^n = z^n$을 만족하는 양의 정수 x, y, z는 존재하지 않는다.'는 간단해 보이는 정리인데요, 이 정리를 증명하기 위해 350년간 수학자들이 도전을 멈추지 않은 수학적 난제였습니다. 이 난제가 유명해진 데에는 몇 가지 이유가 있는데, 그중 하나는 독일의 의사이자 아마추어 수학자인 프리드리히 볼프스켈이 이 정리를 증명하는 사람에게 10만 마르크를 주겠다고 상금을 걸면서 도전자가 더욱 늘어난 것이었죠. 볼프스켈이 이 증명에 상금을 건 계기가 재미있는데요, 볼프스켈은 연인에게 실연당해서 자살할 계획이었다고 합니다. 수학자답게 정확한 것을 좋아하던 볼프스켈은 자신이 죽을 시간을 정해놓고 그때까지 시간이 좀 남아서 집에 있던 책을 집어 들어 보던 중에 페르마의 정리를 보게 되고, 여기에 빠져 증명을 해보려고 하다가 시간 가는 줄 모르고 그만 자신이 정한 자살 시간을 놓치고 밝아오는 새벽 해를 보게 되었다고 하죠. 그래서 볼프스켈은 순간적인 충동으로 자살하려고 생각한 것을 후회하고, 페르마의 마지막 정리가 자신의 목숨을 살렸다고 생각해서 이런 상금을 걸게 된 거예요.[20]

페르마의 마지막 정리에 발휘된 호기심이 볼프스켈의 목숨을 살린 겁니다. 영화를 봐도 가만히 있으면 될 텐데 꼭 기웃거리고, 훔쳐보고, 벽을 밀어보다가 곤경에 빠지는 주인공들이 나오죠. 그만큼 호기심은 몸의 안위를 걱정하지 않고, 때로는 자신의 계획을 뒤로 미루어버릴 만큼 강력한 매력이 있습니다.

?.... '꼰대'가 되는 것은 뇌 때문이다

호기심은 너무 빠른 변화 때문에 위기에 빠진 사람이 사실은 위기가 아니라 다이내믹한 변화의 익스트림 스포츠를 즐기는 것이니, 이 순간을 잘 즐기자고 생각하고 변화의 한가운데를 뚫고 지나갈 힘을 줄 에너지원입니다. 하지만 이 호기심은 영속적인 특성은 아닙니다. 아리스토텔레스는 호기심이야말로 인간을 인간이게 하는 특성이라고 주장했지만,[21] 조금 더 세분화해서 봐야 합니다. 왕성한 호기심과 그에 따른 행동은 어릴수록 나타나는 특징이고, 나이가 든 사람일수록 호기심의 빈도와 강도가 줄어들어요.

이것은 나이가 들수록 주변과 환경에 익숙해지고 늘 하던 것에 안주해가는 인간의 특성 때문이라고 생각할 수도 있지만, 이런 특성이 원인이 아니라 결과일 수도 있는 거예요. 그러니까 나이가 들수록 호기심이 없어지고 안주하는 경향이 나타나는 것은 주변에 익숙해져일 수도 있는데요, 조금 더 파고들어가 보면, 그 주변에 익숙해지는 것 자체가 또 다른 원인의 결과일 수 있다는 것이죠.

그 근원적인 원인은 바로 뇌의 변화입니다. 호기심은 뇌의 보상 시스템과 밀접한 연관이 있습니다. 새로운 것을 배우고 탐구할 때 뇌의 보상 영역인 측삭 피질과 복내측 전전두엽 피질에서 도파민 같은 신경전달물질이 분비되면서 보상감과 쾌락을 느끼게 됩니다. 하지만 나이가 들어감에 따라 이 보상 시스템의 반응성이 점차 감소하는데, 이는 노화로 인한 뇌 영역의 구조적, 기능적 변화 때문입니다.

구체적으로 살펴보면, 먼저 측삭 피질의 용적이 감소하고 해마와 대상회 등 보상 관련 영역의 기능이 저하됩니다. 또한 전전두엽 피질의 활성화 정도가 낮아지면서 보상 예측 능력이 줄어듭니다. 이와 동시에 청소년기 이후 도파민 신경전달 과정의 효율성이 저하되는데, 이는 도파민 수용체 감소와 연관이 있습니다. 특히 스트라이어텀Striatum과 전전두엽 피질의 도파민 전달이 줄어들면서 호기심에 대한 보상감이 약해지는 것입니다.

또한 나이가 들수록 뇌 영역 간 연결성과 신경가소성이 약화됩니다. 이로 인해 새로운 자극에 대한 뇌의 반응성과 적응력이 떨어지게 되죠. 특히 측두엽과 전두엽의 기능적 연결이 약해지면서 새로운 지식에 대한 호기심이 감소합니다.

그리고 마지막으로 나이가 들수록 해마의 기능이 저하되어 기억력과 학습 능력이 떨어지는데, 이 역시 호기심 감소에 영향을 미칩니다. 새로운 정보를 잘 기억하고 학습하지 못하면 그에 대한 관심과 탐구심도 낮아지기 때문입니다.

그러니까 뇌의 구조적, 기능적 변화가 호기심이 저하되는 쪽으로 이끌기 때문에, 나이가 들수록 안주하고, 하던 것만을 고집하며 새로운 것에 저항감을 나타내게 만든다는 것이죠. 새로운 생각을 받아들이지 않고 자기 말만 고집하는 사람을 요즘은 '꼰대'라고 흔히 표현하는데, 이 모든 것이 사실은 뇌의 변화에 대한 결과라는 것입니다.

?.... 호기심도 훈련으로 확장된다

변화가 일상이 될 미래에는, 호기심을 잃은 사람이라는 것은 매일매일의 변화가 크나큰 압박이고 지옥이라는 얘기와 비슷할 수 있습니다. 그래서 '생각'이나 '질문' 같은 미래 사회 생존의 키워드를 익히기 전에 먼저 전제로 바탕에 깔아두어야 하는 것이 호기심인 것입니다. 성향 자체를 변화가 즐거운 사람으로 맞춘다면 어떻게든 그 변화에 적응하게 되리라는 거죠.

아이에게 호기심을 키워주는 방법을 계속적으로 적용한다면 아이의 뇌는 조금 더 호기심에 익숙한 상태로 세팅이 될 것입니다. 신경가소성은 뇌가 외부 자극에 반응하여 변화하고 적응하는 능력을 말하는데, 아동기와 청소년기에는 신경가소성이 매우 활성화되어 있어 어른에 비해 상대적으로 쉽게 뇌의 구조가 호기심에 적합하도록 세팅될 수 있거든요. 그리고 호기심을 유지하는 습관을 계속 지속한다면 성장하면서도 그러한 세팅이 계속 지속될 수 있겠죠.

그렇다면 호기심 가득한 뇌로 아이의 뇌를 세팅하기 위한 구체적인 방법은 어떤 것이 있을까요?

① 일상 경험의 진폭을 확장하기

낯선 환경에 적응하는 것을 도와주는 것이 호기심이기 때문에, 루틴한 업무를 하는 직장인보다 하는 일이 극적으로 바뀌는 프리랜서가 보통은 호기심이 더 강합니다. 다양한 주변 변화가 호기심을 끌어내게 만드는 건데요, 그런 면에서 보면 호기심이 강해서 여러 가지 일에 도전할 수도 있지만, 반대로 여러 가지 일에 부딪히다 보니 호기심이 끌어올려질 수 있다는 거죠.

그래서 아이에게는 여러 가지 다양한 환경과 경험을 제공해주어야 합니다. 늘 가던 키즈 카페에 가는 것은 아이도 부모도 다 편안하고 익숙해서일 겁니다. 실패 확률도 없고요. 하지만 모든 것이 이런 식이면 아이는 변화를 두려워하고 익숙한 것에 안주하는 성향이 상당히 빨리 나타나게 됩니다.

안 가던 곳, 안 하던 짓, 안 먹던 것은 아이에게 스트레스가 될 때가 있죠. 그리고 사실 부모에게도 이런 새로운 것을 아이에게 권하는 게 상당한 스트레스가 될 확률이 높아요. 하지만 새로운 것에 도전하고, 싫지만 해본 경험은 결국 아이에게 변화에 대한 내성을 선물하게 돼요. 누구에게나 호기심은 있지만 그것이 발휘되지 않는 아이는 두려움이 그 호기심을 이긴 것이거든요. 그래서 낯선 것을 접하는 감각, '낯설지만 그것도 결국 익숙해지는 것이다'라는 경험이 결국에는 낯선 것에 대한 두려움의 크기를 작게 하고, 호기심이 그 두려움을 뚫고 나오도록 이끌어줄 것입니다.

다양한 체험활동, 다양한 사람과의 만남 등을 가능한 한 많이 하는 게 좋겠죠. 하지만 이렇게 특별한 경험을 찾아서 하지 않더라도 일상적인 경험에서 그 진폭을 넓히는 것도 현실적인 방법입니다. 가던 산책길에서 벗어나 아이와 함께 안 가던 곳에도 가보고요, 늘 먹던 주스브랜드, 늘 먹던 아이스크림의 종류를 다른 것으로 바꿔 먹어보기도 하는 것입니다. 늘 가던 동네 음식점에서 "늘 먹던 그걸로 주세요."가 아니라, "요즘은 어떤 게 잘 나가요?" 같은 말을 해보라는 거죠.

아이들에게 다양한 경험을 쌓아주기 위해 제주도나 일본 같은 곳에 가야 한다고 생각하는 분도 많은데요, 아이에게는 옆 동네에 가는 것도, 동네 박물관(서울에는 정말 많은 박물관이 곳곳에 있어요)이나 안 가던 쇼핑몰에 가보는 것도 외국여행 못지않게 호기심을 자극해주는 계기입니다.

그러면서 부모 역시 새로운 경험에 노출됩니다. 아마 그냥 혼자만을 위해 새로운 환경을 의식적으로 만나라고 하면 굳이 그럴 필요까지는 없다고 생각할 수도 있는데요, 아이를 위해 그런 환경을 만들라고 하면 많은 부모가 기꺼이 실천할 겁니다. 하지만 이런 노력은 아이만을 위한 것은 아닙니다. 그러면서 부모의 호기심 버튼도 같이 만들어보자는 거니까요.

② 의도와 결과를 분리해서 칭찬과 격려하기

부모는 아이의 하늘입니다. 세상의 모든 것이죠. 실제로 아이에게 필요한 모든 것을 제공하니 아이는 부모에게 전적으로 의지할 수밖에 없고, 그렇기 때문에 부모의 말은 아이에게는 절대적인 영향력을 가질 수밖에 없습니다. 그런데 부모의 말이 부정적이고 자신을 질책하는 것 같으면 아이는 평생을 인정투쟁이라는 전쟁 속에서 살게 됩니다.

이것이 심해지면 어린 시절 겪은 애정 결핍으로 지나치게 타인(또는 부모)에게서 인정받고 싶어 하는 강박증인 파에톤 콤플렉스Phaethon Complex라는 신경증까지 나타납니다. 사회적 부적응, 고독감이나 만성적인 우울증, 공격성과 소심증, 심지어 자기파괴에까지 이르는 파에톤 콤플렉스는 기본적으로 인정받기 위한 몸부림이기 때문에 자기 능력 이상의 성취를 원하다가 결국 실패에 이르는 악순환을 가져오게 되죠.[22]

아이에게 하는 칭찬과 격려는 평생의 자존감과 균형감을 가져오게 하는 중요한 투자예요. 하지만 어떤 부모는 칭찬과 격려가 중요하다는 말을 너무 문자적으로만 받아들여서, 칭찬하지 말아야 할 곳에서도 칭찬을 합니다. 식당에서 뛰어노는 아이에게 매사에 밝다고 칭찬하고, 학교에서 다른 친구를 때린 아이에게 맞고 오는 것보다는 낫다고 격려합니다. 이건 파에톤 콤플렉스 이상으로 아이에게 부정적인 영향을 미칠 수 있습니다. 요즘도 인성에 문제가 있어서 결국 사회적 따돌림을 받게 되는 사람을 주위에서 보잖아요. 인성은 기본적으로 상대방에 대한 이해가 전제되어야 하는데, 자존감을 세워준다는 미명하에 어려서부터 자기 감정과 기분만 중요하다고 교육받은 아이에게는 상대방을 이해하는 것은 매우 어려운 일이 되거든요.

칭찬과 격려를 문맥적으로 받아들이면, 그럴 만한 일이 있을 때 칭찬과 격려를 하라는 것입니다. 그러니까 진정성 있는 칭찬과 격려를 하라는 것이죠. 그런 면에서 아이에게 하는 칭찬과 격려는 행동이나 결과에 하는 것보다는 의도나 동기에 하는 것이 더 낫습니다. 아이의 행동 중에 칭찬받을 만한 것을 찾으려면 상당한 노력을 해야 하지만, 호기심을 나타낸다거나 무언가를 자기 힘으로 하려고 했을 때, 그런 의도를 칭찬하는 것은 비교적 쉽죠. 결과와 동기를 분리해서 대할 수도 있고요.

예를 들어 건축가로 유명한 유현준 교수는 방송에서 자신이 건축가가 된 계기를 이렇게 말했습니다. 어렸을 때 모나미 153볼펜의 뒤편에, 형이 가지고 놀다 부서진 장난감을 본드로 붙여서 로케트라고 말하며 놀았다고 하죠. 그런데 그 모습을 본 엄마가 너무 칭찬을 해주셔서 그다음부터는 자신감이 붙어 누가 만든 조립식 설명서를 따라서 만들지 않고 형이 가지고 놀다 부서진 것만 가지고 새로운 것을 만들어서 놀았다고 합니다. 유현준 교수는 그것이 자신이 건축가가 된 계기라며 정확히 그 칭찬을 받던 밤의 방과 형광등 불빛 같은 것이 아직도 생생하게 기억난다고 말하죠.[23]

어떤 부모는 아이가 본드를 쓰고 쓰레기 같은 것을 만들었다고 '다시는 이러지 말라'며 야단 쳤을 수도 있는 일을, 유현준 교수의 어머니는 결과와 상관없이 그 창의적인 의도를 칭찬함으로써 유현준 교수의 성공에 탄탄한 초석을 놓은 겁니다.

과학적으로도 이렇게 아이의 호기심, 탐구심, 노력하는 자세 등 과정이나 의도를 칭찬하고 격려하면, 중뇌의 보상체계가 활성화되어 태도가 강화됩니다.

③ 책을 읽는 습관보다 중요한 것은 책을 고르는 습관

펜실베이니아대학교 연구진들은 호기심의 두 가지 유형을 구분해서 국제학술지 〈네이처〉에 발표했는데요, 수많은 다양한 정보를 이리저리 탐색해보는 참견꾼Busybody형과 관련 분야의 지식을 얻는 데 더 집중하는 사냥꾼Hunter형으로 나눌 수 있다는 것입니다.[24] 오클라호마대학교 제이 하디 박사는 이런 호기심을 각각 구체적 호기심과 다양한 호기심으로 나누기도 했고요, 저는 이것을 제 책《메타버스의 시대》에서 이해하기 쉽게 발산형 호기심과 수렴형 호기심이라고 부르기도 했습니다.

누가 무엇이라고 부르든 간에 확실한 것은 호기심은 두 종류라는 것입니다. 발산형 호기심은 주변의 감각을 느끼는 감각적 호기심과도 관계가 있고요, 수렴형 호기심은 지적인 호기심에 더 가까운 호기심이죠. 그런 의미에서 보면 보통 호기심을 자극하는 방법으로 독서를 많이 들지만, 독서 외에 영상 같은 미디어를 활용하는 것도 호기심을 자극하는 좋은 방법이라는 것입니다.

영상은 보통은 발산형 호기심을 충족시키는 역할을 많이 하게 되죠. 영상으로 전달되는 정보는 받아들이는 사람 입장에서는 수동적인 정보긴 하지만, 그 정보에 재미를 느끼거나 관심을 불러일으킬 수 있거든요. 요즘 들어서는 숏폼이 유행하며 영상도 1분 이내로 짧아져서 SNS나 유튜브에서 스쳐 지나가는 정보는 인덱스 역할 정도를 할 때가 많습니다. 그렇게 발산형 호기심으로 여러 정보를 훑어보다가 조금 더 관심이 가는 정보는 수렴형 호기심을 발휘해서 자세하게 알고 싶어질 수 있습니다. 그럴 때 이런 욕구를 충족시켜줄 수 있는 것이 책이죠. 책은 한 가지 분야에 대해 조금 더 깊숙하고 전문적이고 통찰적인 정보를 제공하거든요. 게다가 책은 능동적인 정보 수집 방법이라, 읽는 사람은 자신의 생각을 더 많이 가미하고 정리하며 자신의 필요와 상황에 맞는 정보를 취득할 수가 있죠.

하지만 보통 영상 같은 뉴미디어를 통한 정보 취득은 쉽게 접하지만 다음 단계인 독서로 넘어가는 것에는 어려움을 느낍니다. 여기서 필요한 것이 부모의 역할이죠. 아이에게 영상은 쉽게 찾아볼 수 있고 소비할 수 있는 정보 취득 방법이기 때문에 그것은 알려주지 않아도 금방 습득해요. 그런데 책은 영상에 비해 취득 방법이 까다로운 편이죠. 책을 고르고 사고, 활자를 읽어서 정보를 습득하는 단계가 꽤 복잡하고

번거롭거든요.

무엇보다 아이 입장에서 영상은 스마트폰이나 태블릿만 주어지면 자신이 골라서 볼 수 있는 반면에, 책을 선택할 때 자신의 의견은 일부만 반영되는 경향이 있죠. 부모 입장에서는 나쁜 책이라고 생각되는 책을 사줄 수는 없거든요. 그래서 아이의 의견보다는 맘카페나 옆집 서연이 엄마의 의견이 더 중시됩니다. 그런데 아이 입장에서는 자신이 호기심을 가지고 흥미로워하는 책이 아니라, 의무감으로 읽어야 하는 책이 주어진 거예요. 학교 교과서나 다를 게 없죠. 교과서를 흥미를 가지고 읽는 아이를 발견하기란 쉽지 않잖아요.

아이러니한 상황입니다. 책 읽기는 능동적인 정보 취득 방법이지만, 그 책을 선택하는 과정은 아이 입장에서는 수동적이죠. (어쩌면 그렇게 서연이 엄마는 아이가 재미없어하는 것만 추천하는지 모르겠어요.)

제가 독서에 흥미를 갖게 된 계기는 초등학교 (당시는 국민학교이긴 했지만요) 4학년 즈음 아버지의 여름 휴가 때였습니다. 어디 외국은커녕 야외로도 잘 놀러 가지 못하던 여름 휴가였는데, 아버지는 여름 휴가 첫날 저를 데리고 청계천 중고서점가로 가셨어요. 그리고 자신이 볼 책을 고르면서 저한테도 사고 싶은 책 10권을 사라고 하셨죠. 분류도 제대로 되어 있지 않아 아무렇게나 섞여 있는 책의 숲 사이를 돌아다니며 마음에 드는 책을 고르던 그 기억이 구체적으로 나지는 않지만, 그 기분만큼은 아직도 생생합니다. 어차피 중고서점이니 돈이 크게 들지 않을 텐데도 뭔가 플렉스하면서도 해방감이 드는 기분이었습니다.

그때 산 책이 무엇인지는 잊어버렸지만 그중《인간시장》이라는 책이 있던 것은 기억이 납니다. 얼마 전《인간시장》의 저자이신 김홍신 작가님을 방송에서 만나게 되어, 제가 어린 시절에 정말 감명 깊게《인간시장》을 읽었다고 말씀드렸는데, 말씀드리고 보니 좀 이상하더라고요. 어린이가 읽으면 안 되는 폭력적이고 19금 내용이 많은 소설이거든요.

아이에게 만화라도 책을 읽히는 습관을 들이라고 하는데요, 아이들이 만화를 일반 책보다 쉽게 읽는 이유 중 하나는 대부분의 만화에는 부모의 선택이 안 들어가요. 그래서 아이가 정말 자기가 읽고 싶은 책을 고를 수 있거든요. 이런 선택의 경험은 그냥 책을 읽을 때도 확장되어 자신이 호기심을 느끼는 책을 고르는 아이로 자라게 할 수 있죠.

그래서 책을 읽는 습관도 중요하지만 그보다 먼저 아이가 책을 고르는 습관을 들이게 하는 게 더 중요해요. "너 사놓고 나중에 읽지도 않을 거잖아."라고 말하면서 부모의 마음에 흡족하지 않은 책을 거르지 말라는 거예요. 그런 면에서 책을 읽는 것 이전에 큰 서점에 아이와 자주 나가보는 것도 좋습니다. 사실 부모도 책을 잘 안 읽기 때문에 서점에 가는 경험이 서로에게 낯설 수 있는데요, 부모 역시 서점에서 자신이 재미있어할 만한 책을 만날 수도 있거든요. 사람들이 좋다고 하기에 언젠가는 읽어야겠다는 의무감이 드는 책이 아니라, '어! 이거 읽어보고 싶은데'라는 마음이 드는 책 말이죠.

인터넷 서점은 효율적이고 편리하긴 하지만 우연하게 책을 만나는 재미는 좀 떨어지죠. 다양한 책 사이에 제목만으로도 자신의 지적 호기심을 자극하는, 마치 책의 숲을 산책하다가 나만 아는 맛있는 열매를 만나는 그 기쁨은 책에 대한 흥미를 일으키는 첫 번째 단계가 될 것입니다. 부모에게도 마찬가지고요.

④ 호기심을 표출하여 아이의 모델이 되기

아이는 부모를 닮습니다. 외모는 그렇다 치고 행동까지 닮는 아이의 모습 때문에 DNA라는 게 참 놀랍다고 말하는 분이 많은데, 사실 그건 DNA보다는 같이 살기 때문에 그 모습이 닮는 경향도 있습니다. 대표적으로 말 습관 같은 것이 있는데, 같이 사는 가족들은 어휘나 어조, 말하는 방법 같은 것들이 닮거든요.

제가 대학원에 다닐 때 우리 연구실의 방장형은 그때 이미 아이가 유치원에 다니는 학부모였어요. 그런데 어느 날 한숨을 쉬며 연구실에 들어오더라고요. 무슨 일인가 했더니 아이 유치원에서 전화가 왔는데, 아이가 화장실에 가고 싶다고 손을 들면서 "선생님, 똥 때리러 갔다 와도 돼요?"라고 말했다는 거예요. 그러면서 "아이의 어휘나 말 습관이 전반적으로 이래서 혹시 말 습관이 나쁜 형이 있는지, 그렇다면 그 형부터 말 습관을 고치는 것이 어떨까요?"라고 했다고 합니다. 그 전화를 받은 형수님이 "네, 주의시킬게요." 하고 전화를 끊었는데, 그 집은 그 아이가 외동이거든요. 그러니 그 말 습관의 소스는 누구인지 아주 분명한 상황인 거죠.

또 한 가지 이 형의 아이에 관해 유명한 이야기가 있는데, 할머니가 아이에게 용돈을 주자 이 형이 "이럴 때는 받으면서 뭐라고 말해야 하지? 다섯 글자로."라고 했는데, 이 형은 '고맙습니다'를 염두에 두고 아이에게 물은 것이라고 해요. 그런데 1초도 망설이지 않고 나온 아이의 답은 "뭐 이런 걸 다."였다고 하죠.

호기심에 대한 태도 역시 아이는 부모를 닮습니다. 중요한 것은 호기심 자체가 아니라 호기심에 대한 태도입니다. 누군가가 어떤 대상에 호기심을 가졌는지 안 가졌는지 사실은 표현하지 않으면 알 길이 없잖아요. 많은 부모가 사실 궁금하거나 호기심 어린 일이 있는데도, 살아가다 보니 그것을 표출하기보다는 그냥 덮어놓고 넘어가는 것이 훨씬 일상화되었을 거예요. 강아지와 정해진 산책길 말고 다른 길로도 가보고 싶긴 한데, 오늘은 집에 가서 할 일이 쌓여 있으니 다음에 가보자고 미뤄놓은 게 벌써 1년 되었잖아요.

아이가 "저쪽 길에는 뭐가 있을까?"라고 했을 때, "응, 별거 없어."라거나, "가봤자 막다른 길이야."라고 하기보다는 "그럼 뭐가 있는지 지금 가볼까?"라고 하면서 강아지와의 산책길을 변경해보는 것이 아이가 호기심 감각을 유지하는 데는 훨씬 도움이 되는 태도입니다.

아이가 호기심을 가지면 좋겠다고 생각한다면 부모가 그런 모습을 보여서 아이가 따라 할 수 있도록 하라는 것인데요, 중요한 포인트는 없는 호기심을 애써 가장하지 말고, 있는 호기심을 표출하라는 겁니다. 궁금한 것보다 중요한 일상의 일들이 호기심을 억누르게 하는 경우가 많거든요. 그런데 그 중요한 일상보다 더 중요한 아이의 미래를 생각한다면, 오히려 부모의 호기심을 보여주고, 아이에게 모델링을 하게 하는 것이 훨씬 바람직하다는 것이죠.

그러면서 부모 역시 새로운 것에 호기심을 가지고, 그것을 해결하기 위해 액션을 취하는 태도를 가질 수 있는데, 바로 그런 태도가 너무나 빠르게 변하면서 다가오는 불확실한 미래를 살아가는 데 큰 도움이 될 수 있다는 것입니다. 아이에게 본이 되려고 하지 말고, 실제로 본이 될 만한 사람이 되세요.

학습의 로드맵이
바뀌고 있다

**?.... 과거에는 마을 사람 중에 한 명 정도는
 멘토가 될 만한 사람이 있었다**

아이를 키우는 것은 어려운 일입니다. "한 아이를 키우는 데에는 한 마을이 필요하다."는 말은 아프리카 속담으로 알려져 있는데, 한국 속담이라고 해도, 벨기에 속담이라고 해도 믿을 만큼 보편적인 공감을 자아내는 말입니다. 그리고 실제로 인류학자들이 가장 오래된 인류이며 현대인의 조상으로 여기는 아프리카 서남부 칼리하리사막에 사는 부시족을 연구한 학문적 결과이기도 합니다.[25] 아이 하나를 키우는 데 가족뿐 아니라 온 동네 사람이 참여했다는 것 말이죠.

오디세우스의 아들인 텔레마코스와 그의 스승이자 친구인 멘토스.

그러다 보니 아이들은 마을 사람 중에 자신이 롤모델로 삼을 만한 사람을 발견하기도 하고, 필요한 정보를 얻을 만한 사람과 특별한 친분을 쌓기도 합니다. 요즘 멘토Mentor라는 말은 현명하고 신뢰할 수 있는 상담 상대, 지도자, 스승, 선생의 의미로 쓰이죠.[26] 이 멘토라는 말은 그리스·로마 신화에 나오는 오디세우스의 친구 멘토스의 이름에서 유래합니다. 오디세우스가 트로이 전쟁에 나가면서 아들의 교육을 친구인 멘토스에게 맡기거든요. 오디세우스가 다시 돌아오기까지 걸린 10년의 시간 동안 멘토스는 왕자의 선생이자, 상담자, 때로는 부모 역할까지 하면서 그를 잘 길러냈습니다.[27]

하지만 지금의 사회에서 이런 역할을 해줄 사람은 아무도 없습니다.

할아버지, 할머니조차 가끔 양육에만 도움을 줄 뿐, 아이의 멘토 역할을 할 수는 없거든요. 어쩔 수 없이 현대 사회에서 어린아이의 멘토 역할은 부모에게 집중될 수밖에 없어요.

?.... 학교의 원래 목적은?

마을 공동체가 무너지기 시작한 것은 근대산업화가 이루어져 대도시가 성립되면서부터입니다. 최초의 연쇄살인마로 불리는 잭 더 리퍼Jack The Ripper는 1888년 2~3개월에 걸쳐서 다섯 차례 살인을 저지르는데요,[28] 이때가 영국이 산업혁명으로 급격하게 인구가 증가하던 때였습니다. 런던은 식민지에서 몰려 들어온 사람들과 시골에서 올라온 사람들로 붐볐고, 도시는 익명으로 가득 차게 됩니다. 이럴 때 나올 수 있는 게 연쇄살인마죠. 만약 시골의 공동체 사회라면 동네에서 누가, 언제, 무엇을 했는지 대부분 서로 공유해서 알고 있어요. 옆집 숟가락 개수까지 알고 있는 게 공동체 사회죠.

이런 공동체 사회에서 아이의 양육은 공동의 책임이 되지만 산업화 사회에서 아이는 부모에게는 부담이 됩니다. 하루 12시간 일해도 먹고 살기 힘든 것이 산업화 직후의 시대입니다. 그러니 아이를 돌보고 교육까지 하는 것은 사치였어요. 의무교육이 있었던 것도 아니니, 아이들은 다섯 살만 되어도 공장으로 보내져 거기에서 사환 노릇을 하며 가족의 밥벌이를 같이 책임지기도 했습니다.

그런데 이렇게 길러진 아이들은 사회화 과정이 없었기 때문에 국가 입장에서 보면 쓸모 있는 존재로 자라지를 못했어요. 그래서 1819년에 프로이센 왕국에서 세계 최초의 의무교육이 실시됩니다. 근본적인 목적은 '아이들을 사회화시켜 국가에 쓸모 있는 사회 구성원으로 성장시키는 겸 교육과정에서 부적응자가 될 법한 아이들을 걸러내는 용도'[29]였습니다. 거기다가 일자리에 비해 인구가 너무 많아져 아동 노동의 필요성이 줄어들기도 했고, 이 아이들을 맡아주면 부모들이 열심히 일할 시간을 벌게 되니 더 효율적인 어른 노동의 극대화를 위해서도 의무교육이 시작된 것이죠.

공립학교가 탄생한 목적이 이렇다 보니, 당시 학교의 주 기능은 양육의 대체입니다. 그래서 기본적인 학교의 형식이 어른 한 명이 아이 수십 명을 맡아야 하는 구조였죠. 멘토와 멘티처럼 1:1로 무엇을 배우는 시스템이 될 수가 없는 거예요. 수십 명의 아이를 한꺼번에 교육하기 위해서는 개인에게 맞춤화된 교육보다는 획일화된 교육이 필요할 수밖에 없었고, 시스템 역시 개성보다는 효율성을 강조하는 방향으로 정착될 수밖에 없었죠.

그래서 초창기 학교의 소프트웨어는 군대의 시스템, 학교의 하드웨어는 교도소의 외관을 닮은 것이 어느 정도 이해가 됩니다. 군대나 교도소나 소수가 다수를 효율적으로 관리하는 데 특화된 곳이잖아요. 최초의 의무교육을 만든 프로이센의 진짜 목적은 군인 양성이었고, 1860년에 의무교육을 법제화한 영국의 학교 설립 목적은 노동자 양성이었습니다. 프로이센의 영향을 받은 일본이 식민통치 시대에 우리나라에 프로이센식 학교를 설립했고, 일제가 패망한 뒤에는 영국의 영향을 받은 미국에 의해 영국식 학교까지 접목되었어요.[30] 이것이 우리나라 학교 교육에 얼마 전까지 군대식 잔재가 남아 있었던 이유예요.

이렇게 학교의 연원에 대해 이야기하는 것은 학교에 대한 불신감을 조장하려는 것이 아니라, 산업화 시대, 전쟁의 시대에 수십 명의 학생을 한 명이 관리하기 위해 만들어낸 시스템의 시대불일치성을 이야기하려는 것입니다.

지금부터 120여 년 전의 소설인 헤르만 헤세의 《수레바퀴 아래서》는 당시의 학교 교육 시스템을 비판하는 책이거든요. 그런데 이 책은 지금도 서울대학교에서 직접 발표한 '서울대 가는 학생들이 가장 많이 읽는 책 20위' 안에 이름을 올리고 있어요.[31] 그러니까 120년 전 독일의 학교 시스템을 비판한 책을 120년 후인 지금도 한국의 학생들은 공감한다는 것이죠. 그때나 지금이나 학교 시스템, 특히 입시를 향한 지향에서 나타나는 형태나 행태는 거의 그대로라는 것입니다. 학생들이 받는 스트레스도요.

?.... 어쩔 수 없는 학교 시스템의 한계

지금에야 학교 시스템이 그래도 많이 달라졌지만, 한국은 기초군사훈련 과목인 교련이 2011년에야 고등학교 교육과정에서 완전히 폐지된 나라입니다. 그리고 일사불란, 통일감 같은 것이 개인의 개성보다 다섯 단계는 더 중요했던 학교 교육을 받은 사람들이 지금 학교의 교장, 교감 선생님으로 의사결정권자들이죠. 개인의 의지와 생각으로 획일화 시스템을 지양하고 창의성과 개성을 존중하는 사람도 있지만, 그들이 받은 교육과 살아온 세월은 희미한 냄새로라도 몸에 남아 있기 마련입니다.

그렇다면 이런 학교를 개선할 수 있는 방법은 어떤 것이 있을까요? 이에 대해 세계적 석학으로 각광받는 유발 하라리 교수는 《21세기를 위한 21가지 제언》에서 이렇게 언급했습니다.

"마을 중간에 거대한 콘크리트 건물이 있는데, 그 안은 똑같이 생긴 수많은 방으로 나뉘어 있고 각각의 방에는 책걸상이 줄지어 놓여 있다. 종이 울리면 아이들은 자신과 같은 해에 태어난 다른 아이들 30명과 함께 이 교실들 중 한 곳으로 간다. 매 시간 어떤 어른이 교실로 들어와서는 이야기를 시작하는데, 이들은 정부에서 보수를 받는다. 그들 중 한 명은 지구의 형태에 관해 이야기하고, 다른 한 명은 인류의 과거에 관해 이야기한다. 세 번째 사람은 인간의 신체에 관해 이야기한다. 이런 교육 모델을 비웃기는 쉽다. 그리고 이 모델이 과거에는 성취가 어떠했든 이제는 파산했다는 데 거의 모든 사람이 동의한다. 하지만 지금까지 우리는 쓸 만한 대안을 만들어내지 못했다. 캘리포니아 교외 부촌에 국한된 것이 아니라 멕시코 농촌 지역에서도 실행할 수 있을 만큼 확장 가능한 교육 모델은 분명히 없다.″[32]

200여 년 전의 학교 모델은 분명한 파산상태라는 것입니다. 그렇지만 그에 대한 대안은 아직 세워지지 않았어요. 그래도 그 대안의 뼈대가 어떤 식으로 구성될지는 어느 정도 보이긴 합니다. 메타버스로 하드웨어가, AI로 소프트웨어가 혁신되는 교육 모델이 세워질 것입니다.

하지만 아직은 그렇지 않죠. 문제는 아이들의 미래입니다. 교육은 보수적 경향이 있어 변화가 늦은 편인데요, 교육에서 변화가 있으려면 세상이 이미 그렇게 변화한 상태여야 한다는 것입니다. 그러니 교육이 미래를 대비하는 데 그렇게 효과적이지가 않은 거죠. 지금의 아이들이 학교에서 배우는 것은 AI 세상을 살아가는 데 맞춤화된 교육은 아니거든요. 물론 지금의 학교가 전근대적이라는 것은 아닙니다. 오히려 초등학교까지는 매우 다양한 시도를 하며 아이들의 창의성을 위해 노력하죠. 문제는 중학생이 되면서 아이들은 입시에 방향을 맞춰 공부한다는 거예요. 5지 선다형의 정답을 맞히기 위한 교육은 성적대로 줄 세우기를 하기에는 편해도, 아이들의 생각과 인사이트를 바로 세우기에 적절한 교육은 아니거든요.

사실 초등학교 교육은 다양한 시도가 필요하다고 생각하는 분들 때문에 많이 바뀌고는 있어요. 하지만 학교라는 기본 시스템은 그걸 제한합니다. 호기심을 키워주는 방법에서도 제일 중요한 것 중 하나는 다양하고 새로운 경험을 쌓는 것이에요. 그러기 위해서 교육이 할 일은 새로운 것을 접할 기회를 많이 줘야 하는 거죠. 하지만 학교 시스템에서 가장 한계가 바로 이것입니다. 많은 아이를 한꺼번에 안전하게 돌봐야 하니까, 새로운 시도나 새로운 경험에 대해서 가능한 한 검증된 것 위주로 제어할 수밖에 없거든요.

그리고 20명의 아이가 있다면 20명의 세계가 있는 거잖아요. 이들이 궁금하고 알고 싶은 것은 20가지일 테고요. 하지만 아이들의 새로운 호기심에 모두 다 대응할 수는 없으니, 우리 교육은 낯선 것에 대한 공포나 거부감을 심어놓는 식으로 발전합니다. 가르치는 것 외의 호기심은 쓸데없는 일로, 가르치는 것과 관계없는 질문은 엉뚱한 생각으로 치부하게 만들죠. 그도 그럴 것이 수업 시간에 교과 외의 다른 질문을 받기 시작하면 한도 끝도 없으니까요. 집에서 아이 혼자서만 질문을 해도, 그 질문 공세에 두 명의 부모가 녹다운되는데, 선생님 한 명에게 20명의 아이가 각자 궁금한 것을 질문하면 수많은 선생님이 당장 사표를 던질 겁니다.

그래서 학교 교육은 아이 스스로가 다져진 길만 선택하도록 알고리즘을 조정해놓습니다. 새로운 선택, 규칙을 넘나드는 생각 등을 꽤 단호한 어조로 막아서는 것이 학교예요. 선생님이 아무리 질문 있는 사람을 찾아도 아이들이 질문하지 않는 이유 중 하나는 자신의 질문을 누군가 평가할 수도 있다는 자기 검열 때문이기도 하거든요. 이것은 어른이 되어서도 마찬가지입니다. 공개적인 자리에서 어떤 질문을 했을 때 다른 사람들이 '그런 것도 몰라?'라는 식의 시선을 보내면 어떻게 하나라는 공포감이 질문하는 사람에게는 어느 정도 내재해 있어요.

학교 시스템은 근본적인 한계가 분명해요. 가르치는 사람도 그 시스템에 너무 푹 젖어 있고요. 한국의 혁신적인 대학을 주장하며 개교한 혁신 대학이 있는데, 교수진은 모두 명문대 박사입니다. 교수진의 다양성 자체가 없고 획일화되어 있는데, 진로와 학문의 다양한 길을 외치는 것이 설득력 있는 일일까 싶어요. 각자 교수방법에 차이는 있을지 몰라도 다양한 길에 대한 가능성은 제한된 느낌이에요. 진짜 다양한 교수진이라면 벽돌공 출신도 있어야 하고, 카레이서도 있고, 고졸 영화감독도 있어야 합니다. 그리고 그 다양한 길은 학생들과 다양한 방법으로 나눠야 하는 거죠.

?.... 아이의 미래는 부모에게 달려 있다

이런 상황이다 보니 새로운 경험, 다양한 호기심 등을 담당해줘야 할 기본 단위가 학교보다는 가정의 몫이 됩니다. 부모가 미래 교육의 기본 단위가 되어야 하는 것이죠. 학교는 '과거의 교과로 현재의 교사가 미래의 학생을 가르치는 곳'입니다. 세계가 비교적 느리게 흘러갈 때는 이 시차가 크게 문제되지 않았어요. 과거나 미래가 어느 정도 비슷하니까요. 하지만 한 달 사이에서도 세계적인 변화가 일어나는 지금의 초가속 시대에 이 시차는 치명적입니다. 대학까지 계산하면 16년의 학교 교육을 마치고 나온 아이들이, 자칫 사회적으로 할 줄 아는 게 별로 없는 사람이 될 수도 있거든요.

그런데 가정에서의 교육이 학교에서의 교육과 같을 뿐이라면 굳이 이 어려운 중책을 부모가 떠맡을 필요가 없습니다. 그래서 학교 교육이 인류가 그동안 축적한 지식과 정보를 암기하고 보편적 사회 스킬을 쌓는 데 치중하는 교육이라면, 부모와 함께하는 교육은 지혜를 익히고 정보를 창출하는 방법을 익히는 교육이 되어야 합니다. 기본적 사회 스킬이 아니라 개인별 조건별로 다른 맞춤화된 사회 스킬을 쌓아야 하기도 하고요.

어떤 부모로
성장할 것인가

?.... 아인슈타인이 아인슈타인이 될 수 있었던 이유

인류사에 천재 한 명을 뽑으라면 강력한 후보 중 하나가 상대성 이론
을 주창한 물리학자 알베르트 아인슈타인이죠. 하지만 놀랍게도 아인
슈타인은 어렸을 때 지진아라고 놀림받은 아이였어요. 세 살이 되도록
말을 못 하고, 일곱 살이 되어도 부모님이 시킨 간단한 심부름조차 제
대로 하지 못할 정도로 인지 발달이 느렸다고 합니다. 그래서 언어 발
달도 좀 느려 말 자체가 어눌하고 자폐증 증상도 약간 있어, 요즘 말로
왕따를 당했다고 하죠. 오죽하면 담임선생님이 '이 아이는 나중에 무
엇을 해도 성공할 가능성이 없음'이라고 생활기록부에 기록했다고 합

니다. 우리가 아는 그 아인슈타인에게 말이죠.

담임선생님 입장도 이해는 됩니다. 지금보다 학급당 학생이 많을 테고, 정규 교과과정이라는 것이 있을 텐데 거기에 너무나 맞지 않는 학생 하나에게 관심을 더 기울이고 신경을 더 써야 할 이유도, 여유도 없었을 겁니다. 지금보다 100년도 더 전이잖아요.

하지만 학교 교육이 포기했다고 해서 부모까지 자식을 포기하지는 않잖아요. 아인슈타인의 어머니인 피아니스트 파울리네 코흐는 아들에게 바이올린과 피아노를 배우게 해요. 아이가 싫어하면 강요하지 않고 아이가 호기심을 느낄 정도로만 배우게 했는데 아인슈타인은 그중에서도 바이올린에 흥미를 느꼈죠. 그러면서 뇌가 자극되어 바이올린 실력과 함께 두뇌도 발달하기 시작합니다.[33]

전자기기 수리공이던 아인슈타인의 아버지는 책읽기를 좋아해 그의 서재에 책이 많았다고 하죠. 아버지의 영향을 받아 아인슈타인도 책읽기를 좋아했고요. 무엇보다 이들 부모가 가장 잘한 것은 유대 전통에 따라 안식일에 가난한 학생을 대접하며 자녀를 돌봐주게 하는 대신 학비를 후원해준 것입니다. 아인슈타인의 부모가 후원해준 학생이 막스 탈무드라는 의대생인데, 이 학생은 아인슈타인을 가르치며 아인슈타인이 '자연의 움직임'에 호기심이 많다는 것을 알아차리고 각종 과학책을 가져다주었습니다.

막스는 아인슈타인이 12세가 되자 유클리드 기하학으로 이끌어 함께 읽고 질문을 던져 스스로 원리를 깨우치도록 했습니다. 그 후 막스는 아인슈타인의 관심을 철학으로 넓혀주어, 뉴턴, 스피노자, 데카르트의 책들을 섭렵하게 하면서, 13세 때는 칸트를 읽으며 같이 토론을 했죠.[34] 막스 덕분에 호기심을 자극당한 아인슈타인은 비약적으로 학문적 성취를 이루며 17세 때 대학에 진학하게 돼요. 그다음부터 우리가 아는 그 아인슈타인인 거죠.

그러니까 시대와 맞지 않는 천재성을 가진 아이슈타인을 시대가 알아보게 이끌어준 것은 학교 교육이 아니었어요. 부모였던 거죠. 부모가 직접 하기도 했지만, 아인슈타인과 결이 맞는 막스라는 학생을 연결해준 것도 부모가 한 중요한 일입니다.

?.... 120세 수명시대를 살게 되는 아이들과
100세 수명시대를 살게 되는 부모들

아이를 키우면서 부모가 할 일이 너무 많아서 부담을 많이 느끼실 겁니다. 그런데 아이의 미래 교육까지 부모가 생각해야 한다고 하면 너무 힘든 일이죠. 미래에 대한 걱정은 부모도 이미 많이 하고 있는 상황인데요, 그래서 말씀드리는 것은 부모가 아이를 가르치라는 것이 아닙니다. 부모도 사실 미래를 대비해야 하는데, 그것을 같이 하라는 말이에요. 아이를 성장시키라는 것이 아니라, 아이와 함께 성장하라는 것입니다. 미래 사회를 같이 살아갈 친구로서 아이와 함께 가야 한다는 것입니다.

아이를 키운다는 개념 자체가 낡은 개념입니다. 지난 100여 년간 사람들의 평균수명이 40세에서 80세로 두 배 가까이 늘어났어요. 이제는 '환갑잔치'라는 말은 사어가 될 지경입니다. 사람들의 평균수명이 40세일 때는 40세, 50세만 되어도 인생을 통달한 사람처럼 말하고 움직였습니다.

'이립而立'이라는 말이 있죠. 이립은 30세를 이르는 말인데, 마음이 확고하게 도덕 위에 서서 움직이지 않는다는 뜻입니다. 그런데 지금의 30세는 파도 위에 떠 있는 것이나 마찬가지로 매일매일 심하게 흔들려서 제대로 서 있을 수도 없는 지경입니다. 그리고 40세를 일컫는 '불혹不惑'은 '세상일에 정신을 빼앗겨 판단을 흐리는 일이 없는 나이'라는 뜻으로 붙은 별칭인데, 지금의 40세는 세상일에 정신을 빼앗겨 사소한 동네 당근 거래에도 유혹을 느끼고 심하게 마음을 빼앗기는 나이입니다. 2,500년 전에 쓰인 《논어》에서 제안한 30대, 40대의 개념이 지금의 30대, 40대의 개념과는 결코 같을 수 없다는 것이죠.

옛날에는 평균수명이 짧아 세대교체가 빠르게 일어나기 때문에, 20~30대만 되어도 다음 세대를 위해 아이를 키운다는 개념이 필요했습니다. 40~50세면 자신이 세상에 없을 수도 있기 때문에 빠르게 다음 세대를 키우고 재산도 넘겨주고, 지식도 전승해야 했거든요. 그런데 지금의 평균수명을 생각하면 이런 대물림은 너무 빠른 거죠. 지금은 부모가 아이와 함께 커야 하는 시대입니다. 아이가 크는 만큼 부모도 커야 합니다. 그럴 공간도, 여지도, 그리고 이유도 분명한 시대거든요.

2024년 보험개발원이 발표한 자료에 따르면 우리나라의 남성 평균수명은 86.3세, 여성 평균수명은 90.7세입니다. 35년 전에 작성된 자료와 비교하면 남성 평균수명은 65.8세에서 86.3세로 20.5세 증가했고, 같은 기간 여성은 15.1세 늘었습니다.[35]

노화와 유전 분야에서 세계 최고 권위자라고 할 수 있는 하버드대학교 데이비드 싱클레어 교수는《노화의 종말》이라는 책에서, 노화는 치료 가능한 질병이며 가까운 시일 내에 120세까지 사는 시대가 온다고 이야기합니다.[36]

황당한 이야기는 아닌 것이 20만 년 전만 해도 인간의 평균수명은 25세였으며 평균수명 40세를 넘어선 것은 19세기 말이나 되어서였습니다.[37] 그런데 100여 년 만에 평균수명은 두 배가 넘어 거의 90세를 바라볼 수 있게 된 거예요. 인간의 수명 연장 속도가 기하급수적으로 빨라지다 보니 우리 아이들은 기대수명 120세 시대를 살 수도 있고, 지금 부모 세대도 적어도 100세 정도의 기대수명 시대를 바라보게 된 것입니다.

?.... 점점 불거지는 은퇴 나이의 문제

문제가 있습니다. 근로자의 사회적 정년은 아직 60~65세라는 것이죠. 우리나라는 법적으로 60세 이상을 정년으로 정하도록 명시하기 때문에 기관에 따라 정년을 60세에서 최대 65세 정도까지 정하고 있습니다. 물론 치열한 사기업은 정년퇴직까지 이르는 경우보다 희망퇴직 등의 제도로 50세 정도면 직장을 그만두는 경우도 많지만, 법에서 정한 정년까지 다 채운다 해도 보통 사기업은 60세 정도면 일의 커리어는 마무리를 지어야 하는 것이죠.

이에 대해 세계 최대 자산운용사인 블랙록의 래리 핑크 회장이 한 말이 있습니다. 투자자에게 보내는 연례 서한에서 "누구도 원하는 것보다 더 오래 일해야 하면 안 되겠지만 적정 은퇴 연령이 65세라는 생각에 붙잡혀 있는 건 미친 짓이고, 이는 오스만 제국 시절에 형성된 관념"이라고 지적했어요. 오스만 제국은 1922년 멸망했으니, 100년도 더 된 개념이라는 비판이죠. 그리고 이어 말하기를 "1952년에는 65세 정년을 맞은 사람 대부분이 은퇴 준비를 하지 않았는데, 그 이유는 이미 세상을 떠났기 때문"이라는 겁니다.[38]

그러니까 부모가 아이를 키우고 성장시키고 교육해야 한다는 개념은 100년 전, 평균수명이 정년도 안 될 때 형성된 개념으로, 지금은 부모가 아이와 함께 성장하는 것을 목표로 해야 합니다. 30세 부모라고 해도, 아이가 20세가 되어봤자 50세예요. 앞으로 살아야 할 날이 산 날만큼 남아 있습니다. 그러니 부모도 이 가속 사회에 적응해서 사회적 생존과 경쟁 방법을 익혀야 한다는 것이죠.

국민연금 같은 사회보장제도 역시 앞으로 위기를 맞을 겁니다. 래리 핑크 회장이 앞서의 말을 한 이유가 바로 사회보장 프로그램을 비판하기 위해서예요. 미국에서 1910년대 직장에 들어간 사람들은 65세가 되기 전인 1952년에 이미 대부분 세상을 떠났으며 이것이 과거 사회보장제도가 작동한 방식이라고 설명합니다.[39] 그러니까 사회보장제도에 가입해 보험료를 납부한 사람의 절반 이상이 은퇴해 보험금을 받을 때까지 살지 못했기 때문에 연금 고갈 등을 걱정할 필요가 없었단 얘기입니다.

하지만 지금은 대부분 사회보장제도의 혜택을 받고 그런 이유로 미 사회보장국은 2034년부터는 가입자 모두가 연금 혜택을 받는 건 불가능하다고 판단했다고 합니다. 우리나라의 국민연금도 지금대로라면 2055년에는 고갈될 것으로 예측하고 있죠.[40]

지금 아이를 키우는 부모 세대는 아이의 미래도 걱정해야 하지만, 자신의 미래 역시 걱정의 선상에 올려놓아야 하는 상황이에요. 국민연금은 고갈되고, 아이 교육에 쓰느라 저축은 거의 없고, 거기에 나이가 많아 일할 상황조차 안 된다면 아이에게 부모 부양이라는 부담스러운 미래를 떠넘기게 될 수도 있습니다.

?.... 아이와 부모, 쌍방향 성장의 시대

아이들이 살아가야 할 미래 AI 세상에 대해 이야기하는데, 다행인 것은 AI를 보조로 써서 일하는 세상은 젊음이 경쟁 무기가 아니라, 경험이 핵심 경쟁력인 세상이라는 것이죠. 산업화 시대에 몸 쓰고 밤새워야 하는 일에는 힘 좋은 젊은 사람이 1순위로 원하는 인재였죠. 젊은 남자 위주로 취업이 잘 되는 시기였어요. 하지만 AI와 로봇을 활용해서 일하는 시대에는 그런 육체적 활동이 꼭 필요하지는 않습니다. 자료조사나 기본적인 일은 AI를 활용해서 하고, 그렇게 나온 일에 경험과 인사이트를 가미해서 유니크하고 경쟁력 있게 만드는 것이 사람의 일입니다. 그래서 경험과 지식, 인사이트가 필요하고요. 결국 남녀노소 누구에게나 공평한 기회가 주어지는 것이 미래 시대의 일자리 전망입니다. 신체적 특성이 일의 퀄리티를 좌우하지 않습니다. 시간을 효율적으로 쓰고 싶은 경력단절녀 같은 경우도 얼마든지 기회를 얻는 것이 미래 일자리 사정입니다.

결과의 차이는 인사이트, 경험, 생각, 가치 등에 따라 만들어집니다. 우리가 지금 관심을 갖는 것은 바로 그러한 부분에서 경쟁력 있는 아이를 만들자는 것인데 그것이 부모 자신에게도 절실히 필요한 일이라는 것도 같이 느낄 겁니다.

부모가 아이의 거울이라면 아이는 부모의 거울입니다. 부모가 일방향으로 아이를 훈육하거나 가르치는 시대는 지났으며 아이가 성장하는 만큼 부모도 성장하는 쌍방향 성장의 시대입니다.

부모의 성장만큼 아이가 성장합니다. '너의 시대는 다르니 나와 다르게 너는 이렇게 해라.'라고 말할 수가 없을 정도로 아이와 부모는 동시대를 살아가는 동료거든요. 부모가 AI에 거부감이 있는데, 아이가 AI를 잘 다룰 수는 없습니다. 부모로서는 아날로그가 편하고 하던 대로 하는 것이 편하기 때문에, 굳이 새로운 것을 배우려고 하지 않을 수도 있는데, 그것은 아이에게 영향력 면에서도 바람직하지 않을 뿐 아니라 부모 자체도 결코 괜찮지 않습니다. 10년 후에 AI에게 자신의 일과 사회생활을 빼앗길 수 있으니까요.

아이와 함께 성장해야 하는 이유입니다. 부모와 아이는 원 팀으로 미래에 대응할 계획과 준비를 해야 합니다. 중요한 것은 아이가 살아갈 미래이긴 하지만 그 미래에는 부모 역시 존재하고 있어요.

유난히 요즘 딸 바보 아빠가 많이 보입니다. 사회에서 성공하고 돈을 버는 것이 자녀를 위한 것이라는 생각에 아이들과 대화 한번 하지 않고 열심히 살아온 아버지들의 자식들이 부모가 되었거든요. 지금은 하나둘 은퇴하며 할아버지가 되기 시작한 베이비 붐 세대는 그들의 자식들인 X세대나 M세대와 특별히 대화를 하지 않았어요. 그러다 보니 지금 새롭게 부모가 된 X세대나 M세대는 그들의 부모와는 어색하기 짝이 없어요. 특히 아버지와 아들은 더더욱 그런데요, 대화다운 대화를 해보고 자란 적이 없으니까요. 이런 점에 아쉬움을 느끼는 X세대나 M세대는 돈을 버는 것보다 아이와 시간을 갖는 것에 애착을 느낍니다. 육아휴직 때문에 직장에서 승진이 밀리더라도 육아휴직을 쓰는 아빠도 많아졌죠. 자신의 부모에게 사랑한다는 말을 해본 적이 없는 이 사람들은 아들과 딸에게는 아이들이 지겨워할 정도로 '사랑해'라는 말을 합니다.

이 부모들이 바로 아이의 미래와 교육에 지대한 관심을 가진 사람들입니다. 이 부모들은 아이의 교육을 위탁하는 것보다 자신과 같이 성장해가는 과정을 훨씬 더 즐기고 원합니다. 이제 다음 장에서 생각을 모으는 방법, 그것을 표현하는 질문에 대해 이야기할 텐데, 그런 부분을 아이에게 하라고 떠넘기는 것이 아니라, 부모와 아이가 같이 성장해간다는 생각으로 하면 훨씬 더 효과적일 거예요.

2장

똑똑한 아이는 어떻게 생각할까?

가장 위대한 업적은
'왜'라는 아이 같은 호기심에서 탄생한다.
마음속 어린아이를 포기해서는 안 된다.

−스티븐 스필버그

1

똑똑한 아이들이
공통적으로 가지고 있는 것은?

?.... 아이의 생각의 배경에
자리 잡고 있어야 하는 것들

똑똑한 아이는 어떤 아이일까요? 한번 이미지를 떠올려보세요. 아니면 평소에 똑똑한 아이라고 생각하던 아이들을 생각해보시고, 그 아이들의 공통점을 떠올려보세요. 호기심이 많고 탐구심이 강한 특성도 있고 빠른 이해력과 학습 속도가 그런 아이들의 특징일 수도 있습니다. 뛰어난 언어 및 의사소통 능력이 떠오르기도 하고, 가끔 깜짝 놀랄 정도의 창의력도 공통점으로 떠올릴 수 있겠죠. 그런데 이렇게 언어로는 정리되지 않지만 이미지적으로 공통되는 특징이 있는데, 똑똑한 아이

정서적 안정감이 자신감 있는 아이를 만든다.

라고 하면 똑 부러지는 느낌이 있을 거예요. 비슷한 말이니 당연한 듯 보이지만, 똑 부러지는 느낌이라는 것은 그 아이가 꽤 자신감이 있다는 뜻이거든요. 똑똑한 것과 완전히 같은 말은 아니라는 거죠.

자기의 의견을 자신감 있게 말하고, 동작이나 눈빛에 자신감이 서려 있는 모습이 기본적으로 아이에게 보일 때, 우리는 똑똑한 아이라는 상을 그리는 거죠. 어른들의 자신감은 경험이나 지식에서 비롯되는 경우가 많지만 어린 시절의 자신감은 정서적 안정성에서 비롯됩니다. 똑똑한 아이가 되기 위해 그 바탕에 그려져야 하는 것이 자신감이고, 이 자신감은 안정감에서 나옵니다. 그런데 아이가 안정감을 가지는 것은 그야말로 부모의 몫입니다. 아이에게 안정된 환경을 제공하는 것이 부모가 해야 하는 가장 중요한 일이니까요. 여기서 안정된 환경이란 좋은 집, 좋은 먹을 것 같은 외부적인 환경을 지칭하는 것이 아닙니다. 중요한 것은 정서적인 환경이죠.

발달심리학의 관점에서 보면 출생 후 1년 동안 아이와 일관되고 민감한 상호작용을 통해 안정적인 애착 관계를 형성하는 것이 먼저 필요합니다. 이렇게 형성된 안전기지는 아이가 세상을 탐색할 때 안정감의 원천이 되거든요. 생각이나 의식이 인지하기 전에 먼저 무의식에서 안정감을 얻게 되는 것이죠.

안정감이 중요하다는 것을 잘못 받아들이는 부모 중에는 아이를 불안하게 하는 것은 잘못이라고 생각해서 잘못한 일도 야단치지 않고, 다른 사람에게 폐를 끼쳐도 오히려 아이를 칭찬하기도 합니다. 이렇게 되면 안정감 있는 아이를 만드는 것이 아니라 안하무인의 아이를 만드는 거예요.

자라면서 가장 중요한 것은 예측 가능성입니다. 아이의 불안감은 자신의 예측과 다른 반응을 접할 때 나타나게 돼요. 아이가 나타내는 신호에 일관된 반응을 보이고, 아이의 행동에 일관된 기준을 가져야 하는 것이죠. 이를 통해 아이는 일정한 기준하에 자신의 요구가 충족된다는 예측이 가능해지면서 신뢰감을 갖게 됩니다. 이러한 반응적 양육은 뇌 발달, 특히 정서 조절 능력 발달에 중요한 역할을 합니다.

그리고 가족 간의 상호작용을 통해 애정 어린 유대감을 갖는 것도 중요합니다. 같이 즐거운 시간을 보내고 어려움을 헤쳐나간 경험들이 이런 유대감을 높이는 데 도움이 되겠죠. 이 가운데 부모님은 자신을 믿어주고 이해해준다는 신뢰가 형성되죠. 아이는 혼자서 생존하기 불가능한 존재입니다. 반드시 주변의 도움이 필요하죠. 그래서 본능적으로 버려짐에 대한 공포가 있거든요. 분리 불안이 나타나는 아이는, 부모와 분리되었을 때 그 부모가 자신을 버리고 다시는 오지 않을 수도 있다는 공포감에 시달리는 거예요. 이러한 유년 시절을 보낸 아이는 나중에 연인이나 주변 사람과의 관계에서도 회피형 애착이나 불안형 애착관계를 형성합니다.[41]

불안형 애착은 관계가 끝날까 봐 항상 사랑을 확인받으려고 하고, 이 관계에 집착하게 되죠. 반대로 회피형 애착은 친밀감에 대한 기대가 채워지지 못할 것을 알고 아예 애정을 외면하게 됩니다. 〈인터스텔라〉라는 인터뷰 기사를 쓰는 기자이자 《이어령의 마지막 수업》이라는 책의 작가인 김지수 기자를 인터뷰 프로그램에서 만난 적이 있습니다. 정교한 말, 여유 있는 태도, 우아한 자세, 배려심 넘치는 눈빛 등 단단하고 스마트한 분이라는 인상을 받았는데, 말을 나누다 보니 어린 시절에 결핍된 환경에서 자라 항상 부모가 자기를 버릴 것이라는 유기 공포에 시달렸다고 합니다. 버림받지 않기 위해 완벽한 아이가 되어야 한다고 생각해 공부도 죽기 살기로 했고, 외형적인 완벽함을 유지했지만 내면에는 지옥이 들끓었다고 하죠. 김지수 기자가 지금처럼 휴머니즘이 살아 있는 인터뷰 칼럼을 쓸 수 있게 된 것은 자기 안의 이런 약함과 결함을 인정하고 그것을 바라볼 수 있게 되었기 때문입니다.

이렇게 스스로 안정성을 획득하는 경우도 있지만, 대부분의 아이는 그렇지 못합니다. 그래서 부모의 역할에서 가장 중요한 것 중 하나는 아이의 심리적 토목공사입니다. 아이가 탄탄한 집을 지을 수 있도록 흔들리지 않는 '안정감'이라는 바닥을 다져주고 깔아주는 것이죠.

?.... 심리적 안정성을 위한 예측 가능성

아이의 심리적 토대에 안정감을 구축하기 위해 가장 먼저 목표로 삼아야 할 일은 아이에게 예측 가능성을 갖게 하는 것입니다. 예측 가능성은 아이가 어떤 일을 하면 어떤 결과가 올 것이라고 생각할 수 있는 인과관계입니다. 이렇게 하면 이렇게 될 것이고, 저렇게 하면 저렇게 될 것이라는 당연한 말인데, 의외로 예측 가능성은 잘 지켜지지 않을 때가 많아요.

아이가 같은 행동을 해도 부모가 몸이 힘들 때와 여유가 있을 때의 반응은 다릅니다. 부부간의 사이가 좋을 때와 싸운 뒤에도 아이를 대하는 것은 다르죠. 아이가 잘못을 하면 그 잘못을 혼낼 때도 있고 아닐 때도 있습니다. 심지어 유치원에서 친구와 싸운 아이를 혼낼 때가 있고, 맞는 것보다는 때리는 게 낫다면서 칭찬할 때가 있다면, 아이는 혼란할 수밖에 없죠.

아이에게 예측 가능성은 정서적, 심리적 안정성을 위해 중요한 요소입니다. 물론 가장 중요한 것은 부모의 사랑하는 마음이고, 이런 진정성이 있으면 다 될 것 같기도 한데요, 아이는 외적인 표현이나 모습에 어른보다는 쉽게 흔들리는 경향이 있어요. 부모는 부부 싸움을 하다가 분에 못 이겨 "나가버려!"라는 말을 들어도, 그것이 진심이 아니라는 것을 알기 때문에 실제로 나가는 선택을 하지는 않습니다. (물론 가끔 진심인 경우도 생기긴 하지만, 그래도 버텨야죠.) 하지만 아이는 그 말 자체에 충격을 받아요.

갓 태어난 아이는 대상영속성Object Permanence의 개념이 없어서 존재가 눈앞에서 사라지면, 영원히 사라지는 것이라고 의식합니다. 대상영속성은 존재하는 물체가 어떤 것에 가려져 보이지 않더라도 그것이 사라지지 않고 지속적으로 존재한다는 사실을 아는 능력을 말하는데,[42] 장 피아제는 인지발달이론에서 대상영속성이 완성되려면 2년 정도 걸린다고 말했지만, 현대 연구자들은 그 시기가 이보다는 이르다고 봅니다.

생후 6~7개월 지나면 눈앞에서 엄마가 사라진다 하더라도, 이 세상에서 사라지는 게 아니라 어딘가에 존재한다는 것을 의식하게 된다는 겁니다. 그래서 이럴 때 많이 하는 것이 있다, 없다 하는 까꿍놀이입니다. 부모가 사라졌다 나타났다 하는 까꿍놀이를 하면 아이는 별것 아닌데도 매우 좋아하는데요, 이런 놀이를 통해 아이는 부모가 사라졌다가도 언제든 다시 나타날 수 있다는 것을 더 빠르게 인식할 수 있게 되죠. 정서적 안정과 애착 형성에 도움을 주는 놀이입니다.[43] 대상영속성

까꿍놀이를 하는 아이와 부모.

을 가진 아이는 부모가 눈앞에서 사라지더라도 불안해하지 않고 엄마의 존재를 기다리거나 찾는 등의 긍정적이고 적응적인 행동을 취할 수 있다고 합니다.[44]

성장기 아이들에게도 이러한 믿음은 중요하죠. 엄마, 아빠가 눈앞에 존재하지 않아도 어딘가에 물리적으로 존재한다는 믿음은 영아 시절에 이미 형성되지만, 그 부모가 자신을 변함없이 사랑한다는 사실, 그리고 그 사랑 때문에 자신을 버리거나 떠나지 않을 것이라는 사실에 대해서는 끊임없이 확인받고 싶어 합니다.

그래서 부모의 사랑을 계속적으로 표현해주어야 하죠. 아이가 커갈수록 사랑한다는 말 자체가 어색해지지만, 그것은 표현하지 않을수록 어색해지는 것이지, 단순히 아이가 컸다고 해서 어색해지는 건 아니에요. 아이는 점점 쑥스러워할지 몰라도 부모는 사랑에 대한 표현을 계속 해주어야 합니다. "말 안 해도 알지?" 같은 얘기는 베이비 붐 세대 이전의 부모가 하는 것이고요, 그 결과 베이비 붐 세대의 부모와 그 자녀인 X세대나 M세대의 관계가 어떤지 한번 보세요. 서먹한 경우가 많을 겁니다.

아이가 '말하지 않아도 어련히 알아차리고', '표현하지 않아도 부모의 사랑을 알' 거라고만 생각하지 말고, 표현과 행동을 해주세요. 초등학교 때 이런 말을 못 하면 중학교나 고등학교에 올라가면 더욱 못 하게 돼요. 커서는 말할 것도 없고요. 아이에게 언제나 너를 사랑한다는 부모의 메시지를 전해서 아이가 심리적 안정감이라는 기반 위에 단단하게 발 딛게 해줘야 합니다.

?.... 아이에게 예측 가능성을 심어주는 3C3A

아이에게 예측 가능성을 심어주기 위해서는 몇 가지 스킬적으로 노력해야 할 것이 있습니다. 그것을 '3C3A'로 정리할 수 있습니다.

① Consistency : 부모 감정의 일관성 지키기

Consistency는 일관성인데요, 부모가 태도나 마음가짐 자체가 일관성을 가능한 한 유지하겠다고 전제해야 합니다. 물론 사람인 이상 이것은 매우 어려운 일입니다. 〈내셔널지오그래픽〉 조사에 따르면 인간이 하루 동안 의사결정을 하는 횟수는 150회라고 합니다.[45] 잠자는 시간을 빼면 1시간에 10번씩은 의사결정을 하는 셈이에요. 그 의사결정들이 한결같은 '결'을 유지하기는 결코 쉬운 일이 아니죠. 상황, 조건, 기분 등에 따라 달라지는 게 당연하니까요.

그래서 일관성을 지켜야 한다는 것은 엄청나게 의식하지 않고서는 구현하기 어려운 특성입니다. 육아를 하고 아이를 양육하거나 교육하는 면에서는 이 결정 횟수가 더 늘어날 수밖에 없죠. 자신의 결정뿐 아니라 아이의 결정까지 두 사람 몫의 결정이 있고, 보통 아이는 성인처럼 정형화된 루틴이 형성되지 않은 경우가 많으니 매 순간순간이 새로운 환경이기 때문이죠.

그래서 모든 결정을 일관성 있게 한다기보다는 아이의 감정이나 생각에 영향을 미칠 만한 일에 대해서 일관성을 유지하는 것이 현실적입니다. 그러니까 '물티슈는 늘 쓰던 것만 쓴다'라는 일관성보다는 '아이가 어떤 행동을 할 때 어떻게 대응한다'는 식의 일관성에 취사집중을 하자는 것이죠. 어떻게 생각하면 이 일관성은 부모의 기분의 일관성이라고 생각해도 괜찮습니다. 부모가 힘들거나 기분이 나쁠 때 아이의 잘못을 유독 더 크게 혼내기도 하고, 부모가 기분이 좋으면 잘못한 것을 넘어가기도 하는데, 이렇게 되면 아이는 혼란함을 느낄 수밖에 없거든요. 어떤 부모는 아이가 옆에 있으면 몸이 힘들어서 아이에게 짜증을 내다가, 조금 떨어져 있으면 아이에게 짜증 낸 것에 죄의식을 느껴 다시 만난 아이에게 지나치게 잘해줘요. 이런 경우 아이는 자신의 행동과는 관계없이 혼나기도 하고 칭찬받기도 하거든요. 결국 눈치를 보는 사람으로 성장하게 될 확률이 생깁니다. 센스 있는 사람이 되는 것이 아니라 자신의 기분을 타인에게 맞추면서 자존감이 없는 사람으로 자라게 될 수도 있다는 거예요.

따라서 부모가 자신의 기분에 좌우되지 않고 평정심을 갖는 일관성을 유지하려고 최대한 노력해야 합니다. 요가, 명상, 운동, 독서, 대화 같은 것으로 마음의 평정심을 다잡으려는 노력을 계속 해야 하는 것이죠.

② Concretion : 기준의 구체화와 명확화

아이 입장에서도 행동에 대한 가이드라인이 명확하게 잡혀 있는 것이 좋습니다. 그에 대한 불만이나 싫은 부분은 있을지언정, 어떤 행동에 대해서, 어떤 표현에 대해서는 어떤 리액션이 부모에게서 나올 것이라는 예측 가능성이 있어야 자신이 행동을 하기에도 더 바람직하거든요.

기준의 명확화와 구체화라고 해서 정량적인 기준을 공표하라는 것은 아닙니다. 정량적인 벌과 상은 생각지도 못한 부작용을 나타내기도

4시보다 10분 늦게 아이를 데리고 가는 엄마.

합니다. 이 정도면 감수하겠다는 마음이 생길 수도 있거든요. 캘리포 니아대학교 유리 그니지Uri Gneezy 교수는 이스라엘의 하이파 시내에 있 는 유치원에서 이런 실험을 했습니다. 이 유치원에서는 보통 오후 4시 까지는 부모가 아이를 데리러 와야 했거든요. 지각하는 부모가 생기면 유치원 교사의 퇴근이 늦어지곤 했죠. 이 일을 막고자 지각한 부모에 게 벌금을 물린 겁니다. 하지만 예상 외로, 벌금을 물리기 전에 지각하 는 부모가 7~8명 수준인 데 비해 벌금을 물리고 한 달 후 지각자 수를 보니 20명 정도로 폭증해 있었죠.[46]

원래는 유치원에 늦게 오면 선생님에게 미안해서 늦지 않으려고 노 력하던 부모가, 벌금을 내게 되자 차라리 그 돈을 내고 지각하는 쪽을 선택해서 지각자가 늘어난 것이죠. 자신의 잘못된 행동에 정당한 대가를 치렀다고 생각하게 되는 것입니다. 이것을 경제학에서는 채찍 유인의 역효과라고 하는데요, 여기서 우리가 생각할 것은 아이의 나쁜 행동에 대한 정량적인 기준은 아이에게 그 행동과 기준 사이에서 선택권을 준다는 것입니다. 그러면 안정성과는 오히려 반대의 효과가 날 수도 있는 것이죠.

그래서 구체화와 명확화는 좋은 행동, 안 되는 행동을 규정하는 방향에서 쓰여야지 그 행동의 대가를 구체화하라는 것은 아닙니다. 그러니까 '거짓말은 절대로 안 된다'든가, '어떤 이유로라도 친구에게 폭력을 가하면 안 된다' 같은 명제가 적절하다는 것이지, '거짓말을 하다 걸리면 벌금'이라든가, '친구에게 폭력을 가하면 외출금지' 같은 대가성 명제는 아이가 그것을 감수하고 행동할 수 있다는 가능성을 주거든요. 도덕적이고 윤리적 판단이 아니라 경제적 판단이 들어가는 것이고, 이렇게 되면 이 행동의 옳고 그름이 상황에 따라 상대적으로 정해지게 됩니다. 우리가 원하는 효과와는 반대 방향의 효과가 나죠.

③ Companion : 아이를 의사결정에 참여시키기

Companion은 동반자, 동료, 친구라는 뜻이 있죠. 아이와 친구 같은 부모가 되고 싶다는 사람이 많지만, 사실 아이와 친구처럼 되기는 꽤 어렵습니다. 어떤 사람은 아이와 친구가 되면 훈육이 불가능해지니 그러면 안 된다고 하기도 하지만, 그런 기능적인 의미를 떠나 아이를 부모와 동등한 의사결정자로 인정하기가 쉽지 않거든요.

어려서부터 아이는 돌보아야 하는 존재이지 동등한 존재는 아니에요. 항상 미숙하고 걱정되고, 뭔가 챙겨줘야 하는 게 아이이기 때문에 그 아이의 의견을 부모의 의견과 같은 등급으로 놓고 저울질하기가 어려워요. 특히 의견이 반대될 경우 더욱 그렇죠.

그러다 보니 부모가 어떤 결정을 할 때 아이는 그 결정에 배제됩니다. 하지만 그 결정이 아이와 관계 있을 때는 아이에게도 의사를 물어보고 선택권을 주어버릇하는 것이 좋습니다. 아이의 선택이 무리하거나 엉뚱하면 어떻게 할까 하는 걱정 때문에, 아이의 의견을 아예 물어보지 않는 경우도 있는데, 아이를 의사결정에 참가시킬 때는 다수결이라는 사실을 분명하게 해야 하죠. 물론 '그런 제도에 굴할 아이가 아닌' 경우도 많겠지만, 그런 것이 바로 명확한 기준이에요.

아이가 자신의 결정을 관철시키고 싶으면 그에 맞춰서 부모를 설득하게 해야 합니다. '떼 쓰기'가 아니라 다만 하나라도 이유를 대서 논리적으로 설득하는 연습을 하게 하는 거죠.

④ Announcement : 미리 알려주기

아이는 보통 통보받는 존재입니다. 주말에 놀러 가는 것도, 키즈 카페에 가는 것도, 맛있는 것을 먹으러 외식하는 것도 보통은 가면서 알려주죠. 물론 부모와 밖으로 놀러 나가는 행위 자체를 무조건 좋아하는 게 아이입니다. 그런데 어느 순간부터 그게 무조건 좋지만은 않아요. 그 어느 순간을 판단하는 것은 매일매일 같이 생활하고 어려서부터 아이를 계속 지켜본 부모로서는 힘든 일이에요.

그래서 아예 처음부터 아이에게 일정을 미리 알려줘서 예측할 수 있게 하는 것이 좋습니다. 아침에 "오늘 2시에 키즈 카페에 갈 거야. 그러니 점심 먹고 나갈 준비를 해야 해."라는 식으로 알려주면, 아이도 나름의 준비를 합니다. 보통은 부모가 이런 식으로 명시적으로 이야기하지 않는 것은 일정의 유동성을 가지고 싶어서예요. 키즈 카페에 안 갈 수도 있고, 2시가 아니라 3시가 되어야 출발할 수도 있는데, 미리 아이가 이런 것을 알면 약속이 틀어졌을 때 실망시키고 싶지 않아서죠.

차라리 서프라이즈처럼 깜짝 선물로 알려주는 게 좋을 거라고 생각하는데요, 이렇게 되면 아이는 언제 어떤 일이 벌어질지 몰라 조금은 마음이 떠 있게 되죠. 그리고 매일매일 은근히 기대하게 되는데, 그렇지 않게 되었을 때 일어나는 마음속의 소소한 실망이 쌓일 수도 있고요.

일정을 미리 알려주면 아이에게는 시간에 대한 개념, 약속, 기대와 계획하기 같은 주체적 시간 사용에 대한 마인드가 일찌감치 자리 잡을 수 있습니다. 주체적이고 안정적으로 자신의 생활과 인생을 계획할 수 있는 심리적 자산을 쌓는 것이죠.

⑤ Account : 아이에게 설명해주기

아이를 조금은 주체적인 대상으로 대해야 합니다. 부모의 행동이나 생각을 아이는 무조건 수용하고 따를 수밖에 없지만, 그에 대해 설명해주고 왜 그래야 하는지 알려주면 아이에게는 나름의 주체성이 생깁니다.

그리고 무엇보다 자신도 하나의 인격으로 대우받다는 느낌이 들어, 자존감 형성에도 큰 도움이 됩니다. 아이에게 하나하나 설명해주면서 무언가를 한다는 것이 사실 정말로 어려운 일이거든요. 특히 아이를 키우다 보면 몸이 힘들고 지쳐서 말 한마디 더 하는 것도 어려울 때가 많습니다. 그리고 부모가 아이를 하나의 인격체로 대한다고 해서, 아이가 이해심 많은 어른처럼 굴지는 않습니다. 아이가 고집이라도 부리면 괜히 설명해서 긁어 부스럼 만드느니 그냥 들이미는 게 나을 때가 사실 많거든요. 그런데 이건 부모가 좀 편한 방법일 수는 있으나 아이의 자존감, 안정감 형성에 그리 좋은 방법은 아닙니다.

그래도 아이에게 부모의 모든 행동과 생각을 다 설명할 수는 없으니, 선택적으로 설명하는 것도 방법입니다. 여행 가는 것, 주말을 어떻게 보낼지 등 미리 기준을 정해놓아도 좋고요, 아니면 아이가 궁금해하는 것 위주로 설명할 것을 정해놓아도 좋아요. 아이에게 분명하게 동등한 대화 대상으로 존중받다는 감각을 느끼게 하는 것이 중요합니다.

⑥ Appointment : 아이와 한 약속은 반드시 이행하기

예측 가능성을 확고히 하기 위해 가장 직접적이면서 확실한 방법은 부모가 한 번 뱉은 약속은 반드시 지키는 것이겠죠. 부모는 본의 아니게 아이와 한 약속을 지키지 못할 때가 많을 수밖에 없지만 약속의 빈도를 줄여서라도 약속을 지키는 타율을 높여야 합니다.

일단 약속한 것은 확실하게 이행된다는 믿음은 아이의 예측 가능성을 극대화할 수 있거든요. 그리고 아이와 한 약속을 반드시 지키는 모습만큼 부모의 사랑을 확실히 표현하는 길도 많지 않습니다. 이렇게 사랑받고 자란 아이는 안정감을 가질 수밖에 없죠.

하지만 실제 약속을 다 지키기는 어렵습니다. 그래서 아이와 한 약

아이를 위해 최선을 다해 약속을 지키는 부모.

속을 무조건 다 지킨다기보다는 약속을 이행하려고 최선을 다한다는 자세를 지향하는 것이 좋습니다. 약속을 이행하기도 중요하지만 약속을 이행하려고 최선을 다하는 모습을 보여주는 것이 더 중요합니다. 어차피 엄마, 아빠가 세상의 모든 것을 다 해줄 수 있는 슈퍼맨도 슈퍼리치도 아니라는 것은 아이가 금방 깨닫게 되는 현실입니다. 그러니 부모가 무엇이든 다 해줄 수 있다는 생각보다는 아이를 위해 최선을 다한다는 마음만은 분명하다는 것을 전달하는 게 중요하죠.

?.... 자존감 있는 아이

예측 가능성을 바탕으로 아이가 심리적인 안정감을 얻게 되면 그 아이는 탄탄한 생각의 지지대를 얻게 되는 것입니다. 창의적인 생각, 혁신적인 생각은 아이가 심리적으로 안정될 때 그 자존감하에서 나오는 것입니다. 자신의 생각에 자신감이 있고, 자신의 생각에 불안감이 없어야 틀을 깨는 생각을 할 수가 있는 것이죠.

심리적인 안정감을 가진 아이는 회복탄력성도 강합니다. 자신의 생각이 비판받더라도 그것에 좌절하거나 상처받지 않아요. 비판을 수용할 수도 있고, 그 비판에 초연할 수도 있습니다. 그런 선택은 나이에 따라 다르겠지만, 중요한 것은 어떤 경우에도 비판에 좌지우지되거나 자신의 정체성이 흔들리지 않는다는 것이죠.

탄탄한 자존감은 막막함을 견디는 힘이 되기도 합니다. 자기 자신에 대한 믿음이 있는 아이는 어려움이 있더라도 그것이 일시적이며, 언젠가는 상황이 좋아질 것이라는 긍정적인 지향점이 있거든요.

2

삼상 사고란?

?.... 세 가지 사고방식의 구분

삼상Three Phases은 물질의 세 가지 상태를 말합니다. 최근 들어서야 플라스마 같은 다른 상태도 있다고 말하지만, 고전적이고 거시적인 구분으로는 고체, 액체, 기체의 세 가지 상태로 물질의 상태를 분류하죠. 이 세 가지 상태에 비유해서 생각의 단계와 위상을 정의해보고, 아이에게 어떤 식으로 그 사고에 다다를 수 있게 유도할지, 그리고 부모와 같이 공부하고 훈련할지 알아볼 거예요. 그 전에 세 가지 사고의 구분을 분명히 해두어야겠죠.

고체는 정해진 크기와 형태가 있는 상태입니다. 딱딱한 돌이 바로

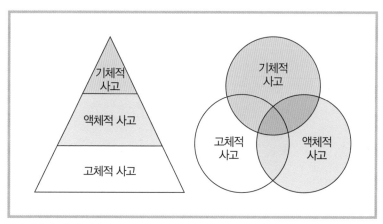
미래 시대 필요한 세 가지 사고.

전형적인 고체죠. 그리고 액체는 정해진 크기는 있지만 형태가 없어요. 무한대로 늘어날 수는 없지만 어떤 형태에나 맞출 수 있는 게 액체인데요, 대표적으로는 물이잖아요. 기체는 정해진 크기도 형태도 없습니다. 보이지도 않고, 그래서 실체도 없죠. 공기, 산소 같은 것이에요.

이 세 가지 상태가 미래 시대 필요한 사고의 훌륭한 은유가 됩니다. 각각 고체적 사고, 액체적 사고, 기체적 사고라고 명명했는데요, 이 세 가지 사고방식 중에서 미래를 살아갈 우리 아이들에게 가장 필요하고 먼저 익혀야 할 것은 액체적 사고입니다. 변화가 빠른 AI 시대에 그 변화를 붙잡고 적응할 사고의 방식이거든요.

세 가지 사고구조는 왼쪽의 피라미드 모양처럼 생각할 수도 있지만, 오른쪽의 벤 다이어그램 모양으로 생각하는 것이 더 나을 수도 있습니다. 반드시 어느 사고 위에 어떤 사고가 있어야 한다기보다는 서로 영향을 미치고, 때로는 영역이 확대되어 겹치기도 하는 등 변화의 가능성이 많거든요.

?.... 고체적 사고

고체적 사고는 고체의 정의와 이미지에서 이미 짐작하겠지만 일반적인 상식, 관습, 정보에 근거한 사고방식입니다. 가장 정형화된 사고라고 생각할 수 있죠. 고체는 가장 안정된 모습이잖아요. 그래서 사고의 가장 밑바탕이 되는 고체적 사고가 일단 자리 잡고 있어야 합니다. 파격이 되려면 먼저 격 위에 있어야 하고, 창의적이 되려면 먼저 일반적인 것이 자리 잡고 있어야 하는 것이죠. 파격적인 것이나 창의적인 것은 다수 가운데 소수일 때 그런 특성이 있는 것이지, 창의적인 게 다수라면 그건 일반적인 것이지 창의적인 게 아니겠죠.

창의성을 말하기 이전에 먼저 갖추어야 할 것은 일반적인 것들입니다. 보통의 상식, 정보, 지식 등인데요, 이런 것을 갖춰야 그것들을 활용해서 그 이상의 창의, 지혜에 다다를 수 있어요. 보통의 상식이나 정보, 생각하는 방법이 바로 고체적 사고죠. 이러한 고체적 사고는 사회를 이루고, 사람들 사이의 관계를 지속시키는 근간이기 때문에 우리는 이런 것을 학교에서 주로 배우게 됩니다. 논리적이고 합리적으로 생각하는 방법, 사람들과 대화하는 것, 사회를 살아가는 데 필요한 지식과 상식 등, 고체적인 사고의 기반이 먼저 갖추어져야 그것을 뛰어넘는 다른 사고들이 나올 수 있죠.

문제는 지금 우리 사회의 교육이 너무나 고체적 사고에만 초점이 맞춰져 있다는 것입니다. 시험을 보고 그것으로 줄을 세워 진학을 결정하게 되는데, 그렇다면 정답이 있는 문제를 내야 합니다. 맞다, 틀리다를 따져 점수를 매기고 우열을 가려야 하니까요. 그렇다면 자신이 궤도 밖으로 나가서 다른 것을 이야기하고 다른 생각을 하면 그건 틀린 것이 됩니다. 맞는다고 정해진 것에서 벗어나는 것이니까요. 그런데 이것을 긍정적으로 보면 일반적 상식 정도겠지만, 부정적으로 보면 고정관념이나 편견이라고 볼 수도 있을 것입니다. 정형화되고 고착화된 정보와 생각의 방식이니까요. 지금 우리 사회의 교육은 고체적 사고에 초점이 맞춰져 있습니다.

지금의 입시나 점수를 받기 위한 교육에서는 고체적 사고를 할 수밖에 없어요. 답은 하나로 정해져 있습니다. 이미 굳어진 지식, 전형화된 지식을 배워야 하죠. 그래야 정답이라는 개념에 도달하니까요. 그런데 이런 사고만 강조되는 사회는 모든 사회 구성원의 생각이 획일화되면서 발전과 변화가 멈춰버린다는 문제가 발생하게 되죠. 당연히 고체적 사고만 가지고서는 급변하는 미래 사회에 적응할 수가 없습니다. 그래서 필요한 것은 고체적 사고 위에 덧붙여져야 하는 액체적 사고입니다.

?.... 액체적 사고

노자의 《도덕경》에는 '상선약수上善若水'라는 말이 나옵니다. '가장 훌륭한 선은 물처럼 되는 것'이라는 말이죠. 노자는 《도덕경》에서 계속 물처럼 살라고 하면서 물이 도에 가깝다고 말합니다. 물의 여러 가지 장점을 들면서 말이죠. 그중에는 물은 특별한 형체가 없어서 어떠한 형태의 그릇에도 담길 수 있다는 것도 있어요.[47] 네모난 그릇에서 물은 네모난 모양이 되지만, 동그란 그릇에서는 동그란 모양이 됩니다. 유연하게 몸을 바꿀 수 있기에 물은 어떤 그릇에도 담기고, 어떤 그릇에도 어울리죠. 만약 네모난 모양의 얼음이라면 동그란 모양의 그릇에 담기는 어려워요.

아이의 생각도 물을 닮아야 합니다. 상상약수上想若水라고 할 수 있을까요? '가장 훌륭한 생각은 물처럼 되는 것'입니다. 저는 이것을 액체적 사고라고 부르는데요, 고정되게 하나의 형태를 유지하는 것이 아니라 환경이나 조건에 맞춰 자유롭게 모양을 바꿀 수 있는 유연하고 적용 범위가 넓은 사고를 말합니다.

우리 사회의 대표적인 지식인 이어령 선생님의 유명한 어록 중에는 360명의 천재론이 있죠. 우리는 모두 천재로 태어났는데, 살다 보면 선생님이나 직장상사가 그 천재를 덮어버리려고 한다는 겁니다. 360명이 뛰는 방향으로 쫓아서 경주하면 아무리 잘 뛰어도 1등부터 360

등이 다 있을 거예요. 그런데 남들 뛴다고 다 뛰는 것이 아니라 내가 뛰고 싶은 방향으로 각자가 뛰면 360명 모두가 다 1등 할 수 있습니다. 그러니 Best One이 되려고 하지 말고, Only One이 되라는 것이죠.[48]

그리고 제가 대학 강의 때 한 학기가 끝나는 시점에 마지막 수업에서 학생들에게 꼭 보여주는 영상이 하나 있습니다. 일본의 잃어버린 30년 기간에 경기가 안 좋아 취업도 잘 안 되고 청년들이 어려움을 겪을 때 나온 일본 취업포털사이트인 리쿠르트의 광고인데, 메시지가 상당히 감동적이거든요.

광고 처음에는 마라톤하는 모습을 보여주며 시작합니다. "라이벌과 경쟁해가며 우리는 달린다. 저 앞에는 반드시 미래가 있을 거라 믿으며. 반드시 결승점이 있을 거라 믿으며. 인생은 마라톤이다."라는 내레이션이 조용한 음악과 나오며 전형적으로 흘러갑니다. 그러다 갑자기 음악이 웅장하게 바뀌고 한 명이 우뚝 서더니 "과연 그런가?"라고 물으며 마라톤의 코스를 벗어납니다. 그러자 러너들이 갑자기 여기저기로 코스를 벗어나더니 마라톤 복장 그대로 어떤 사람은 운동을 하고, 어떤 사람은 공부를 하고, 어떤 사람은 결혼을 해서 출산까지 합니다. 그리고 남극을 탐험하는 사람도 있고, 스카이다이빙을 하는 사람도 있고, 친구들과 파티를 즐기는 사람도 있죠. 그러면서 내레이션이 나오죠. "우리가 아직 만나보지 못한 세상은 터무니없이 넓어. 실패해도 좋아. 돌아가도 좋아. 누구와 비교 안 해도 돼. 길은 하나가 아니야. 결승

점은 하나가 아니야. 그건 인간의 수만큼 있는 거야. 모든 인생은 훌륭하다."⁴⁹

제가 이것을 학생들에게 학기 말에 보여주는 이유는 모두 취업에 목을 매고 그것이 안 되었을 때 큰 좌절을 겪지만, 사실 그보다 다양한 가능성이 있다는 것을 꼭 알려주고 싶어서입니다.

여기서 하나의 결승점을 향해 뛰는 마라토너들이 바로 고체적 사고일 것입니다. 다양성이 인정되지 않고 정답만을 골라내는 것입니다. 그런데 학교나 선생님 입장에서 보면 여러 아이를 한꺼번에 지적인 세계로 인솔하려면 효과적으로 몰고 가야 할 수밖에 없고, 교과와 단원목표 같은 것이 생길 수밖에 없습니다. 그것이 바로 한 명이 여러 명을 가르쳐야 하는 선생님의 한계입니다. 그리고 사실 고체적 사고가 무조건 나쁜 것도 아닌데, 어쨌든 사회생활을 하는 데 기본적으로 지켜야 할 것과 알아야 할 것이 있으니까요. 상식은 필요한 것입니다. 그런데 이 상식이라는 말은 조금 이중적이에요. '상식적으로 생각해.', '상식적으로 행동해.'라고 말할 때의 상식은 긍정적이죠. 그런데 '너무 상식적인 방안 아냐?'처럼 쓰일 때는 식상하다는 말과 비슷하게 쓰이기도 합니다.

그래서 밸런스가 필요합니다. 고체적 사고와 액체적 사고의 밸런스죠. 액체적 사고는 이와는 반대로 상식을 파괴하고 넘나드는 전혀 다른 방식으로 사고해볼 수 있는 사고의 전환이죠. 세상에는 사람의 수만큼의 가능성이 있다고 하면서 수많은 결승점을 설정하고 각각의 의미를 부여하는 것이 액체적 사고입니다. 그런데 그런 이유로 이 액체적 사고는 학교 교육이 감당할 수가 없습니다. 개별화되고 맞춤화되어서 한 명의 교사가 수십 명의 아이를 인도하기에는 무리가 따르니 말입니다. 그래서 이 액체적 사고는 아이 입장에서는 부모와 같이 탐구하고 찾아가야 하는 것입니다.

고체적 사고만 가지고는 수능에서 좋은 점수를 낼 수는 있지만, 사회에서 좋은 퍼포먼스를 내기는 힘들 것입니다. 우리 사회가 점점 고체적 사고로는 적응하기 힘든 변화와 가속이 너무나 빠른 사회로 가고 있으니까요. 우리 아이들이 살아갈 미래에 학벌의 의미가 지금 같지는 않을 것입니다. 지금도 20년 전과는 많이 다르지만, 앞으로 20년 후에는 더더욱 다를 거예요.

'이건 이것이다. 아니라고 하면 틀린 것이다.' 같은 고체적 사고를 뒤로하고, 이제 우리는 아이도 그렇고 부모 입장에서도 '이건 저것일 수도 있고, 아니라고 하면 충분히 그럴 수도 있다.'라는 액체적 사고를 익혀야 합니다. 어제의 정답이 오늘은 오답이 되기도 하고, 내일은 질문 자체가 새롭게 대체되는 그런 날들이거든요.

액체적 사고는 변화의 속도에 적응하는 방법이고, 그리고 변화 안에서 우리의 삶을 능동적으로 제어할 수 있는 생각법입니다. 생각이 유연한 것을 넘어 물처럼 완벽하게 변하고 적응하고 커스터마이즈 되어야 하는 것이죠.

?.... 기체적 사고

그러면 기체적 사고는 어떤 것을 의미할까요? AI 시대에 실체가 잡히지는 않지만 정말 중요한 사고의 방식, 생각의 태도가 있습니다. 그것은 관계에 대한 것입니다. 지식, 정보, 인사이트, 심지어 창의적 아이디어까지 AI가 척척 해낼 것이라고 예측하지만, 인간관계 사이에 존재하는 사고의 방식과 구조는 여전히 기계보다는 인간이 유리할 것이라는 믿음은 남아 있습니다.

사람들과 대화하고 관계를 맺을 때 그 사이에 끼어드는 센스, 말과 말 사이에 존재하는 맥락과 생략, 다른 사람 입장에서 생각해보고 행동하는 배려 등은 아직 인간이 낫고, 여전히 인간이 나을 것으로 기대되는 항목이죠. 다른 사람을 배려하고 행동하는 것이 몸에 밴 사람을 인성Humanity이 좋다고 말하는데, 인성이라는 말 자체가 인간을 인간답게 하는 성질이나 본성이기 때문에[50] 이것을 기계가 대체할 수는 없을 것입니다. (그렇게 되면 인성이 아니라 기성이 되잖아요. 물론 차라리 기계가 나을 거라는 인성쓰레기도 사회에 같이 존재하긴 하지만요.)

이러한 사고는 실체적으로 잡히지 않고 배워서 알기보다는 경험해서 아는 것들입니다. 사람에 대한 이해도 필수죠. 대학에서 조별모임을 통해 다른 사람들과 협업하는 것을 배우게 되는데, 보통 초·중·고등학교, 심지어 대학교 공부는 자기 혼자만 잘하면 그에 대한 책임을 자기가 지는 구조였거든요. 자기가 공부하고 그에 맞춰서 점수를 받으니까요. 하지만 협업은 그렇지 않습니다. 다른 사람의 잘못이 내 책임이 되기도 하고, 다른 사람의 공로를 자신이 공유하기도 하죠.

AI 시대에는 10명이 협업할 만한 일도 1명이 할 수 있기 때문에 이런 협업의 필요와 스킬이 줄어들 것 같지만, 사실은 그 반대입니다. 3명 정도만 협업을 해도 30명이 협업하는 것이나 마찬가지의 효과가 날 수 있으니까요. 그런데 보통 이 3명은 확실하게 자신의 영역을 구축한 사람이기 때문에, 협업하기 쉽지 않을 수도 있거든요. 이 가운데 협업을 이뤄낼 수 있다면 그것이 미래 사회의 진정한 경력이 되는 것이죠.

어떻게 보면 실체가 있기보다는 관계 사이에서 경험적으로 얻는 사고이기 때문에 기체적 사고라는 표현을 썼는데, 크기와 형태에 구애받지 않기 때문에 구현되면 가장 강력한 경쟁 무기가 되는 사고이기도 하죠.

하지만 피라미드식 구조로 이 기체적 사고를 이해할 때 가장 끝에 있는 이유는 개인이 고체적 사고와 액체적 사고로 충분히 경쟁력을 가질 때 이 기체적 사고가 그것을 크게 확장하는 역할을 할 수 있기 때문입니다. 과거의 직장처럼 개인의 능력은 부족하지만 관계성을 이용해 (그러니까 줄을 잘 서거나, 아부를 잘해서) 성취를 이루는 사람은 점점 줄어들게 되거든요. 먼저 개인이 충분한 경쟁력을 갖추었을 때 기체적 사고가 결합되면 그야말로 몇십 배의 성취가 가능해지는 것이죠.

3

새로운 정보를 익히는 방법
: 고체적 사고력 기르기

?.... 정보를 익히는 과정을 연습하기

삼상 사고의 가장 근간이자 기본이 되는 것은 고체적 사고력입니다. 이런 사고의 재료나 방법은 기존의 학교 교육에서 많이 배우지만, 부모와 같이 하면 더 효과적인 부분이 있죠. 왜냐하면 학교 교과서로 들어가기까지 정보가 검증되고 정제되는 시간은 아무래도 길게 마련이라서, 교과서로 배우는 정보는 보통은 세월에 비해 늦습니다.

정보는 시대에 맞춰 계속적으로 변하거든요. 심지어 과거의 정보라서 움직이지 않을 것 같은 역사도 움직입니다. 우리나라 역사 중에 삼국시대와 고려시대 사이에 있던 시대가 무엇일까요? 이에 대해 통일

신라시대라고 대답한다면, 이런 분은 1990년대 이전에 학교를 다닌 것이 분명합니다. 1990년대 이후에는 이 시기를 교과서에서 남북국시대라고 가르치거든요. 발해를 재인식하면서 발해가 우리나라 역사의 한 축을 차지하게 되고, 그러다 보니 발해까지 포함한 시대 구분이 필요해져 그 시기를 부르는 명칭도 달라진 것입니다.

역사도 변하는데, 기술이나 과학, 그에 따른 인문이나 비즈니스에 관한 변화는 그 속도가 훨씬 빠릅니다. 그런데 그런 정보들이 교과서에서는 빠르게 구현되지 않으니, 최신 정보를 배우는 방법으로서의 학교 교육은 조금은 비효율적이라고 할 수 있죠. 학교 교육은 기본이 되는 상식, 잘 변하지 않는 지식 등을 배우는 데 효과적입니다.

그래서 빠르게 변하는 정보와 지식을 습득하고 배우는 다른 방법이 필요합니다. 그런데 이렇게 생각하면 여기서 한 가지 딜레마에 빠지게 됩니다. 그렇게 빠르게 변하는 정보라면 어차피 1년 있다가 지금 배우는 정보는 낡은 것이 되고, 새로운 이야기가 나올 텐데, 지금의 정보를 굳이 알아야 할까요? 물론 이것은 마치 내일 아침에도 밥을 먹을 텐데, 지금 아침을 먹을 필요가 있는가 하는 생각과 비슷할 수 있죠. 바로 지금 이 시기에 필요한 정보는 지금 알아야 하는 것이니까요.

그래서 진짜 우리 아이들이 알아야 할 것은 새로운 정보 그 자체가 아니라, 그 새로운 정보를 익히는 방법입니다. 새로운 정보를 익히는 과정을 훈련하는 걸 친숙하게 해놓으면 새로운 정보와 지식이 필요할 때 스스로 그것을 습득하게 되거든요. 그러니까 지금 새로운 정보를 배운다면 그 정보 자체도 중요하지만 그 정보를 익히는 과정 자체를 더 중요하게 생각하고 거기에 힘을 주어야 한다는 것이죠.

이것이 바로 부모와 아이가 함께 고체적 사고를 형성하기 위해 할 일이고요, 이런 방법의 훈련은 비단 아이만을 위한 것은 아닙니다. 부모 역시 정보의 리뉴얼이 필요한데, 이미 바쁘다는 이유로 잘 안 하거든요. 하지만 아이 역시 바쁜 것은 마찬가지예요. 해야 할 일들, 하고 싶은 일들이 쌓여 있습니다. 그런데도 시간을 내서 하는 것은 미래를 위해서인데요, 이 미래는 부모 역시 살아가야 할 미래라는 점에서 아이한테만 권하지 말고 같이 훈련하고 연습하라는 것입니다.

?.... 정보 전달 수단으로서의 책의 압도적 장점은?

고체적 사고를 하기 위한 정보와 상식 등의 습득에 가장 효과적인 방법은 텍스트Text 읽기입니다. 보통은 책읽기라고 할 수 있는데, 인터넷 글이나 아티클 등의 모든 형태를 합해 텍스트 읽기라고 조금 더 넓게 접근하는 것이죠. 하지만 텍스트 읽기라는 말은 조금 낯서니, 독서라는 좀 더 친근한 말로 지칭하겠습니다.

독서를 할 수 있는 아이와 그렇지 않은 아이는 정보의 양과 깊이에 어마어마한 차이를 보이게 됩니다. 부모조차 독서를 잘 안 하기 때문에 그 정보의 차이를 실감하지 못하는 분이 많은데요, 우리나라의 월 평균 독서량이 성인 기준으로 0.8권 수준이거든요. 미국 6.6권, 일본 6.1권, 프랑스 5.9권에 비해 차이가 많이 나는 편입니다.[51] 그리고 말이 0.8권이지 독서야말로 빈익빈 부익부의 양극화가 가장 심한 분야 중 하나라 책을 읽는 사람은 자신을 활자 중독이라고 칭하면서 한 달에서 몇십 권씩 읽거든요. 그러니 실제로 통계를 낮게 만드는 대다수 사람은 한 달에 0권으로 수렴하는 분도 많다는 얘기예요.

만약 부모가 아이한테 읽혀야 되기 때문에 자신도 읽는다는 생각만 해도, 그리고 그런 생각을 한 달에 한 권 정도라도 실천하기만 해도 저 통계의 수치는 무척 가파르게 올라갈 수 있어요.

아이뿐 아니라 부모 역시 같이 책을 읽는 습관을 들여야 하는 이유는 단위시간당 습득하는 정보의 차이 때문입니다. 보통 책을 안 읽는 분은 '어차피 요즘에 영상으로 하도 여러 가지 정보가 나오니까 영상을 봐도 정보 습득 면에서는 비슷한 효과가 있지 않은가?' 생각하는 경향이 있습니다. 사실 이런 분은 보통 유튜브를 봐도 피식대학이나 SNL 짤 같은 재미있는 영상만 보는 경우가 많지만, 실제로 여러 지식 콘텐츠를 본다고 해도 이것은 정보 습득이라는 면에서 매우 비효율적인 선택이거든요.

제 책 《이제는 잘파세대다》에서 영상으로 정보를 접하는 것과 텍스트로 정보를 접하는 것의 양적 차이를 실증적으로 분석했습니다. "제가 유튜브에서 1분 23초짜리 SBS의 뉴스클립을 본다고 했을 때, 제가 찾아본 뉴스의 정보는 글자 수로는 484자였습니다. 한 시간짜리 뉴스가 보통 40~50분이라고 한다면 이런 꼭지가 30개 정도 들어갑니다. 그랬을 때 정보의 양은 14,520자인 셈입니다. 그런데 신문은 (제가 찾아본 것은) 한 면에 광고를 제외하고 5,472자 정도 되었습니다. 조금 여유 있게 기사가 들어가더라도 평균적으로 4,000~5,000자라고 할 수 있어요. 그래도 이런 비례라면 신문 3면에 9시 뉴스 분량 하나의 정보가 차는 셈이에요. 그런데 보통 신문을 읽는 사람은 40페이지 정도 되는 신문 하나를 약 1시간에 보죠. 그렇게 되었을 때 1시간에 받아들이는 정보의 양은 13배 차이가 됩니다."[52]

그러니까 단위시간에 책을 읽어 정보를 습득하는 것과 영상으로 습득하는 것에는 13배 정도의 차이가 나요. 그게 몇 달 몇 년이 반복되면 그 정보의 차이는 비교하기 불가능할 정도가 되겠죠. 정보의 양이라는 단 한 가지 측면만 봐도 독서를 할 수 있는 능력이 고체적 사고를 형성하는 중요한 능력임을 알 수 있습니다.

?.... 책을 좋아하는 아이로 키우는 5가지 태도적 방법

부모가 아이에게 책을 억지로 좋아하게 할 수는 없지만 책을 좋아할 만한 환경을 만들어줄 수는 있습니다. 일단 손에 쥐여주어야 아이가 책을 읽든 내려놓든 선택할 텐데, 어느 정도 나이가 지나면 부모는 책을 손에 들려주어야 한다는 사명감에서 벗어나버려요. 보통 아이가 초등학교에서 교과들을 본격적으로 배우게 되면 부모 역시 책을 아이 손에 쥐여주기를 덜하는 경향이 있습니다. 하지만 바로 그런 때 책을 읽는 아이가, 진정으로 책을 읽는 습관을 들이는 아이가 되는 거예요.

책을 읽는 기술적인 이야기를 하기 전에 책에 대한 태도, 책을 접하는 자세적인 부분부터 이야기할게요. 스킬적인 부분은 직접적으로 부모가 실천하고 아이를 이끈다는 면에서 부담이 될 수도 있지만, 자세적인 것은 약간의 노력과 움직임으로도 충분히 좋은 성과를 낼 만한 일들입니다.

① 책을 여기저기 늘어놓기

책을 손에 쥐게 되는 가장 큰 동인은 실제로 책이 손에 닿는 것입니다. 책을 여기저기에 놓아 눈에 띄어야 그 책을 손에 잡을 마음도 생깁니다. 원래 책을 좋아하는 사람치고 미니멀리즘을 구현하는 사람은 많지 않아요. 책 때문에 이미 미니멀하게 살지는 못하거든요.

아이가 항상 책과 마주칠 수 있도록, 책을 전략적으로 배치해두는 것이 좋습니다. 아이의 활동 공간 주변에 책꽂이나 서가를 두어 책을 진열하고요, 거실 소파 옆, 식탁 위 등 아이가 자주 앉는 곳에 책을 비치합니다. 화장실에도 잡지나 만화책을 두어 심심할 때 책을 접할 수 있게 합니다. 아이 방 한쪽을 작은 북카페 공간처럼 예쁘게 만들어보는 것도 좋습니다. 아이가 어디를 가든 책이 눈에 띄게 하면, 자연스럽게 책에 호기심이 생깁니다.

② 책과 관계된 장소를 놀이터처럼 가기

집에서 책을 자연스럽게 만나는 경험이 책의 일상화라면, 책은 가끔 특별한 경험으로도 다가오는 것이 좋습니다. 그것은 책과 관련된 공간으로 놀러 가는 것이죠. 동네 책방이나 대형 서점처럼 책을 파는 곳이 최근에는 책만 파는 게 아니라, 카페나 문화 공간을 겸하는 일이 잦죠. 이런 공간에서 다양한 경험을 해보는 것이 책에 대해 호감을 갖는 계기가 될 수 있어요.

정기적으로 도서관을 방문하는 것도 좋습니다. 그리고 최근 들어 도서관은 단순히 책을 읽고 빌리는 곳이 아니라 여러 강연과 체험 활동이 있는 동네 복합 문화 공간의 성격이 강합니다.

그러한 도서관의 특징을 십분 이용하되, 잊지 말아야 할 것은 주목적인 책을 경험의 중심에 놓아야 한다는 것입니다. 도서관 가서 핫초코만 마시고 오지는 말자는 거예요. 도서관이 친숙한 공간이 되려는 것은 결국 책에 대한 친근감을 높이려는 목적이 뒤에 있는 것이니까요. 작가와의 만남, 독서 캠프 같은 것도 있으니 이런 활동에 참여해서 아이의 흥미를 돋게 해주는 것도 좋습니다. 제가 〈서울책보고〉라고 서울시에서 운영하는 중고책 서점에서 강연할 때, 한 어머니가 초등학생 남매를 데려와 강연을 들으시더라고요. 과학의 역사라는 테마라서 쉽지만은 않았는데, 이 남매 중 누나로 보이는 여자아이는 이런 강연이 익숙한 듯이 매우 적극적으로 참여하며 똑똑한 청중 역할을 톡톡히 했습니다.

강연하다가 관객분들께 질문하면 보통은 대답을 안 하거나 하더라도 조용하게 소극적으로 하는 경우가 많은데, 이 친구가 큰 소리로 대답하니까 강연에 온 모든 분이 아주 즐거워하셨어요. 게다가 그 대답이 적절하기도 하고 때로는 초등학생스럽게 재미있기도 해서 강연 자체의 텐션도 상당히 올라가더라고요.

대답의 적절함으로 보면 독서 능력이나 경험이 상당한 친구였어요. 강연에 참여하는 태도와 자세가 능숙한 것을 보면 어머니와 같이 다니는 이런 이벤트나 행사가 그 아이의 독서와 깊은 연관이 있다는 것을 쉽게 알 수 있었습니다.

책과 관계된 장소를 놀이터처럼 가고, 여러 행사에 참여하고, 다양하게 즐기다 보면 아이가 책을 특별한 경험으로 받아들일 수 있습니다. 기분 좋은 경험으로 말이죠.

③ 자기 전 책 읽어주기는 치트키

부모가 아이에게 책을 읽어주는 것은 가장 효과적인 방법 중 하나입니다. 특히 취침 전 책 읽어주기는 강력한 유대감을 형성하고 독서 습관을 기르는 데 큰 역할을 합니다. 이 방법의 유일한 문제는 부모의 노력이 무척 많이 들어간다는 거예요. 그런데 아이에게 책을 읽어주는 기억은 부모에게도 매우 소중한 기억이 되거든요. 어차피 아이가 초등학교 고학년만 되어도 자기 전에 책 읽어주기를 바라지 않습니다. 그러니 아이 인생의 한정된 순간에만 나눌 수 있는 부모와 자식 간의 소중한 경험이에요. 그렇게 생각하면서 리미티드 판의 그 경험을 즐긴다면 아이에게 책 읽어주는 밤이 힘들고 수고롭지만은 않을 거예요.

이때 읽어줄 책은 아이의 연령과 수준에 맞는 그림책, 동화책이 좋습니다. 이왕이면 다양한 표정과 목소리 톤으로 이야기를 재미있게 들려주는 것도 좋고요, 단순하게 읽기에서 그치는 것이 아니라 "후크는 왜 이렇게 피터팬을 따라다닐까?", "네가 제비라면 행복한 왕자의 말을 따라서 남쪽 나라로 떠나는 게 좋지 않았을까?"같이 책 속 인물, 배경, 사건에 관해 함께 상상력을 펼칠 여지를 갖는 것도 좋습니다.

책 내용과 관련된 질문을 할 때는 아이의 의견을 존중해야 합니다. 어떤 것이 옳다는 식으로 가르치고 교훈을 전달하는 자리가 아니라, 부모와 교감을 나누는 자리입니다. 부모와의 따뜻한 기억은 자연스럽게 책으로 전이되어, 책에 대해 아이는 포근한 느낌을 갖게 될 것입니다.

그리고 이런 습관은 규칙적인 시간에 일관성 있게 진행하는 것이 중요하죠. 그래야 아이에게 각인되는 기억이 되니까요.

④ 책에 대해 말하고 이야기할 기회를 주고, 그에 대해 긍정적 보상을 하기

아이가 읽은 책에 대해 이야기할 기회를 제공해서, 아이가 책에 대한 생각과 감상을 자유롭게 표현할 수 있도록 해야 합니다. 이야기로 잘 전달하지 못한다면 그것을 그림으로라도 그리게 해서 책에 대한 자신의 느낌을 표현하게 하는 것이 좋습니다. 아이가 책에 대해 잘 이야기하지 않으려고 할 수도 있는데요, 그런 경우에는 부모의 긍정적 피드백이 필요하다는 표시예요. 책 내용에 대한 아이의 의견을 존중하고 진지하게 경청해야 합니다. '그건 아니고'라는 식으로 끼어들거나 가르치려 드는 것이 아니라, 아이가 받아들인 그대로 이해하는 것이죠. 자꾸 교훈과 가르침을 주려고 하면 책은 놀이가 아니라 공부가 되고, 장난감이 아니라 학습지가 됩니다. 우리의 목적은 아이가 책에 대해 친근감을 갖게 하려는 것이니까, 책을 편하고 가까운 상대로 느끼게 해야 하는 것이죠.

새로운 단어, 상식을 배운 부분에 대해 칭찬과 격려를 아끼지 않고, 긍정적 피드백을 계속 제공해야 합니다. 칭찬을 아껴두는 부모가 있는데, 칭찬은 닳지 않습니다. 자주 하면 유효성이 떨어진다고 생각하기도 하는데, 진정성 있는 칭찬은 언제나 유효합니다. 진정성은 구체성에서 나오기 때문에, 아이의 말 중 구체적인 부분을 찾아 칭찬해주면 됩니다. 아직 아이가 칭찬 스티커가 통하는 나이라면 독서 칭찬 스티

커를 따로 운용하는 것도 괜찮고요. 이런 보상들은 아이에게 책에 대한 호감의 이미지를 심어줄 수 있는 계기가 되죠. 한 번의 칭찬으로 아이는 평생 가는 기억을 가질 수도 있습니다.

⑤ 여전히 부모는 아이의 롤모델

아이에게 책을 읽으라고 하면서 부모는 TV를 본다면 아이가 그것을 따를 리는 없기 때문에, 많은 부모가 TV 없는 거실을 구현하기도 했습니다. 하지만 최근의 미디어 환경은 TV 없다고 해서 영상을 못 보는 게 아니거든요. 컴퓨터, 스마트폰, 태블릿 등 TV를 대신할 방법이 널려 있죠. 접근하기도 쉽고요. 그래서 요즘은 부모가 책 읽는다고 아이가 따라 읽지 않고, 아이는 스마트폰으로 유튜브를 본다고 한탄을 해요.

하지만 정말 그런가요? 부모 역시 스마트폰으로 영상을 보고 있을 거예요. 기껏 TV 없애놓고 굳이 작은 화면으로 말이죠. 여전히 부모는 아이의 첫 번째 롤모델입니다. 부모가 책을 좋아하는 모습 자체가 아이에게 가장 큰 영향을 미칩니다. 그런데 부모 입장에서는 자신이 책을 그다지 읽지 않는데, 아이에게 그런 모습을 보여주려고 하니 수박 겉핥기식의 독서가 되고, 아이에게 진정성 있는 모습으로 다가설 수가 없습니다.

아이가 계기가 돼서 부모 역시 독서 습관을 들이는 것은 어떨까 제안해봅니다. 부모의 독서 태도와 습관이 아이에게 직접적으로 전달됩

아이와 함께 책에 대해 대화하기.

니다. 어떻게 하면 아이가 책을 읽게 할지 고민하기 이전에 어떻게 하면 부모 스스로 책읽기에 취미를 붙일지 고민해보세요. 아이는 저절로 따라옵니다. 그 책읽기에 진정성이 있다면 말이죠.

아이에게 부모 자신의 독서 경험과 감상을 이야기해주는 것도 좋습니다. 《걸리버 여행기》 같은 책은 아이용도 있고 어른용도 있어요. 같은 책을 읽고 부모와 자녀가 책을 매개로 대화를 나누는 것도 좋습니다. 부모가 책을 즐겨 읽는 모습을 아이에게 자주 보여주면 해될 것은 단 하나도 없습니다.

이처럼 책을 둘러싼 긍정적인 경험이 아이에게 자연스럽게 독서에 대한 흥미와 습관을 심어주게 됩니다. 부모의 지속적인 관심과 노력이 필요한 과정이지만, 결국 책을 사랑하는 아이로 자랄 수 있도록 돕는 태도의 전환이라는 면에서 시도해볼 만한 일입니다.

?... 슬로 리딩

실제로 책을 읽을 때 더 효과적으로 읽는 방법이 있을까요? 아무래도 부모와 아이 모두 바쁜 현대 사회이니만큼 책 하나를 읽어도 한정적인 시간과 기회를 잘 활용하면 좋겠다고 생각하잖아요. 그래서 책을 읽는 스킬에 대해 직접적으로 이야기를 해보려고 합니다.

우선 SNS를 보면 책을 많이 읽는 것을 자랑하는 분이 있는데, 책을 많이 읽는다는 자랑은 공허한 부분이 좀 있습니다. 그것을 자랑하는 것 자체가 이미 책을 많이 읽는 사람의 품격은 아니거든요. 부자가 돈 자랑 하는 것과 비슷해요. 누가 봐도 부자인 진짜 부자는 돈 자랑 하지 않거든요. 돈 자랑은 졸부의 특징입니다. 졸부는 돈을 따라가는 사람 이고, 부자는 돈이 쫓아오는 사람이에요. 마찬가지로 책을 많이 읽는 다는 외형만 따라가다 보면 진정 책에서 얻는 지혜와 품격을 놓칠 수 있어요. 책을 읽다 보니 많이 읽을 수는 있겠지만요.

특히 아이는 책을 많이 읽는 것을 목적으로 하기보다는 한 책을 읽 어도 그것을 깊이 있고, 재미있게 읽게 하는 것이 더 효과적일 수 있습 니다. 그래서 나오는 것이 슬로 리딩Slow Reading 입니다.

슬로 리딩이란 천천히, 깊이 있게 책을 읽는 방식을 말합니다. 단순히 책의 내용을 훑어보는 것이 아니라, 집중력을 발휘하여 문장 하나하나에 주의를 기울이며 의미를 깊게 음미하는 독서법입니다. 숏폼 같은 짧은 영상 때문에 집중력을 얻기 어려운 최근에는 슬로 리딩 같은 훈련으로 SNS에 도둑맞은 집중력을 찾아와야 하는 것이죠.

집중이 안 되면 크게 줄거리와 맥락적인 면만 보면서 독서를 한 번 하고, 다시 한번 디테일에 신경 쓰며 슬로 리딩을 해보는 것도 좋습니다. 그렇게 될 때 정보를 정리하는 힘, 그것을 이해하는 힘, 그리고 다른 사람에게 전달하는 표현까지 습득할 수 있어요. 슬로 리딩하면서 책을 잘 활용하고 이해하는 방법을 다섯 단계로 구분했습니다.

1단계	독서의 시작은 책 선택부터.
2단계	독서 집중 시간 마련하기.
3단계	책은 소모품. 아끼지 말고 밑줄 긋고, 메모도 함.
4단계	부모와의 책 문답을 영상으로 만들기.
5단계	단순하더라도 리뷰 단계를 마련함.

1단계 : 독서의 시작은 책 선택부터

책을 선택하는 일은 독서의 핵심이자 출발점입니다. 책을 많이 읽는 분이야 책 하나를 실패해도 타격이 전혀 없습니다. 그런데 책을 골라서 조금씩 읽는 분은 책 하나가 실패하면 구멍이 꽤 크죠. 아이가 읽을 책이라고 생각하면 더더욱 그렇고요.

올바른 책 선택은 독서의 효율성과 성과를 좌우합니다. 이를 위해서는 먼저 아이의 관심사와 부모의 목적을 명확히 해야 합니다. 이 두 가지가 일치하는 경우는 거의 없죠. 그래서 둘 중 하나를 선택하라고 하면 부모는 자신의 목적을 우선시하는데(책은 교훈을 줘야 한다는 고정관념이 있다 보니까요), 너무 그렇게만 책을 고르면 아이는 흥미가 떨어지게 마련이거든요. 입장 바꿔 부모가 볼 드라마를 아이가 정해주고 그것만 보라고 하면, 자신이 선택한 드라마를 볼 때 비해 흥미가 떨어질 수 있잖아요. 그래서 아이의 관심사를 잘 알아서 적절히 책을 섞어 배열하는 것이 좋습니다. 때로는 아이의 관심사가 과하게 반영된 책도 좋다는 것이죠. 아이가 서점에서 직접 책을 고르게 하는 것도 좋은 방법이죠.

그리고 독서 수준을 고려해야 합니다. 부모의 욕심에는 아이가 조금 더 어려운 책도 잘 읽으면 좋겠다는 소망에, 아이의 수준보다 한두 단계 어려운 책을 고르는 경향이 있는데, 독서 능력을 키운다는 면에서 그런 시도도 필요하지만, 자칫 아이의 독서 흥미를 떨어드리는 결정적 사건이 될 수도 있어요.

책을 선택하기 어렵다면 최근 들어 많아진 책 리뷰를 하는 블로그나 인스타를 참고해도 좋아요. (유튜브는 오히려 적어진 듯한 느낌이고요.) 그런 분들 중에 부모와 성향이 비슷하거나 관심사가 비슷한 분을 고른 다음에 그분들을 팔로우하면서 책 리뷰 목록을 참고해도 좋습니다. 어린이 책만 전문으로 하는 인플루언서도 꽤 있습니다. 물론 이분들의 추천을 무조건 믿을 수 없으니 부모가 먼저 리뷰를 보고 좋겠다 아니다를 판단해서, 아이에게 권해야죠.

2단계 : 독서 집중 시간 마련하기

독서에 집중할 수 있는 시간과 공간을 마련하는 것은 효과적인 독서를 위해 바람직한 방법입니다. 이를 통해 방해 요소를 최소화하고, 책에 완전히 몰입할 수 있습니다. 먼저 하루 중 가장 집중력이 높은 시간대를 파악해야 합니다. 아침에 더 집중을 잘하는 아이가 있고, 저녁에 더 집중을 잘하는 아이가 있어요. 우리 아이는 언제 더 책을 읽을 정도의 집중을 보이는지 파악해서, 이왕이면 바이오리듬이 맞을 때 읽히는 것이 집중을 끌어내기에는 수월할 것입니다.

택배가 올 시간이나 초인종이 눌릴 만한 시간은 피하는 것이 좋고, 다만 10분, 20분이라도 집중할 수 있는 시간이 좋습니다. 그리고 공간 역시 독서에 적합하면 더 좋아요. 평상시 집에서 편안하게 머물 수 있는 공간이면 큰 문제가 없는데, 유혹에서는 일단 분리되는 것이 좋습니다. 간식이 있는 부엌과 가깝다거나 컴퓨터가 뻔히 눈에 띄면 집중을 방해하는 요소를 굳이 가까이 두고 안 해도 되는 자기와의 싸움을 하는 셈이거든요. 그러니 여건이 된다면 이런 요소들이 통제된 공간이 바람직하죠.

독서 시간을 정확히 정해두고 집중하는 것도 좋은 방법입니다. 시간이 너무 족쇄가 되면 시간 자체에 집중력을 빼앗길 수도 있는데요, 이렇지 않다는 전제하에서는 시간을 정해놓으면 그 시간 동안 집중할 수 있거든요. 한정된 시간에 집중하는 것은 하나의 미션이기 때문에, 시간을 정해놓지 않아 언제 끝날지 모르는 것보다는 집중력을 높이는 방법입니다. 이른바 마감효과라고 할 수 있어요. 마감을 앞에 놓고 집중력이 올라가는 현상입니다.[53]

3단계 : 책은 소모품. 아끼지 말고 밑줄 긋고, 메모도 함

책을 매우 깨끗이 보는 분이 있어요. 좋은 습관이지만 아이에게 강요하지는 마세요. 아이가 책을 친근하게 접하게 하는 것이 더 중요합니다. 책을 모시게 하지는 말자는 거죠. 책은 소모품입니다. 아껴서 장식하는 용도가 아니죠. 물론 중고서점에 팔려고 생각하는 분이라면 아이에게 책을 아껴보라고 할 수도 있지만, 그렇게 경제적인 면을 생각하면 도서관에서 빌려 보는 것이 낫습니다.

책을 사서 본다면 자유롭게 밑줄도 긋고, 메모도 하면서 책을 보게 하는 것이 좋습니다. 독서의 목적은 지식을 얻는 것도 있지만 통찰력을 얻는 게 더 중요하죠. 통찰을 어렵게 생각하면 어린이 수준에서는 가능하지 않다고 여길 수도 있는데요, 통찰이 그냥 자신의 생각을 정리하는 것이라고 생각한다면 바로 어린이 수준부터 시작하면 됩니다. 이를 위해서는 단순히 책을 읽는 것만으로는 부족합니다. 능동적으로 책과 상호작용하며 자신의 생각을 기록하는 것이 중요합니다. 밑줄 긋기와 메모하기는 능동적 독서를 위한 필수 기술입니다. 밑줄을 그으면서 중요한 부분을 강조하고, 메모를 하면서 자신의 생각을 정리할 수 있어요.

책에 밑줄을 긋는다는 것은 자신이 생각하기에 중요한 부분이라는 것이고, 이것은 책의 내용에 강약을 평가하는 행위입니다. 밑줄을 긋는 것만으로도 책의 이해에 더 깊이 있게 도달할 수 있어요. 나중에 책을 다시 볼 때도 자신이 중요하게 생각한 부분이 어디인지 시각적으로 바로 인지하게 되니까, 재독서에도 도움이 됩니다.

아이가 미술이나 선긋기에 관심이 있다면 밑줄을 그을 때, 성격에 따라 색깔을 구분하라고 팁을 주어도 좋습니다. 아이디어, 대화, 감동적인 말 등을 구분해서 색깔을 다르게 칠하면 색깔 놀이 같은 재미도 주면서, 책의 내용을 더 자세하게 이해하게 되거든요.

메모하기 역시 독서의 이해도와 기억력을 높이는 데 도움을 줍니다. 책의 여백이나 별도의 메모지에 아이가 자신의 생각과 의문점 등을 기록하게 하는 것입니다. 별 얘기가 아니더라도 떠오르는 생각이 있다면 적어놓는 것이 좋습니다. 가끔 아이디어가 떠오르기도 하는데, 나중에 다시 보면 유치할 때도 있고, 번뜩이는 재치에 깜짝 놀랄 때도 있을 겁니다. 중요한 것은 독서와 연결해 자신의 생각을 자연스럽게 하도록 만드는 것이죠.

책에 밑줄을 긋고 메모를 한다고 하면 처음에는 책을 망가뜨린다는 생각에 거리낌이 들 수 있습니다. 하지만 책은 귀중품이 아닙니다. 책의 내용이 귀중품인 거죠. 책이 사실 소모품은 아니지만 소모품처럼 밑줄과 메모를 하며 아끼지 말고 대하라는 것입니다. 이런 행동을 통해 책과 적극적으로 상호작용하면, 독서의 가치와 효과를 극대화할 수 있습니다.

4단계 : 부모와의 책 문답을 영상으로 만들기

부모와 책 내용을 공유하고 서로 질문하는 과정은 아이의 독서 이해도를 심화할 수 있습니다. 부모 입장에서도 문답 과정에서 책의 내용을 더 깊이 이해하게 되기도 하고, 아이의 관점에서 새로운 시각을 살펴보게 되기도 합니다. 하지만 아이와 부모가 책에 대해 이야기하는 것은 잘 풀리면 괜찮지만 잘못하면 재미도 없고, 루스해질 수도 있어요. 이것도 하나의 독서토론인데, 사실 부모 입장에서도 독서토론을 이끌어본 적은 거의 없기 때문이죠.

그래서 한 가지 재미있는 방법을 써보면 좋을 듯한데, 아이와 나누는 문답을 영상으로 찍는 겁니다. 최근 들어 웬만한 스마트폰은 별다른 장비 없이 그냥 찍어도 유튜브에 올릴 수 있을 만큼 카메라 성능이 좋습니다. 스마트폰으로 아이와 역할놀이를 겸해서 유튜브 인터뷰 영상을 찍는 겁니다.

유튜브 채널을 개설한 뒤에 비공개로 해놓으면 그냥 가족의 추억으로만 남길 수도 있고요, 익숙해져서 내용을 다른 사람이 봐도 좋겠다 싶으면 공개 채널로 운영해도 되죠. 어쨌든 유튜브에 올리는 영상을 만든다고 아이에게 미션을 부여하면, 이왕이면 이 영상을 잘 만들겠다는 욕심도 생기고, 조금 더 적극적으로 임하게 됩니다. 말 한마디를 하더라도 조금 더 진지하게 생각해서 하게 되고요, 무엇보다 부모와 같이 무언가를 만들어가는 재미도 있어, 책을 읽고 나서 하는 독후 활동 겸 유튜브 영상을 만드는 특별활동까지 같이 하는 셈이에요.

이왕 만드는 것 조금 더 잘 만들고 싶다고 생각하면, 요즘에는 브루Vrew 같은 AI 자막, 편집 프로그램이 쓸 만한 게 많으니 그걸 이용해보면 좋아요. 사용법이 비교적 쉬우니까 이런 것을 활용해서 쉽게 편집을 해보면 좀 더 그럴듯한 영상을 만들어낼 수가 있죠.

유튜브 인터뷰 영상을 핑계로 부모와 자녀가 책 내용을 공유하고 질문하는 과정을 거치면, 단순한 독서를 넘어 상호작용과 토론을 통한 깊이 있는 학습까지 하는 셈이에요. 명백하게 의사를 표현하고, 상호 커뮤니케이션을 하는 연습도 겸하는 것이고요.

5단계 : 단순하더라도 리뷰 단계를 마련함

이런 단계들을 거치면 마지막 단계는 그것들의 정리입니다. 부모와의 문답 역시 생각이 길게 늘어질 위험이 있으므로, 이 문답까지 거치고 나면 지금까지 쌓인 책에 대한 생각과 느낌을 깔끔하게 정리해서 기록해두어야 합니다.

제가 북튜브 채널을 운영하다 보니 독서에 대한 강연을 할 때가 종종 있는데요, 독서 강연이 끝나면 자주 받는 질문 중 하나가 "그 많은 책을 어떻게 다 기억하세요?"입니다. 당연히 그것들을 다 기억하지는 못합니다. 중요한 것을 기억할 뿐인데요, 그나마 이것들이라도 기억할 수 있는 이유는 리뷰를 하기 위해 책을 정리하는 과정이 있기 때문입니다. 정리 과정에서 책을 다시 돌아보게 되고, 내용, 줄거리, 맥락, 숨겨진 의미 등 여러 가지가 구조적으로 정리되어 기억하기 좋게 재정렬되죠. 이런 과정이 없었을 때는 저도 책을 덮는 즉시, 내가 이 책을 읽었던가 하고 헷갈렸어요. 유튜브 채널을 운영하고, 책을 소개하는 방송을 하면서 책을 정리해야 했고, 그 과정에서 어느 정도의 인사이트가 생겨나기 시작한 것이죠.

리뷰를 하기 위해 정리한 것과 하지 않은 것은 거의 책을 읽은 것과 읽지 않은 차이 같은 큰 차이를 만들어내요. 기억하지 못하면 읽지 않은 것이나 마찬가지니까요. 부모는 물론 아이에게도 스스로 정리해보는 연습을 시키시라는 거죠.

그런데 이 기록도 그냥 하기보다는 미션으로 하는 것이 스스로 실천할 가능성을 높여주죠. 그래서 독서기록장 같은 전통적인 방법도 좋지만, 그보다는 조금 더 현대적인 방법을 추천할게요. SNS나 숏폼Short Form 운영이죠.

다이어트를 할 때는 다이어트한다고 동네방네 소문내야, 주위 사람들의 눈 때문에 스스로 실천할 확률이 높아지잖아요. 그와 마찬가지로 SNS를 통해 꾸준히 책을 읽고 리뷰할 수 있게, 압력을 행사해줄 주변의 눈을 확보하는 것입니다. 만약 이렇게 다른 사람에게 보이는 것이 부담스럽다면 비공개 계정으로 운영하면 됩니다. 자료는 아카이브로 쌓이게 놓아두고요. 그러면 독서기록장 만들듯이 온라인상에 기록하는 것이라고 생각하면 돼요.

숏폼 서식은 길어야 1분 정도니까, 자신이 책에서 얻은 내용이나 감상 등을 짧게 정리하는 것입니다. 그 많은 책의 내용이나 관계된 감상을 1분 안에 담는 것은 생각보다 너무나 어려운 일이에요. 여기서 생각의 정제가 많이 일어나요. 물론 아이가 이런 독서 관련 숏폼을 찍을 때는 깊숙한 이야기를 하기는 어려울 것입니다. 숏폼 자체가 이야기를 길게 가져갈 수 있는 구조가 아니죠. 그래서 더더욱 정리력이 필요한 게 숏폼이에요.

독서기록장, 독서가계부 같은 전통적인 방식도 좋지만 아무래도 요즘 아이들에게는 지루하게 느껴집니다. 계속 꾸준히 할 유인도 적고요. 하지만 멀티미디어를 표현수단으로 활용해 책을 정리한다면, 일단 이 만드는 과정이 재미있고 마감효과도 있기 때문에 꾸준히 할 수 있거든요.

이렇게 SNS 게시물을 만들고 영상을 만드는 과정까지 슬로 리딩을 완성하는 부분이라고 생각하면, 슬로 리딩은 단순하게 책을 느리게 읽는다는 개념이 아니라, 책을 꼭꼭 씹어서 소화하는 정리의 개념이라는 것을 알 수 있습니다. 책으로 얻는 생각, 인사이트나 영감을 최대화하자는 거죠. 미국 신경심리학자 매리언 울프는《책 읽는 뇌》에서 "'읽는 능력'이 우리 문명에서 가장 중요한 자질"이라고 말하며 "독서는 뇌가 새로운 것을 배워 스스로 재편성하는 과정으로, 독서의 핵심은 사색하는 시간"이라고 했습니다. [54]

작품 하나하나를 천천히 음미하며 의미를 발견해나가는 과정에서 아이는 집중력과 이해력, 사고력, 문해력 등을 기를 수 있고요, 또 영상이나 SNS로 자신의 생각을 표현하는 과정에서 표현력, 커뮤니케이션 능력과 과제를 풀어가는 능력까지 배양하게 됩니다. 그리고 인지, 정서, 사회성 발달에도 많은 도움을 받을 수 있죠.

?.... 영상으로 정보 소스를 삼을 때의 주의점

최근에는 영상으로 하도 다양한 정보가 쏟아지다 보니 굳이 독서가 아니라 영상으로도 얼마든지 고체적 사고에 필요한 지식이나 상식을 쌓을 수 있지 않을까 생각하는 분이 많이 늘었습니다. 하지만 앞서 말한 대로 글과 영상은 단위시간에 전달하는 정보의 양에서 큰 차이를 보입니다. 장기적인 관점에서는 지식의 양 차이가 많이 날 수밖에 없어요.

그리고 또 하나 아주 큰 차이는 정보를 얻는 자세의 차이입니다. 책으로 정보를 얻게 되면 그 사이에 자신의 생각이 들어갈 여지가 있어서 능동적인 정보 취득 방법이 되지만, 영상으로 받아들이는 정보는 수동적인 정보 취득 방법이에요. 말하는 사람이 전달하는 정보를 특별히 사고하거나 비판해볼 시간 없이 그냥 무비판적으로 받아들이거든요.

제가 우연히 본 영상 중에 아이의 용돈은 규칙적으로 주는 것이 미래의 성공 확률을 높여주는가, 아니면 필요하다고 할 때 주는 것이 더 성공 확률이 높은가에 대한 영상이 있었어요. 보통의 상식으로는 규칙적인 용돈이 경제 감각과 계획성 있는 사고를 심어주기 때문에 좋다고 생각하는데, 그 영상에서는 아니라는 것입니다. 필요할 때 타 쓰던 아이가 그 돈을 타내기 위해 설득하고 머리를 쓰는 과정을 겪어와서, 나중에 더 성공 확률이 높다는 연구결과가 있다는 거예요. 재미있기도 하고 의외의 이야기여서 나중에 책에 쓰려고 기억해두었는데, 막상 책에 쓰려고 하자 출처를 찾아야 하잖아요. 그런데 그런 비슷한 논문은커녕 어떠한 출처도 찾을 수가 없는 겁니다. 그래서 나중에는 생성형 AI한테도 물어봤어요. 그랬더니 대답은 그런 연구결과는 없다는 것입니다.

영상은 말로 이루어지는데, 보통 말은 휘발성이 강하다 보니 출처나 내용을 정밀하게 정리하지 않고 이루어지는 경우가 허다합니다. 나중에 자세히 조사해보면 사실과 다른 경우가 많아요. 반면 글은 정제되어 쓰입니다. 게다가 유튜브 촬영에서 나온 말은 다분히 시청자를 의식하기 때문에 재미를 위해 자극적인 이야기를 하려다가 사실을 왜곡할 수도 있습니다. 국회의원에 출마한 사람 중 몇몇이 유튜브에서 한 말 때문에 문제가 돼서 공천이 취소된다든가 선거 과정에서 문제가 되기도 하죠. 유튜브 촬영할 때는 재미있으라고 과장되게 말한 것인데, 정식으로 따지니까 문제가 된 것입니다. 그런데 우리가 영상으로 정보를 취득할 때는 이렇게 정밀하게 따지는 것이 아니라 그냥 받아들이는 거잖아요. 그래서 잘못된 정보를 받아들일 확률도 높아집니다.

반면 글은 검증하고 퇴고하는 과정이 있거든요. 그러다 보니 정보에서도 어느 정도 객관성을 담보합니다. 정제된 글은 말보다는 진중해 보이죠. 자극성을 줄이고 그만큼 신뢰성을 확보하는 것이 글입니다. 그리고 글은 행과 행 사이의 여백에 읽는 사람의 생각이 끼어들 여지가 있죠. 문장과 문장 사이에 자신이 원하는 만큼 시간을 끼워넣을 수 있으니, 그 시간에 '과연 그런가?' 같은 비판적 시각을 가져볼 수 있습니다.

반면 영상의 정보는 말과 말 사이에 여백이 거의 없어요. 게다가 요즘은 편집도 빨리 해버리니까 그나마 촬영하면서 말할 때 있던 공백도 편집을 통해 없어지죠. 영상에서 말하는 것은 마치 진리처럼 그냥 무비판적으로 받아들이게 됩니다. 생성형 AI가 할루시네이션 Hallucination 의 오류가 있다면서 사람들은 경계하는데요, 사람이 만드는 유튜브 영상에서는 그 오류가 훨씬 더 심해요. 하지만 여기에 대해서는 경각심도 조심성도 별로 없습니다. 그래서 위험하죠. 그러니 영상 정보는 큰 맥락으로만 파악하는 것이 좋습니다. 방향이나 가이드 정도의 이야기만 참고하다가, 실제 더 궁금해지면 본격적으로 찾아보면서 검증 단계를 거치는 것이 좋아요.

AI 시대를 즐기는 방법
: 액체적 사고로 전환하기

?.... 지식이라는 별을 선 잇기 하기

지식과 정보라는 고체적 사고 위에 세워져서 이 지식과 정보를 최대한 유용하게 활용하는 지혜를 만들어내는 것이 액체적 사고입니다. 별들을 어떻게 선 잇기 하느냐에 따라 천칭자리도 만들어지고 궁수자리도 만들어지는 것이 별자리잖아요. 지식들이 각각의 별이라면 액체적 사고는 선 잇기를 하는 다양한 방법이고, 심지어 선 잇기 외에도 별을 바라보는 다른 방법이 있을 수 있다는 것을 이해하는 유연한 사고이기도 합니다.

고정관념과 짜인 상식에서 벗어나 다른 시도를 해보고, 다른 방법을 생각해볼 수 있는 창의적 사고이기도 하고, AI가 만들어준 결과물을 효과적으로 사용할 방법을 찾아내는 인간의 경쟁력이기도 한 것이 액체적 사고입니다.

액체적 사고는 AI의 조종법이기도 합니다. AI는 질문에 따라 답을 만들어주는데, 그 질문의 수준과 요구에 따라 답이 달라지잖아요. 질문을 인사이트 넘치게, 남들과 다르게 만들면 AI가 만들어주는 답 역시 남들과 다른, 그래서 경쟁력 있는 결과가 나올 것입니다.

?.... 실패를 해본 적이 없는 게 아니라 실패라고 여기는 것이 없는 것

아이에게 액체적 사고를 형성시키려면 일단 부모가 취해야 하는 두 가지 자세가 있습니다. 첫 번째는 아이의 실수를 대하는 자세입니다. 아이의 실수에 관대해야 합니다. 보통 부모는 자신의 실수에 관대하고 아이의 실수에 엄격합니다. 엄격하게 해야 아이에게 도움이 되는 줄 아는 거죠. 하지만 그렇게 하면 고체적 사고는 더 단단하게 형성될 수 있어도, 실수하더라도 도전해볼 수 있는 액체적 사고 형성에는 방해가 됩니다.

오해하지 말아야 하는 게, 실수를 하는 것이 좋지는 않죠. 그러니까 실수를 유도하거나 권장하는 게 아니고, 실수를 범했을 때, 그러니까 이미 저질러진 일을 대하는 자세를 말하는 거예요. 실수를 일방적으로 야단치는 순간, 아이에게 실수는 실패가 됩니다. 단순히 실수한 사람인데, 그걸 실패자로 만들어버리는 것이 부모의 말이에요.

실수를 용납하고 그 가운데 나아지는 점을 찾는다면, 실수는 성공의 전 단계가 됩니다. 아이에게 실수와 실패의 차이는 부모가 그것을 어떻게 대하느냐에서 갈리는 것입니다. 아이가 실패에 대해 압박받지 않는다면, 조금 더 황당한 생각과 도전을 많이 해볼 겁니다.

그렇다고 실수를 무조건 용납하라는 것은 아니에요. 실수도 그냥 놓아두면 반복될 수 있습니다. 반복되는 실수는 그 사람의 능력이 되거든요. 그러니 리뷰되지 않는 실수는 실패의 씨앗이 되는 거죠. 아이에게 실수를 통해 무엇을 배웠는지 물어보는 식으로 실수를 딛고 일어서는 것에 대해 충분히 공감이 형성되어야 합니다. 잘못해서 컵을 깨트리는 실수했다고 하면 부모가 "넌 왜 허구한 날 그 모양이니?"라고 말하는 순간, 실수한 아이가 아니라 실패한 아이가 되는 것입니다. 하지만 이 컵이 왜 깨지게 되었는지 따져서, 결과적으로는 스마트폰에 정신이 팔린 산만함이나 처음부터 아슬아슬한 장소에 컵을 놓은 부주의함 때문이라는 것이 밝혀지면, 다음부터는 그 부분을 조심하겠다는 해결 포인트를 찾게 되는 것이죠. 물론 다음에도 아이는 컵을 깨뜨리겠지만 이런 실수와 리뷰가 계속 이어지면 결국에는 점진적으로 개선하게 되거든요.

제가 촬영하는 유튜브 콘텐츠 중에는 〈빨간토끼〉라는 채널이 있습니다. 개그맨 김진수와 같이 촬영하는데, 일정 정도 성공한 사람을 초대해 그들의 성공비결을 묻고 그것을 정리하고 알려주는 콘텐츠예요. 이 촬영을 통해 성공에 다다른 사람을 많이 만나게 되었는데, 그들의 한 가지 공통점을 찾아달라는 질문을 많이 받았거든요. 다양한 성공 방식이 있기 때문에 한 가지 공통점이라는 게 가능하지 않을 것 같잖아요. 아니더라고요. 생각보다 그 공통점을 찾기는 쉽습니다. 실패를 실패로 받아들이지 않는 거예요. 그렇다고 현실을 회피한다는 것이 아니라, 어려움을 겪었을 때 그것을 어려움이라 느끼지 않고 그냥 해결해야 할 문제라고 생각하는 거죠. '왜 나한테만 이런 일이?', '하필이면 재수 없게?', '누구 탓이야?' 같은 생각을 하기 전에 이 문제를 어떻게 해결할지 먼저 생각합니다. 그 해결책이 통하지 않으면 다른 해결책을 생각하지, 실패에 좌절하고 그 자리에 주저앉지 않아요.

성공한 사람은 실패를 해본 적이 없는 게 아니라 실패라고 여기는 게 없는 것입니다. 남들이 보기에는 충분히 실패에 가까운 상황도 그것을 넘어선 사람에게는 좋은 경험이 되는 것이니까요. 결국 실패 없는 인생은 실패라고 여기지 않는 그 사람의 태도에서 나오는 것이지, 살아 있는 것 중에 실패하지 않아본 생명체는 단 하나도 없을 것입니다.

부모의 고체적 사고를 뛰어넘는 아이의 액체적 사고는 실패를 두려워하지 않는 마음에서 자랍니다. 하지만 두려워하지 않는다는 것이 실패가 안중에 없다는 것이 아니라, 실패도 결국 넘을 수 있는 것이고 오히려 발전의 초석이 될 수 있으니, 실패해도 괜찮다는 정도의 마음입니다. 그런데 실패해도 괜찮은 사람은 없잖아요. 결국 실패가 괜찮으려면 그 시점이 과거여야 하고, 극복한 실패여야 합니다.

누구나 실패하지만 그 실패가 인생을 암울하게 만들 만큼 압도적 우울함을 주는 것이 아니라, 다음에 더 발전할 여지를 주는 좋은 경험이 된다면, 도전에 조금 더 용기를 낼 수 있어요. 해보지 않은 것에 대한 도전, 황당해 보이는 아이디어를 실현하고자 하는 도전, 할 수 없다고 생각만 하던 것을 실제로 해보는 도전 등은 실패의 땅 위에 뿌려지는 씨앗이고 이 중에 하나만 꽃을 피워 만개할 수 있다면, 그 땅은 곧 아름다운 성공의 꽃으로 뒤덮이거든요.

?.... 모호성을 받아들이기

아이에게 액체적 사고를 형성시키기 위해 필요한 부모의 자세 두 가지 중 두 번째는 모호성을 받아들이기입니다. 아이에게 딱 부러지는 구체성을 기대하는 부모가 많습니다. 딱 부러지는 것이 똑똑한 아이의 느낌이니까요. 정확하게 표현하고 정확하게 말하기를 바라는 데요, 물론 그런 것이 표현적으로는 바람직하지만 자칫 생각까지 딱 정해진 틀 안에 가두어질 염려가 있습니다.

감정이나 밤새 꾼 꿈을 정확하게 말로 표현해보라고 하면 아이의 어휘 수준에서는 표현이 제한될 수 있거든요. 그런데 말은 생각을 가두는 우리가 되기도 합니다. 디스토피아를 그린 불후의 명작 중 하나인 조지 오웰의 소설《1984》에서는 전체주의 사회에서 모든 사람이 통제받는 암울한 미래가 그려지는데요, 이 사회의 지배층이 하는 일 중 하나가 사전을 편찬하면서 사람들이 쓰는 어휘를 줄이는 거예요. 예를 들어 '좋다Good'라는 말의 반대말로 굳이 '나쁘다Bad'는 말은 필요가 없다는 것이죠. '안 좋다Ungood'를 쓰면 됩니다. '좋다'는 것을 강조하고 싶을 때는 '훌륭하다Excellent'라든가 '멋있다Splendid'라는 말을 쓰지 않고, '더 좋다Plusgood'라는 말이면 충분하고 그걸 더욱 강조하고 싶으면 '더욱 더 좋다Doubleplusgood'면 됩니다. 그렇게 해서 좋고 나쁘고를 따질 때는 '좋다'라는 한 어휘의 수치로 표현이 되는 겁니다.

이런 말은 얼핏 효율적이라는 면에서 그럴듯해 보이지만,《1984》의 사회에서 이 같은 시도를 하는 진짜 이유는 어휘를 제한해 사고의 폭을 줄이려는 것입니다. 그래서 결국 "사상죄思想罪도 문자 그대로 불가능하게 만들 거야. 왜냐하면 그걸 표현할 말이 없어질 테니까. 필요한 개념은 단 한마디 말로 표현되며 그 말은 정확히 정의되어 다른 곁 뜻은 없어져버리고 말지."[55]가 되어버리거든요. 이 사회의 사전 편찬자의 말입니다.

여기서 알 수 있는 것은 어휘가 곧 그 사람의 생각을 좌우한다는 거예요. 엄마가 혼을 내면 아이는 기본적으로 엄마를 사랑하지만, 혼나는 그 상황은 싫은 복잡미묘한 감정을 표현할 길이 없어, "엄마 미워." 정도의 말로 표현하죠. 만약 아이의 어휘 수준이 계속 이 정도에 머무른다면 세상에는 미운 사람과 좋은 사람 두 가지 종류밖에 남지 않습니다.

그래서 아이가 다양한 어휘를 만날 수 있고, 그것을 표현할 수 있도록 돕는 것은 아이의 생각의 폭을 넓히는 아주 중요한 작업이긴 한데, 너무 어린 시절부터 어려운 어휘를 만나게 할 수는 없거든요. 그렇다고 이 아이가 어린 시절에는 복잡 미묘한 감정을 갖지 않는 것은 아니에요. 그것을 표현할 방법이 아직 없는 것뿐이죠. 그래서 아이의 표현이 모호해지고 애매해지는 경우가 있어요.

감정뿐 아니라 아이디어나 생각 차원에서도 한정된 어휘와 경험으로는 표현할 수 없는 애매한 부분이 생길 수 있는데, 그것을 딱 부러지게 정확하게 전달하라고 하면 날 것의 삐뚤빼뚤한 생각들이 가지치기가 돼서 네모나 동그라미가 되어 나타납니다. 하지만 매력은 바로 아무렇게나 돋아난 삐뚤빼뚤한 가지들에 있기 때문에, 정돈된 네모의 생각은 이미 너무나 평범하고 재미없는 생각이 되어버리죠.

아이에게 무조건적으로 말이나 글로 표현하라고 그 아이의 액체적 상상을 고체 그릇에 담는 것이니까, 담을 수는 있지만 다양한 상상의 힘을 제한한 것입니다. 아이는 자신의 생각을 그림이나 춤, 몸짓 등 다양하게 표현할 수도 있고, 아예 표현하지 못할 수도 있습니다. 하지만

이 모호성을 인정해야 합니다. 물론 아예 표현하지 못해서는 곤란합니다. 자기만의 세계로 빠져버리게 되니까요. 하지만 그 표현이 조금 다른 형식이어도 그것을 구체화해서 어른이 아는 언어로 꼭 바꿀 필요는 없다는 것이죠. 생각의 다양한 표현을 가능하다고 바라보아야 합니다. 그 생각이 나중에 경험과 학습을 통해 어휘와 만나면 구체적인 아이디어가 될 텐데요, 처음부터 생각을 틀 안에 가두어버리면 생각 자체를 그 틀 안에서만 하게 돼요.

?.... 액체적 사고를 키우는 방법

아이가 유연하고 폭넓은 액체적 사고를 할 수 있도록 부모로서 같이 시도해볼 수 있는 스킬적인 것으로 다음과 같은 것이 있습니다.

① 아이와 함께 브레인스토밍

브레인스토밍Brainstorming은 뇌 폭풍이라는 뜻이죠. 창의적인 아이디어를 내기 위한 회의 기법 중 하나입니다. 하지만 브레인스토밍의 특성상 시간도 오래 걸리고 비효율적인 경우가 많다 보니 최근에는 뇌를 훈련하는 학습도구로 더 많이 쓰이는 느낌입니다.

원래 브레인스토밍은 마케터인 알렉스 오스본이 개발한 광고 캠페인에 대한 아이디어를 도출하는 방법이에요. 이 방법을 자신의 책에 써서 사람들에게 알려지게 되었죠. 브레인스토밍은 여러 명이 모여 특정한 주제에 대한 아이디어를 아무것이나 생각나는 대로 막 꺼내놓는 회의 방법입니다. 그야말로 의식의 흐름대로 생각을 던지는 거예요. 질보다는 양이라는 개념입니다. '그게 말이 돼?' 같은 비판은 금지되기 때문에, 그야말로 황당하고 말도 안 되는 아이디어가 난무하다가, 어느 순간 괜찮은 아이디어가 툭 튀어나오거나, 기존에 나온 아이디어 중에 몇 개를 결합해서 쓸 만한 아이디어를 건지기도 합니다. 하지만 본질적으로 '아무 말 대잔치'이기 때문에 좋은 아이디어를 만날 확률이 낮고, 무엇보다 시간이 엄청 오래 걸리는 방법이에요. 그래서 실용성은 좀 떨어지죠.

그런데 아이디어를 내는 역할을 이제는 AI가 해줄 수 있거든요. '아이디어 100개 내.'라고 하면 100개의 아이디어를 내기 때문에, 이제는 오히려 AI를 활용하는 좋은 방법으로 브레인스토밍이 자리 잡게 될 거라 생각합니다. 그래서 저는 이것을 AI 스토밍이라는 이름으로 명명하기도 했죠.

전통적 의미의 브레인스토밍은 앞으로는 회의 기법보다는 뇌 훈련이나 학습방법 등으로 주로 쓰이게 될 거예요. 우리가 지금 이 브레인스토밍 방법을 소개하는 것도 다양한 생각을 해볼 기회를 제공한다는 학습방법적인 측면에서잖아요.

브레인스토밍을 하기 위해서는 열린 대화와 의사소통이 중요합니다. 원래 브레인스토밍의 제1원칙은 비판 금지거든요. 아이가 어떤 이야기를 해도 그 생각과 의견을 존중하고 경청합니다. 아이 나름의 관점을 이해하고 남다른 견해를 인정해주어야 해요. 사실 바로 그 남다른 견해와 생각을 많이 갖게 유도하는 것이 이런 훈련의 목적이니까요.

우선 브레인스토밍을 하는 주요 규칙을 정리해드릴게요.

① 비판 금지 No Criticism	• 아이디어에 대한 비판이나 평가는 금지됩니다. • 모든 아이디어를 열린 자세로 수용해야 합니다.
② 자유로운 사고 Freewheeling	• 생각나는 대로 자유롭게 아이디어를 내놓아야 합니다. • 아무리 엉뚱하거나 이상해 보여도 제한하지 않습니다.
③ 아이디어 연결 Piggybacking	• 다른 아이디어에 덧붙여서 새 아이디어를 만들어내는 것도 좋습니다. • 상호 간의 아이디어 연결이 더 큰 시너지를 발휘할 수 있습니다.
④ 양보다 질 Quantity Over Quality	• 아이디어의 양이 중요합니다. 많은 아이디어가 나올수록 좋습니다. • 초기에는 아이디어의 질보다는 양에 중점을 둡니다.
⑤ 표현 방식 다양화 Varied Modes of Expression	• 말, 글, 그림, 몸짓 등 다양한 방식으로 아이디어를 표현하도록 합니다. • 이를 통해 더 창의적인 아이디어가 나올 수 있습니다.
⑥ 주제 집중 Focused Effort	• 특정 주제나 문제에 집중하여 아이디어를 산출합니다. • 너무 범위가 넓으면 산만해질 수 있습니다.
⑦ 시간 제한 Time Limit	• 일정 시간 내에 아이디어를 내도록 제한합니다. • 이를 통해 집중력과 압박감을 유지할 수 있습니다.

그러면 도대체 어떤 주제를 가지고 아이와 같이 브레인스토밍을 해볼까 고민될 수 있습니다. 부모 입장에서 아이가 좋아할 만한 주제를 생각해서 주제를 찾아보고요, 그게 어렵다 싶으면 생성형 AI에게 도움을 받는 것도 좋습니다. "아이의 창의적 사고를 훈련시키기 위해 브레인스토밍을 하려고 하는데, 아이와 같이 생각해볼 만한 주제로 어떤 것이 좋을지 10가지만 뽑아줘."라는 식으로 질문을 던지고, 나오는 주제 중에 괜찮은 것으로 하나 선택하면 되는 거죠. 마음에 드는 게 없으면 마음에 드는 게 나올 때까지 100개든 200개든 뽑으면 되고요. 제가

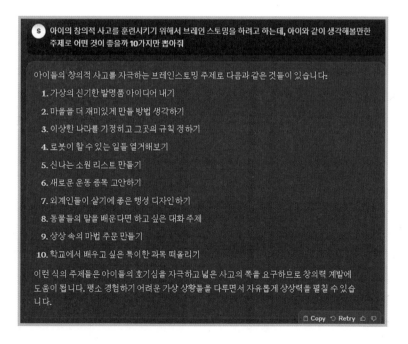

시험 삼아 생성형 AI인 클로드 3를 통해 이런 질문을 던져봤거든요. 그랬더니 나온 10가지 주제는 이렇습니다.(172쪽)

이 중에 골라도 되지만 저는 물고기보다는 물고기 잡는 법을 알려드리는 것을 선호하다 보니, 이렇게 생성형 AI를 사용해보기를 권하는 것입니다. 텍스트 생성형 AI로 잘 알려진 것은 ChatGPT이긴 한데요, ChatGPT의 GPT-4 버전은 유료인 데다가 전반적으로 좀 딱딱한 느낌이 있어요. 좀 더 부드럽고 친절한 대답을 주는 것이 클로드 3입니다. 게다가 아직은 무료고요.

그런데 이런 평가는 AI들이 계속 업그레이드되니까 다음에는 또 바뀔 수 있습니다. 그래도 아마 당분간은 클로드 3를 활용하는 것이 괜찮을 거예요. 검색창에 https://claude.ai라고 직접 입력하거나 네이버에서 클로드 3라고 치면 링크가 나오거든요. 거기 들어가서 간단하게 회원 가입하면 바로 쓸 수 있어요. 클로드 3에게 아이와 같이 할 브레인스토밍 주제라든가, 아이와 어떤 책을 읽으면 좋을까, 어떤 교훈점이 있을까 등을 종종 상의해보세요.

전통적인 ChatGPT를 활용해도 좋아요. 포털사이트에서 ChatGPT를 검색하거나, 입력창에 https://openai.com/blog/chatgpt를 입력해 들어갈 수 있어요. 특히 ChatGPT는 검색 포털처럼 사용할 수 있도록 로그인 없이 그냥 대화하는 모드도 있거든요. 계정 생성하기 싫은 분은 로그인하지 않고도 ChatGPT를 사용할 수 있습니다.

② 여섯 가지 모자 바꿔 써보기

브레인스토밍은 다양한 아이디어에 대한 열린 사고를 지향하긴 하는데, 때로는 너무 열려 있다 보니 조금 지칠 때가 있습니다. 아무거나 다 괜찮다는 말이 때로는 무척 막막하게 들리기도 하거든요. 그래서 나온 것이 다양한 관점을 훈련시키면서도 어느 정도 가이드를 정해주는 창의적 사고 방법인 여섯 가지 모자Six Thinking Hats 기법입니다.[56]

여섯 가지 모자는 관점을 의미합니다. 역할을 부여해서 한 가지 사건에 대해 다양한 관점으로 바라보게 하는 거죠. 어떤 주장에 대해 찬성하는 사람이 억지로 반대 입장에서 말하게 해보면, 이 사람이 반대 논리를 찾아서 얘기하다가 자신도 모르게 반대 입장도 어느 정도 이해하게 된다는 것이죠. 그러면 무조건 찬성만 고집하는 것이 아니라, 반대 입장도 고려한 타협안이 나올 수 있다는 것입니다. 다양한 관점을 강제적으로 부여하는 것이라고 보아도 돼요.

6가지 모자는 색깔이 다 달라요. 색깔별로 관점이 정해져 있습니다. 각각의 모자가 의미하는 관점은 다음과 같습니다.[57]

하얀 모자를 쓰면 주어진 주제에 대해 객관적인 사실이나 팩트, 수치 같은 구체적 정보에만 맞춰 판단하는 것입니다. 개인적인 감정이나 주관적인 생각을 배제합니다.

빨간 모자는 어떤 사건을 대하고 그냥 바로 떠오르는 생각, 감정적인 생각입니다. 논리적이지 않고 객관을 벗어난 완벽하게 주관적인 생

모자 색깔	사고의 종류	구체적 내용
하얀 모자	객관적, 사실적 사고	객관적 사실과 숫자에 초점
빨간 모자	직관적, 감정적 사고	감정, 직관, 느낌 등에 초점
검은 모자	비판적 사고	단점, 위험과 문제점을 조심스럽게 평가
노란 모자	긍정적 사고	장점, 이점과 기회에 주목
녹색 모자	창의적 사고	새로운 아이디어와 가능성 모색
푸른 모자	이성적 사고	전반적인 사고 과정을 관리하고 통제

각이죠. 왜 자신이 그런 감정을 갖게 되었는지 설명할 필요가 없어요. 그것을 설명하는 순간 하얀 모자와 섞이면서 객관적 시선이 들어가게 되니까 철저하게 감성적인 시각으로 접근하는 모자입니다.

검은 모자는 비판적인 생각이죠. 문제점이나 단점을 찾아내서 이야기하는 모자입니다. 얼핏 부정적 생각 같지만 논리적으로 단점을 찾아낸다는 면에서는 마냥 부정이 아니라, 문제점 지적에 더 가까워요.

노란 모자는 검은 모자와 반대편에 있는 모자인데요, 긍정적이고 밝은 면의 이점을 보는 모자입니다.

녹색 모자는 창의적인 생각을 해야 하는 모자입니다. 기존의 생각과는 다른 새로운 관점과 접근법을 찾아내는 모자라서, 사람에 따라서는 가장 어려워하는 역할이기도 합니다.

푸른 모자는 이성적 사고라고는 했지만 실제로는 이 모자를 쓴 사람들을 통제하고 이야기를 진행하는 역할을 해요. 나온 이야기들을 정리하고 때로는 의견을 조율하는 것이 푸른 모자를 쓴 사람의 역할입니다.

여섯 가지 모자 기법으로 아이의 창의성 훈련을 실행하려고 한다면 다음의 단계를 따르는 것이 일반적입니다.

1단계 : 활동의 목적과 모자의 의미 설명하기

아이에게 지금 하는 '놀이를 빙자한 훈련'(하지만 아이에게는 놀이라고 설명하는)의 목적을 알려주는 것이 좋습니다. 문제해결력과 창의력 기르기이기 때문에 다양한 관점에서 생각하는 것을 해본다는 것이죠. 그리고 여섯 가지 색깔 모자의 의미를 하나씩 차근차근 설명해줍니다.

2단계 : 주제 정하기

아이와 함께 토론하고 싶은 주제나 해결해야 할 문제를 정합니다. 처음에 주제 정하기가 어려우면 역시 생성형 AI와 상의하는 것도 괜찮은데요, 조금 익숙해지면 아이의 관심사나 일상생활에서 겪는 상황 등에서 주제를 뽑아내는 것도 좋습니다.

3단계 : 모자 순서 정하기

어떤 모자부터 시작할지 순서를 정합니다. 예를 들어 하양 → 빨간 → 검은 → 노란 → 녹색 → 푸른 모자 순으로 진행하는 것이 문제점의

해결책을 찾아가고 정리한다는 측면에서 일반적이긴 한데, 이런 순서에 구애받지 않아도 됩니다. 생각나는 대로 하는 것도 괜찮아요. 어차피 다양한 생각 훈련이니까요. 그런데 지금 앞에서 말한 모자 순서는 일반적인 문제해결적 사고에서 사고를 하는 순서이긴 합니다. 그러니까 이 모자 순서대로 사고하는 순서를 익히면, 문제해결적 사고를 익히는 것과 비슷한 효과가 있어요.

4단계 : 모자별 토론하기

정해진 순서대로 모자 색깔을 바꿔가며 그 모자의 관점에서 주제에 대해 이야기합니다. 아이가 여럿 있어서 친구들과 같이 하면, 서로 모자를 바꿔 써가면서 하면 되고, 아이가 혼자라면 아이가 다양한 모자를 바꿔 써서 이야기하도록 합니다. 물론 부모 역시 모자를 바꿔 써가며 이야기를 같이 풀어놓아야죠. 이때 아이가 어떤 생각을 하든 그 생각을 존중하고 격려하며, 서로 다른 관점을 인정하는 자세가 중요합니다.

5단계 : 마무리하기

푸른 모자 단계에서 전체 과정을 총괄하고 배운 점, 느낀 점 등을 나눕니다. 아이가 각 모자의 역할을 잘 이해했는지 피드백해줍니다.

이 과정을 반복하면서 다양한 주제를 다루면 일단 1단계는 생략해도 됩니다. 여러 명이 참여할 때는 각자의 관점에서 한 마디하고, 핵심은 그다음에 다시 모자를 다른 색으로 바꿔 써서 지정된 모자의 관점에서 이야기하도록 하는 것이 관건입니다. 그러니까 방금까지 장점을 이야기해놓고, 모자가 바뀌면 바로 단점을 이야기해야 하기도 합니다. 그리고 바로 그것이 다양한 관점을 훈련하는 과정인 거죠. 그러다 보면 절대적인 옳음이란 없다는 것을 깨닫게 됩니다. 자신에게는 하나의 생각이 있었고, 그것이 하나이기 때문에 옳은 것이라 믿었는데, 억지로라도 반대 관점에서 생각해보고 그것을 다른 사람에게 설득하려고 근거를 찾고 말을 만들다 보면 그 생각도 그럴듯하다는 것을 발견하게 돼요. 그러니 다른 사람의 생각도 존중할 수밖에 없는 것이죠.

다양한 주제를 가지고 연습을 해보는 것이 좋습니다. 독서와 연결해 읽은 책에서 주제를 가져올 수도 있습니다. 어린 왕자의 마지막 선택에 대해 의견을 낼 수도 있고요, 같이 본 애니메이션에 나온 빌런의 입장에 대해 생각해보자고 할 수도 있습니다. 하지만 부모도 이런 방법이 익숙하지 않아서 주제를 뽑는 것이나 전반적인 진행에 자신이 없다면, 처음에는 생성형 AI의 도움을 받아 어느 정도 가이드를 가지고 해보는 것도 좋습니다. 물론 이 가이드는 아이와 공유하는 것이 아니라 부모만 알고 있는 것이 좋죠. 익숙해지고 우리 가족에게 맞는 방법을 찾으면 굳이 정확하게 순서와 규칙을 맞추려고 하지 않아도 괜찮아요. 중요한 것은 다양한 관점을 억지로라도 연습할 기회를 준다는 것이니까요.

S 아이와 함께 생각할 만한 하나의 주제를 선정하고 그 주제에 대해서 여섯 모자들이 어떤 관점으로 접근하고 이야기하는지 예시를 들어줘

좋습니다. 아이들이 관심 있어 할 만한 주제로 "우리 가족이 우주여행을 간다면?"을 선정해보겠습니다. 이 주제에 대해 6가지 모자 관점에서 어떤 식으로 접근하고 이야기할 수 있을지 예시를 들어드리겠습니다.

1. 하얀 모자(객관적 사실)
- 우주여행에 필요한 비용과 시간 계산하기
- 우주선의 크기, 속도, 연료 등 구체적 정보 파악하기
- 우주 공간의 환경과 조건들에 대해 과학적으로 알아보기

2. 빨간 모자(감정, 느낌)
- 우주여행에 대한 설렘, 두려움, 호기심 등 느낌 나누기
- 가족들과 함께 우주에서 지내는 모습 상상해보기
- 지구와 먼 공간에서 보내는 시간에 대한 감정 이야기하기

3. 검은 모자(위험, 문제점)
- 우주여행 시 발생 가능한 위험요소와 문제 상황 예측하기
- 우주 방사선, 산소 부족, 우주질병 등의 위험성 점검하기
- 우주선 고장, 연료 부족 등 비상사태 발생 시 대처방안 모색하기

4. 노란 모자(장점, 기회)
- 우주여행의 과학적, 교육적 가치와 장점 생각해보기
- 새로운 행성과 우주 탐험의 기회로 삼기
- 가족 간 유대감 형성, 특별한 추억 만들기 등의 긍정적 면모 찾기

5. 녹색 모자(창의적 아이디어)
- 우주에서 재미있는 활동과 게임 아이디어 내기
- 우주정거장에서 살아가는 모습 상상하여 디자인하기
- 우주인 로봇 만들기, 우주선 만들기 등 창의적 만들기 활동

6. 푸른 모자(전체 관리)
- 각 모자 관점에서 나온 의견들 총괄하고 정리하기
- 우주여행 계획의 과정 전체를 조율하고 체계화하기
- 마지막으로 배운 점, 소회 등을 나누며 마무리하기

제가 예시로 "아이와 함께 생각할 만한 하나의 주제를 선정하고 그 주제에 대해서 여섯 모자들이 어떤 관점으로 접근하고 이야기하는지 예시를 들어줘."라고 클로드 3에게 부탁해보았거든요. 이에 대한 답변은 이렇습니다.(179쪽)

눈치챘겠지만 이런 과정을 통해 부모 역시 다양한 관점을 배우고, 어렵게만 생각하던 AI를 적절하게 교육 도구로 사용하며 성장한다는 사실을 아시겠죠.

앞서의 브레인스토밍이나 여섯 가지 모자 기법은 기업에서도 많이 쓰는 대표적인 문제해결 방법, 창의적 생각 방법이니까, 이 기회에 같이 익혀두고 훈련해보면 부모에게도 큰 도움이 될 겁니다. 이런 방법을 개인적인 일에도 써봤더니 크게 도움이 되었다는 이야기도 많으니까, 개인적으로 생각을 정리하거나 문제를 해결하거나 할 때도 생각보다 효과적일 거고요.

③ 다양한 창의적 활동 : 전통적 방법

놀이를 빙자한 다양한 창의적 활동의 핵심은 결국 다른 관점에서 생각해보거나 다른 사람의 입장에서 이야기해보는 연습을 시키는 것입니다. 자신에게 떠오른 하나의 생각만이 진리가 아니라 다른 생각도 가능하다는 것을 인정해야 액체적 사고의 형성이 가능하거든요.

사고가 고정되면 환경이 세모나 네모로 바뀌어도 동그란 모양이 변하지 않아요. 그러면 결국 시대에 맞지 않는 사람이 되어버립니다. '세모나 네모나 언제든 가능할 수 있는데, 지금 여러 조건이나 맥락을 파악해보면 동그라미이기 때문에 지금은 동그라미다.'라는 생각이 기본으로 깔리는 것이 액체적 사고죠.

그런 의미에서 '역할놀이'나 '시뮬레이션'은 고전적인 생각 바꿔보기 훈련입니다. 아이들의 소꿉놀이가 전형적인 역할놀이가 될 텐데요, 의사인 척 연기를 하며 자신이 환자로서 병원에 갔을 때 '떼 쓰기'를 하던 것에 대해 한번이라도 생각할 기회를 갖게 되는 것이죠. 엄마나 아빠 역할을 하면서 엄마와 아빠가 하는 일에 대해서 생각하게 되는 것이고요. 의외로 이런 기회가 아니면 아이는 엄마, 아빠가 하는 일을 잘모르더라고요. 아이에게 굳이 자세하게 설명해주지 않으니까요. 작가나 가르치는 사람으로서의 저는 집에 있을 때도 컴퓨터 앞에 앉아서 무언가 툭탁거릴 때가 많잖아요. 그래서 둘째 딸은 유치원 다닐 때 아빠 직업을 묻는 말에 '컴퓨터에 관계된 어떤 일을 하는 사람'이라고 대답해서, 한동안 이웃들이 저를 IT 개발자로 알기도 했어요.

'이야기 티키타카'처럼 하나의 이야기를 이어서 만들어보는 것도 재미있습니다. 하나의 소재를 주면 거기서 부모가 먼저 이야기를 파생시키고, 그 이야기에 뒤이어서 아이가 이야기를 만드는 것입니다. 그렇게 만들어진 이야기에 다시 부모가 이야기를 붙이는 식으로 해서 이야기를 완결하는 데까지 나가는 것이죠.

그런 면에서 제가 옛날에 한 스토리텔링 카드가 굉장히 유용하고 재미있었어요. 멘사 활동을 할 때 MT를 갔는데, 그때 한 친구가 미국 거라면서 스토리텔링 카드를 꺼냈어요. 카드에는 단어가 적혀 있고, 참가자들이 카드를 몇 개씩 나눠 들어요. 그러고서 한 사람이 카드를 내면서 그 카드에 적혀 있는 단어를 바탕으로 이야기를 한 문장으로 만들죠. 그러면 자신이 가진 카드의 단어를 바탕으로 그 이야기에 연결해 이야기를 만들면서, 자신의 카드를 내는 것입니다. 정확한 룰은 기억이 안 나지만 그 놀이를 지켜보는 모든 사람은 심판이 되어서 이야기가 말이 되는지 아닌지 판단했고요.

여기서 핵심은 단어를 연결해서 이야기를 만드는 것이었습니다. 그런데 단어는 한정되어 있으니 이야기가 풍성해지려면 참가자의 상상력이 필요했고, 그 이야기가 갈수록 재미있는 것 경쟁으로 가다 보니 정말 기상천외한 펼쳐졌습니다. 너무 재미있었던 기억에 그 스토리텔링 카드를 사려고 했는데, 구하지는 못했어요. 지금 스토리텔링 카드를 검색해보면 제한된 수준의 정답을 유도하는 카드가 많아서, MT에서 재미있게 놀 만한 자율성과 창의력을 끄집어내는 것은 잘 찾을 수 없지만, 사실 이렇게 카드 같은 도구에 의지하지 않아도 이야기를 만들어내는 것은 언제나 효과적인 액체적 사고의 훈련 방법이죠. 어떻게 이야기를 전개할지 모른다는 그 의외성과 다양성, 그리고 조건과 맥락을 파악해서 뒤를 이어간다는 상황 파악력이 전부 다 연습되는 것이니까요.

④ 다양한 창의적 활동 : 조금은 현대적 방법

시대 환경이 조금 바뀌면서 아이들의 관심이나 놀이 방법도 바뀌었죠. 이런 시대에 역할놀이나 스토리 잇기 같은 정통적인 방법도 좋지만 좀 더 아이들의 흥미를 끌 방법이 필요하기도 합니다.

최근 아이들의 가장 큰 관심사는 영상입니다. 릴스 같은 영상은 찍기도 쉽고 올리기도 쉽다 보니, 영상 소비뿐 아니라 생산에도 관심이 있죠. 영상에 익숙한 아이들은 영상에 나오는 것도 두려워하거나 쑥스러워하지 않습니다. 아이들의 장래희망 상위권에서 움직이는 게 유튜버잖아요.

그런 꿈을 연습시켜주면서 자연스럽게 아이를 훈련할 수 있습니다. 늘 그렇듯 놀이를 빙자한 훈련인데요, 영상을 찍어보는 것이 미션이 되는 것입니다. 콘텐츠를 만드는 것은 그야말로 종합적인 사고와 종합적인 능력을 요구해요.

앞서 책에 대한 리뷰 영상을 만드는 방식으로 유도해본다고 했는데, 마찬가지입니다. 하지만 지금은 액체적 사고를 훈련하는 스테이지니 콘텐츠의 내용을 다양하게 구성해보고 그것을 실현하기 위해 다양한 방법을 취하면서 유연한 생각 훈련을 하자는 것입니다.

먼저 아이와 같이 어떤 영상을 찍을지 장르를 정합니다. 이 과정에서 여러 가지 아이디어가 나오기도 할 것입니다. 아이가 생각보다 흥미가 없다면 일단 부모가 접근하기 쉬운 영상을 찍는 것이 좋습니다.

영상을 찍는 것은 협업이 많이 필요한 일이잖아요. 대본을 쓰는 과정을 아이와 공유해도 좋고, 아이가 PD 역할을 하고 부모가 출연자가 되어도 좋습니다. 물론 아이가 출연하는 것이 가장 베스트이긴 합니다. 말하는 연습까지 같이 되니까 말이죠.

?.... 액체적 사고를 가진 사람에게는
오히려 즐거운 가속의 시대

명확한 답이 있는 시대에는 고체적 사고가 주류가 되었지만, 답이 유동적이고 끊임없이 변하는 시대에는 그에 따른 액체적 사고가 더 필요합니다. 열린 시각으로 주위를 바라보고, 무엇이든 가능하고 무엇이든 대안이 될 수 있다는 열린 생각의 자세가 필요하죠. 그래야 다양한 가능성을 볼 수 있고, 그에 따라 문제의 해결책을 찾을 수 있을 것입니다.

자신이 다 알고 있다는 생각만큼 위험한 것도 없습니다. 그런데 자신이 해봤으니 경험상 분명하다는 생각도 그에 필적할 만한 위험한 생각이긴 하네요. '그럴 수도 있겠다.'라는 생각이 필요합니다. 자신이 틀릴 수도 있다는 가능성을 인정해야 액체적 사고가 원활하게 작동할 수 있고요, 이런 액체적 사고가 자연스럽게 흘러야 빠르게 변하는 초가속의 시대에 쾌활하게 적응하며 살아남을 수 있을 것입니다. 오히려 액체적 사고를 가진 사람에게는 이 빠른 시대가 즐거울 수도 있겠네요.

5

AI보다 인간이 잘할 수 있는 유일한 것
: 기체적 사고

?.... 인간의 커뮤니티 능력

AGI는 Artificial General Intelligence의 약자로 범용인공지능, 일반 인공지능, 강인공지능 정도로 번역할 수 있습니다. 사람처럼 생각하고 작동하는, 인간의 뇌를 닮은 인공지능을 말하는 것입니다. 그동안의 AI는 ANI였습니다. Artificial Narrow Intelligence의 약자로 제한적 인공지능, 혹은 약인공지능이라고 부릅니다. 제한된 목적, 한정된 용도로 인공지능이 작동한 거죠. 알파고는 바둑을 두는 데 특화되었고, ChatGPT는 처음에 텍스트 생성에 특화된 인공지능이었어요. 운전에 특화된 것도 있고, 그림을 그리는 데 특화된 것도 있습니다. 그런데 AGI는 인간처럼 이 모든 것을 다 할 수 있는 인공지능을 말해요. 사람처럼 다양한 분야를 포괄적으로 스스로 학습하고 추론할 수 있는 인공지능이죠. 인공지능의 두뇌인 GPU를 만드는 기업 엔비디아의 CEO 젠슨 황은 2029년이면 이 AGI의 시대가 열릴 것이라고 전망하기도 했습니다.[58]

지금 인간에게 충격을 주고 있는 인공지능은 아직 ANI예요. 그런데도 수많은 일자리가 대체되고, 인간의 존재 이유가 사라질 것이라는 예측이 나오는데, AGI 시대가 되면 그야말로 인간의 경쟁력은 어디서 찾아야 할지 막막하기만 합니다. 이때가 되면 고체적 사고뿐만 아니라 액체적 사고까지도 AI가 훨씬 더 잘 수행하면서 인간의 경쟁력을 압도할 수 있습니다.

하지만 AI가 아무리 발달해도 하지 못하는 것이 있습니다. 1+1=3이라는 계산입니다. AI는 어떻게 해도 1+1=2가 나올 것입니다. 하지만 사람은 커뮤니티라는 무기가 있습니다. 사람과 사람이 만나서 시너지를 내고 합계 수치 이상의 능력을 발휘하게 됩니다. 1+1=3이 되는 게 인간의 커뮤니티 능력이죠.

신체적으로 사자나 곰, 늑대에게 뒤지는 인간이 지구상 최상위 포식자가 된 무기로, 학자들은 커뮤니티 조직 능력을 뽑습니다. 네안데르탈인과의 경쟁에서 사피엔스 종이 이긴 이유도 커뮤니티 조직 능력에 있다고 합니다. 네안데르탈인은 기껏해야 20~30명의 커뮤니티 조직이 고작이었던 반면에 사피엔스는 훨씬 대규모의 협동이 가능한 조직 체계를 가졌다는 것이죠.《사피엔스》에서 유발 하라리는 종교, 돈, 국가 같은 무형의 가치로 수천만 명 이상의 사람을 커뮤니티로 묶어낼 수 있는 능력이 인간의 최고 경쟁력이라고 분석하기도 했습니다.[59]

AI 시대에도 인간의 커뮤니티 조직 능력은 AI가 따라 할 수 없는 것입니다. AI들은 커넥팅은 되어도 협력이나 협업이라는 개념은 없습니다. 타인을 위한 배려, 희생이라는 개념 역시 마찬가지죠. 그렇기 때문에 관계의 사고, 소셜적인 사고는 AI로서는 흉내 낼 수 없는 것입니다. 자의적인 판단에 따라 다른 개체를 위해 희생하는 AI는 있을 수 없거든요. 그런 것처럼 보일 수는 있어도 그건 AI의 알고리즘일 뿐입니다.

그래서 이런 사고를 기체적 사고로 부를 수 있습니다. 크기 제한도 없고 형태 제한도 없습니다. 엄청난 부피를 가질 수도 있고, 폭발적인 힘을 가질 수도 있습니다. 인간만이 보여줄 수 있는 사고가 바로 기체적 사고입니다. 어려움을 겪을 때 동료들을 의지하고, 동료들에게 기대는 것이 그 어려움을 헤쳐나가는 힘이 되곤 하죠. 가족의 사랑은 죽고 싶을 만큼 힘든 상황도 견디게 하는 이유가 되기도 합니다. 기체적 사고는 감성적인 사고이기도 한데요, 그러한 감성이 사람 사이의 관계에서 발생하는 감정에 관한 것이라서 조금 더 포괄적으로 관계적 사고라고 말하는 것입니다.

서로 위해주고 도와주고 어려울 때 지탱이 되어주는 힘, 그건 인간

기계와 맞서는 인간 커뮤니티의 힘.

만이 가질 수 있는 힘입니다. 〈터미네이터〉나 〈매트릭스〉 같은 영화를 봐도 압도적인 기계의 힘에 맞서 싸울 수 있는 것은 인간이 연대하는 힘이거든요.

?.... 인간만의 장점과 경쟁력이 발휘되는 기체적 사고

AI 시대에 인간만의 장점과 경쟁력은 바로 기체적 사고에서 나올 것입니다. 이 기체적 사고는 소셜 스킬Social Skills에서 발휘됩니다. 소셜 스킬이란 대인 관계와 사회생활에서 요구되는 다양한 의사소통 및 대인 능력을 말합니다. 이는 타인과 원만하게 상호작용하고 긍정적인 관계를 형성하는 데 필수적인 기술입니다.

소셜 스킬에는 여러 가지 요소가 포함되는데, 말하기, 경청하기, 비언어적 의사소통 등의 의사소통 능력이 기본이죠. 그리고 타인의 감정을 이해하고 공감하며, 갈등을 해결하고 협상하는 대인 관계 기술이 필요합니다. 상황에 맞는 적절한 행동을 판단하고 규칙과 규범을 존중하는 사회적 인식과, 스트레스와 충동을 조절하고 자신의 감정을 인식하고 표현하는 자기관리 능력도 필요합니다.

좋은 소셜 스킬을 갖추면 대인 관계에서 효과적으로 소통하고 문제를 해결할 수 있습니다. 그리고 직장, 학교, 가정 등 다양한 커뮤니티 환경에서 원활한 상호작용이 가능해집니다. 또한 리더십, 팀워크, 네트워킹 등의 측면에서도 큰 이점이 있죠. 이러한 소셜 스킬을 발달시키기 위해 필요한 기체적 사고의 구체적 형태로는 다음과 같은 것이 있습니다.

① 공감적 사고 Empathic Thinking

공감적 사고는 소셜 스킬을 발전시키기 위한 핵심적인 사고방식입니다. 공감이 있어야 타인의 감정과 관점을 이해하고 받아들이려고 노력하게 되거든요. 공감적 사고를 통해 우리는 대인 관계에서 더 깊이 있는 이해와 연결을 경험할 수 있습니다.

공감적 사고는 단순히 타인을 동정하거나 연민하는 차원을 넘어섭니다. 이는 상대방 입장에서 진정으로 이해하고 공유하려는 의식적인 노력을 의미합니다. 이러한 공감적 사고는 개인의 소셜 스킬 향상뿐 아니라, 대인 관계, 팀워크, 사회 통합을 이끌어낼 수도 있습니다. 그래서 공감적 사고는 리더십과 팀워크에 긍정적인 영향을 미칩니다. 구성원 개개인의 입장을 이해하고 배려할 때, 더욱 효과적인 의사소통과 협력이 가능해집니다. 이를 통해 팀의 성과와 조직의 리더십이 향상될 수 있습니다.

그리고 공감적 사고는 개인의 정서 지능을 발달시키기도 합니다. 자신과 타인의 감정을 인식하고 이해하는 능력은 정서 지능의 핵심 요소입니다. 공감적 사고를 통해 정서 지능이 향상되면, 스트레스 관리와 대인 관계 기술 등에서 큰 이점을 얻을 수 있어요.

② 상황 인식 사고 Situational Awareness Thinking

상황 인식 사고는 주변 상황과 맥락을 잘 파악하고, 그에 맞는 적절한 행동과 대응을 할 수 있는 유연한 사고방식입니다. 이는 소셜 스킬을 발전시키는 데 매우 중요한 요소가 되죠. 상황 인식 사고가 부족하면 부적절한 언행으로 관계에서 갈등과 오해가 발생할 수 있기 때문입니다.

만약 갈등이 생겼다면 상황 인식 사고는 이 갈등 상황에 현명하게 대처할 수 있게 해줍니다. 상황을 면밀히 파악하고 핵심 쟁점을 이해한다면, 더 건설적이고 생산적인 해결책을 도출할 수 있거든요.

또한 상황 인식 사고는 리더십과 팔로워십에 핵심적입니다. 리더는 상황을 정확히 판단하여 적절한 의사결정을 하고 조직을 지휘할 수 있어야 합니다. 반대로 팔로워 역시 상황을 잘 인식하여 리더의 지시를 이해하고 따라야 합니다.

상황 인식 사고를 통해 우리는 상황에 맞는 적절한 태도와 행동을 취할 수 있습니다. 이는 대인 관계에서 오해와 갈등을 최소화하고, 효과적인 의사소통과 협력을 가능케 합니다. 또한 문화 간 존중과 창의적 문제해결에도 기여할 수 있습니다. 특히 다양성이 증가하고 변화가 가속화된 현대 사회에서 상황 인식 사고는 필수적인 소셜 스킬이라고 할 수 있습니다.

어떤 맘카페의 게시판 유료수업에 아이가 들어갔는데, 같이 수업을 듣던 다른 아이 하나가 계속 질문을 해서 처음엔 똑똑한 아이인가 보다라고 생각했는데, 계속 손들고 질문하고 이야기해서 전체 수업이 방해를 받았다는 이야기가 올라왔더라고요. 이에 대해 다른 학부모의 반응은 어떤가 궁금해서 댓글을 보니까, 모두 선생님 혹은 부모의 잘못이라는 반응이었어요. 심지어 '부모가 개차반'이라는 표현까지 등장하더라고요. 어떤 분은 자신이 아는 엄마는 자식이 그렇게 질문을 해 선생님에게서 잘난 척 그만하라는 말까지 들었는데, 그 아이의 엄마는 아이가 똑똑하다고 자랑스러워했다면서 부모의 문제를 슬쩍 지적하기도 했고요.

이 아이에게는 액체적 사고까지는 있어도 기체적 사고가 형성이 안된 거죠. 그게 눈치와는 다른 것입니다. 상황 인식을 하고, 지금의 상황은 질문이 있어도 참았다가 끝나고 따로 선생님께 물어보는 것이 좋겠다는 사고까지는 못 하는 거예요. 그러니 이 아이는 처음에만 똑똑해 보이고, 조금 지나면 오히려 집단에서 배제당하기도 해요. 기체적 사고가 덧붙여져야 한 사람의 똑똑함이 완성되는 것입니다.

③ 성찰적 사고 Reflective Thinking

성찰적 사고는 자신의 경험과 행동, 그리고 그 결과를 돌아보고 깊이 숙고하는 사고 과정을 말합니다. 성찰적 사고를 통해 우리는 자신의 강점과 약점을 인식하고, 대인 관계에서의 실수와 개선점을 파악할 수 있기 때문입니다. 그래서 자신을 객관적으로 파악한다는 의미에서 메타인지적 사고라고 할 수도 있습니다. 이러한 성찰적 사고는 자기 인식과 자기 이해를 높여줍니다. 자신의 행동과 생각, 감정을 면밀히 관찰하고 분석함으로써 자기 자신에 대한 이해의 깊이가 더해집니다.

또한 성찰적 사고는 대인 관계 역량을 강화해줍니다. 특정 상황에서 자신의 언행이 상대방에게 어떤 영향을 미쳤는지 돌아봄으로써, 대인 관계에서의 실수와 개선점을 파악할 수 있습니다. 이를 바탕으로 의사소통 기술과 갈등 관리 능력을 계발할 수 있습니다.

성찰적 사고는 공감 능력과 개방적 사고를 기르는 데 도움이 됩니다. 자신의 경험과 행동을 객관적으로 바라볼 때, 타인의 입장에 대한 이해도 또한 높아질 수 있습니다. 이를 통해 다양성에 대한 인정과 수용의 자세를 갖추게 됩니다.

성찰적 사고는 단순히 과거를 돌아보는 데 그치지 않습니다. 이를 통해 우리는 현재를 더 명료하게 이해하고, 미래를 위한 구체적인 행동 계획을 세울 수 있습니다. 성찰적 사고는 자기 인식, 대인 관계 역량, 지속적 성장, 의사결정 능력, 공감과 개방성 등 소셜 스킬의 핵심 요소들을 발전시키는 데 기여합니다.

④ 존중과 포용의 사고 Mindset of Respect and Inclusion Thinking

존중과 포용의 사고는 타인의 다양성과 개성을 인정하고 수용하려는 열린 자세를 의미합니다. 이는 소셜 스킬을 발전시키는 데 매우 중요한 요소입니다. 왜냐하면 대인 관계에서 상호 존중과 포용이 바탕이 되지 않는다면 원활한 소통과 협력이 어려워지기 때문입니다.

존중과 포용의 사고는 편견과 차별을 해소하는 데 기여합니다. 우리는 종종 선입견과 고정관념으로 타인을 단정 지어 판단하거나 배제합니다. 하지만 존중과 포용의 자세로 열린 마음을 갖는다면, 개인의 차이와 다양성을 인정하고 포용할 수 있게 됩니다.

그리고 존중과 포용의 사고는 대인 관계의 질을 높여줍니다. 상대방을 진정으로 존중하고 인정할 때, 신뢰와 이해의 폭이 넓어집니다. 이를 바탕으로 더 긍정적이고 생산적인 관계를 구축할 수 있습니다.

존중과 포용의 사고는 구성원 간 화합과 단결력을 높여줍니다. 서로 존중하고 포용하는 분위기에서는 갈등이 줄어들고 팀워크와 협력이 향상됩니다. 이를 통해 조직 내 결속력과 시너지 효과를 기대할 수 있습니다.

존중과 포용의 사고는 단순히 타인을 인정하고 받아들이는 데 그치지 않습니다. 이는 진정으로 상대방의 가치와 존엄성을 인정하고, 더나아가 그들의 참여와 기여를 적극적으로 수용하려는 자세를 의미합니다. 이러한 사고방식은 개인의 성장과 발전은 물론, 대인 관계, 팀워크, 창의성, 화합 등 사회 전반에 긍정적인 영향을 미칠 수 있습니다. 따라서 존중과 포용의 사고는 필수적인 소셜 스킬이자, 더 나은 사회를 만들어가는 원동력이라고 할 수 있습니다.

?.... 기체적 사고 형성의 방법들

기체적 사고는 함께 살아가는 지혜에 대한 이야기라고 할 수 있는데, 여기에서 리더십이라든가 집단을 이끄는 힘도 파생되는 것입니다. 그리고 사람들 간의 관계 안에서 다른 사람을 배려하는 사고는 인성과도 연결되는 것입니다.

인성의 가장 기본 바탕에는 상대방의 입장에서 생각하기가 깔려 있거든요. 제가 몇 년 전에 YG 엔터테인먼트에서 아이돌 연습생 인성교육을 의뢰받았다고 했잖아요. 가장 어린 초등학교 5학년에서부터 가장 나이 많은 20세 초반 친구들까지 남·녀 연습생 30~40명의 인성교육을 해야 했는데, 신인개발팀 담당자와 상의한 끝에 독서를 바탕으로 한 교육을 디자인했죠.

인성교육의 핵심은 다른 사람 입장에서 생각할 수 있느냐인데, 그것을 간접적으로 가능하게 하는 것이 독서니 기본적으로 책을 중심에 놓고 교육하자는 것이었습니다. 그래서 아이들과 같이 《연금술사》, 《어린왕자》, 《데미안》, 《오멜라스를 떠나는 사람들》 등을 읽으며 여기 나오는 캐릭터들의 입장과 생각을 대신 해보는 시간을 가졌어요. (그때 YG에 효과적인 아이돌 연습생 필독서를 뽑아드렸는데, 지금도 그 목록이 남아 있는지 모르겠네요.)

책을 통해서 간접적인 상대방의 입장 이해하기가 가능하다면, 역할놀이 같은 것은 직접적인 상대방 입장 이해하기가 될 것입니다. 앞서 액체적 사고를 훈련할 수 있는 놀이를 언급하며 유연하게 생각을 바꿀 수 있는 방법으로 역할놀이에 대한 이야기를 했는데, 직접적인 상대방 입장 이해하기라는 측면에서 이 역할놀이는 기체적 사고 형성에도 매우 훌륭한 도구가 될 것입니다.

역할놀이를 통해 아이의 인성교육을 할 수 있는 방법은 다음과 같습니다.

① 상황 설정하기

아이의 사회생활 속 다양한 인간관계 상황을 설정합니다. 친구와 싸운 것, 선생님과의 대화, 남의 물건 빌리기, 친구를 놀린 일 같은 것이죠. 그리고 가정에서 일어날 수 있는 대인 관계 상황도 활용할 수 있습니다. 형제간, 자매간 다툼이나, 부모님께 말대꾸하는 것 등입니다. 그리고 이왕이면 아이가 실제로 경험한 일화를 소재로 삼으면 더 공감하고 몰입하기 쉬울 것입니다.

② 역할 분담하기

상황에 등장하는 인물의 역할을 아이에게 분담합니다. 그리고 가족 구성원들도 역할을 나눠 받습니다. 이 역할은 부모와 자녀 외에도 형제, 조부모 등 다양한 역할을 연기해볼 수도 있습니다.

③ 역할놀이 전에 몰입도 높이기

각 역할이 어떤 상황에 처해 있는지, 어떤 감정을 가지고 있을지 등을 사전에 이야기하고 구체적으로 설정해서 몰입도를 높입니다. 역할놀이가 일어날 장소를 설정하고 적절한 소품을 활용해 몰입도를 높일 수도 있고요, 배경음악, 조명 등을 이용해 분위기를 낼 수도 있습니다. 중요한 부분은 너무 장난스럽게 하면 훈련의 효과가 반감되는 만큼 적당히 진지함이 있어야 한다는 것이죠.

④ 역할놀이 진행하기

아이에게 역할에 맞게 대사와 행동을 자유롭게 연기하도록 합니다. 전반적으로 부모가 진행자가 되어 상황을 이끌어가며, 아이가 자유롭게 연기하도록 합니다. 아이의 연기가 지나치게 과하거나 부족한 경우, 몰입이 깨질 수 있으니 적절한 선에서 이끌어주어야 합니다. (그런데 아마 아이 연기가 자연스럽고 부모 연기가 어색할 가능성이 더 크기는 합니다.)

⑤ 녹화하여 피드백하기

안 해도 되지만 재미와 정확성을 위해 역할놀이 장면을 휴대폰으로 녹화해보는 것도 좋습니다. 그러면 조금 더 진지하게 임하게 될 거예요. 그리고 역할놀이가 끝난 후 아이와 함께 시연 내용에 대해 피드백하고 토론하는 것이 좋은데, 녹화 영상이 있으면 이 부분이 좀 더 쉬워지겠죠. 단 자신의 연기를 마주해야 한다는 용기가 필요하므로 무리다 싶으면 영상은 포기해도 좋습니다. 다만 피드백 부분은 필요한데요, 역할놀이를 하면서 느낀 점을 아이와 함께 이야기합니다.

⑥ 역할 교체하기

동일한 상황에서 역할을 교체하여 다른 관점에서 바라보게 합니다. 이것은 타인의 입장에서 생각해볼 수 있는 기회를 제공한다는 면에서 바람직합니다. 방금까지 친구에게 물건을 빌려야 되는 아이가, 바로 빌려줘야 되는 아이가 되어본다는 것은 두 가지 상황에서 일어나는 생각을 비교 분석해볼 수 있다는 거거든요. 이를 통해 다양한 관점에서 상황을 바라보는 연습도 하게 되는 것입니다.

⑦ 실제 적용하기

역할놀이에서 배운 점을 실제 생활에서 어떻게 적용할 수 있을지 아이와 의견을 나눕니다. 그리고 구체적인 실천 방안을 세워 일상에서 인성교육이 지속되게 합니다. 그러면서 부모가 아이의 실천 사례를 지속적으로 관찰하고 격려합니다.

이러한 역할놀이의 단계를 모두 다 할 필요는 없지만, 핵심이 되는 것은 다른 사람의 역할을 연기하면서 그 심정을 느껴보며 공감하는 것으로 그에 대한 자신의 느낌과 평을 나누는 단계는 꼭 필요하고, 일상에서의 실천으로 이끄는 단계도 이왕이면 필요합니다.

역할놀이를 통해 아이는 대인 관계에서 발생할 수 있는 여러 상황을 간접적으로 경험해볼 수 있습니다. 다양한 역할을 수행하며 타인의 입장에서 생각해보고 적절한 행동을 익힐 수 있습니다. 또한 피드백과 토론을 통해 반성과 성찰의 기회를 갖게 됩니다. 이런 과정에서 공감 능력, 의사소통 능력, 문제해결력 등 인성 핵심 역량을 자연스럽게 기를 수 있습니다.

6

삼상 사고를 하나로 묶어내는
사실상의 핵심 능력

?.... 에디팅 능력

고체적, 액체적, 기체적 사고인 삼상 사고를 도식적으로 나타내기 위해 피라미드나 벤 다이어그램 모양을 나타냈지만, 이 사고들이 그렇게 도식적으로 분명히 나뉘지는 않습니다. 그리고 중요한 것은 이 사고들을 간섭하고 조정하고, 결국에는 최종 결정을 짓는 핵심 능력은 따로 있다는 것입니다.

사고라는 것이 언제 어디서나 똑같은 모습으로 적용될 수는 없습니다. 이성적인 판단이 필요한 일에 공감 능력이 먼저 발휘되어서는 안되고, 유연하게 사고해야 하는 일에 팩트만 고집해서는 안 될 것입니

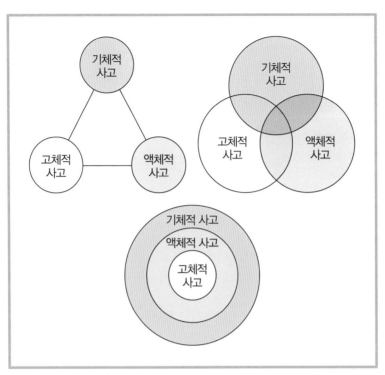

미래 시대 필요한 세 가지 사고.

다. 그래서 이 사고들을 필요할 때 적절히 매치하는 능력이 플러스로 요구되는 것입니다. 그것이 바로 에디팅Editing 능력입니다. 가장 왼편의 그림처럼 벤 다이어그램의 각 요소를 선으로 이어주는 역할을 하는 것이 에디팅 능력인데요, 이 선들은 각 사고 요소의 크기와 위치를 조정해서 때때로 가운데 그림과 오른쪽 그림처럼 여러 가지 형태로 만들어주기도 하죠.

에디팅은 편집이죠. 원래는 책이나 잡지, 뉴스, 영상 등을 만들 때 나오는 용어입니다. 뉴스로 치면 기사를 기획하고 이를 취재해 온 내용을 자르고 다듬어 프로그램에 맞게 포장하고 배열하는 것까지 에디팅이라고 합니다.[60] 조금 더 사전적인 의미로는 언론, 문학, 출판, 음악, 영화 등에서 문자, 그림, 소리 등을 수집 및 분류하여 전달하고자 하는 내용을 정리하는 작업을 에디팅이라고 합니다.[61]

에디팅 능력의 구성 요소를 구체적으로 분석해보면 제일 먼저 콘텐츠 이해력이 있습니다. 원본 콘텐츠의 핵심 메시지와 의도를 정확히 파악하는 능력이죠. 그리고 비판적 사고력도 필요한데요, 콘텐츠의 논리성, 일관성, 완성도 등을 객관적으로 평가할 수 있는 능력입니다. 언어적 감각 혹은 시각적 감각도 있어야 합니다. 언어, 이미지, 사운드 같은 표현수단을 효과적으로 활용하여 메시지를 전달할 수 있는 감각인 것이죠. 그리고 구조화 능력도 필요한데, 콘텐츠의 전체적인 구조와 흐름을 체계적으로 조직하는 능력입니다. 콘텐츠의 완성도를 높이기 위해 참신하고 독창적인 아이디어를 발휘하는 창의력도 필요한 능력입니다.

에디팅은 정말 종합적인 능력이에요. 에디터는 이런 다방면의 능력을 갖추고 원본 콘텐츠를 개선하여 더 명확하고 매력적인 최종 결과물로 가공합니다. 훌륭한 에디팅 능력은 콘텐츠의 완성도와 전달력을 크게 높일 수 있어요.

이렇게 보니 삼상 사고를 조율하는 힘으로 에디팅 능력이 필요한 이유가 명확하게 드러납니다. 내용을 다듬고, 순서를 정하고, 정리하고, 포장하는 것이 에디팅인데, 우리가 기본적으로 가진 고체적 사고로서의 객관적인 정보나 데이터, 그리고 액체적 사고로서의 다양한 관점이나 인사이트, 기체적 사고로서의 공감과 감성의 내용을 필요와 조건에 맞춰 적당히 취사선택하고 연결하여 다듬어서 적재적소에 배치하고 활용하는 것이 바로 에디팅인 것이죠.

?.... 생각의 에디팅의 첫 번째 단계

생각의 에디팅이란 모아놓은 생각을 효과적으로 배치하고 활용하는 것인데, 이것을 더욱 효과적으로 할 수 있는 방법이 있죠. 그중 몇 가지를 소개할 텐데요, 아이와 함께 한다는 면에서 원래의 기법보다는 조금 더 쉽게 할 수 있게 소개해드리겠습니다.

생각의 에디팅을 하는 가장 첫 번째 단계는 생각을 메타인지하는 것입니다. 생각을 객관적으로 정리하고 이해하는 것인데요, 기존에 생각정리 툴이라고 소개된 방법들은 대부분 생각을 나열하고 그것을 한눈에 보기 좋게 배열하는 방법이예요. 그러니 에디팅의 한 부분임은 분명하지만, 에디팅의 전부는 아니고 에디팅의 시작인 것이죠. 따라서 '생각의 에디팅' = '생각정리'는 아니라는 것입니다.

① 저널링 Journaling

생각을 나열하는 것이 바로 저널링입니다. 저널링은 자신의 생각, 감정, 경험 등을 글로 기록하는 방식입니다. 가장 비슷한 기록이 일기라고 생각할 수도 있습니다. 일기와 조금 다른 점은 일기가 일어난 일, 경험, 사실의 기록이 주라면, 저널링은 그 일에 대한 해석, 생각의 나열이라고 할 수 있죠.[62] 하지만 일기에도 풍부한 감성과 자기에게 막말한 사람에 대한 느낌을 매우 부정적인 해석으로 적어놓기도 하니까, 사실 일기와 저널링에 본질적인 차이가 있는 것은 아닙니다. 다만 기록의 초점을 '이왕이면 생각이나 해석으로 가져가자'라는 의미로 이름을 달리 부른다고 생각해도 좋습니다.

그런데 일기 하면 떠오르는 것은 열쇠가 달린 일기장 같은 거잖아요. 반면에 저널링 하면 떠오르는 것은 디지털 노트앱입니다. 에버노트, 노션, 원노트 같은 도구죠. 그만큼 저널링은 공식적이고 공유적인 느낌이죠. 그런 면에서 보면 블로그나 SNS에 자신의 일상, 그리고 그에 따른 생각과 감상을 기록하는 것도 하나의 저널링이라고 볼 수 있습니다.

저널링을 꾸준히 실천하면 우선적으로 생각을 정리할 수 있어요. 통찰의 전 단계가 바로 생각정리거든요. 그리고 부정적 감정도 기록으로 적어서 표현하면 그 스트레스가 조금 경감되기도 합니다. 술 한잔 하면서 친구에게 하소연하는 것만으로도 스트레스가 어느 정도는 해소

되는 것처럼 말이죠. 그리고 기록을 하다 보면 한발자국 떨어진 객관적 시선을 갖게 되고, 그 거리감 덕분에 바짝 붙어 있을 때는 안 보이던 새로운 아이디어가 보일 수도 있어요.

그런 면에서 SNS와는 다르죠. SNS는 다른 사람에게 보이기 위해 삶을 과장하는 면이 있는 반면에 저널링은 나를 보기 위한 작업이니까, 자신의 삶을 주관적이지만 주의 깊게 들여다보게 됩니다. 그래서 삶을 꾸준히 기록한다고 생각하는 인플루언서와 구분하기 위해 저널링이라는 다른 용어가 필요한 거고요.

아이에게 저널링을 권한다면 다음의 단계가 효율적일 듯합니다.

1단계 : 저널링의 목적과 이점 설명하기

저널링은 생각과 감정을 정리하고, 자기 성찰을 돕는 활동임을 알려줍니다. 그리고 글쓰기 실력 향상에도 도움이 되고, 때로는 스트레스 해소나 자신의 목표를 이루어내는 데 큰 도움이 될 것이라는 점을 알려줍니다. 무엇보다 어른들이 하는 생각정리 방법이라는 것을 알려주면서 일기와 다르다는 것을 강조해야 해요. 일기를 쓰라고 하면 반발하기도 하니까요.

2단계 : 저널링 방식 가이드하기

저널링에 사실 정해진 형식은 없습니다. 자유롭게 쓰면 되는데요,

아이에게는 이 형식 없음이 무척 큰 압박일 수도 있어요. 그래서 몇 가지 형식을 정해줄 수도 있죠. 오늘 하루 있었던 일 중에 감정적으로 가장 인상 깊었던 일에 대해서 쓴다든가, 오늘 한 생각 중에 재미있거나 특이했던 생각을 적는다든가 하는 식으로 말이죠. 그러면 저널링을 하기 위해서라도 아이는 자신의 하루에서 생각을 찾아내려고 평소에도 자신의 생각을 들여다보게 됩니다.

이렇게까지 진지하게 접근하지 않더라도 하나의 주제에 대해 생각을 쓰는 식으로 저널링을 할 수도 있고, 매일 하나의 질문을 자기가 하든 부모가 하든 하게 해서 그 질문에 대한 생각을 쓰는 식으로 아카이브(기록물을 선별하여 보관하는 장소, 또는 그 기록물 자체를 이르는 말[63])를 만들어가는 방법도 있어요.

3단계 : 주제 제안하기

부모가 아이에게 주제를 제안해야 한다면 먼저 쉽게 접근할 수 있는 주제부터 시작하는 것이 좋습니다.

- 오늘 있었던 즐거웠던 일. 어떤 점이 좋았는지?
- 내가 좋아하는 것.
- 내가 가장 좋아하는 장난감/물건.
- 우리 가족과 함께 가고 싶은 여행지.

- 내가 잘했다고 칭찬받고 싶은 일.
- 좋아하는 동물과 그 이유.
- 노는 게 제일 좋은 이유.
- 가족들이 나를 사랑하는 이유.

이렇게 아이가 쉽게 접근할 수 있는 주제로 생각을 꺼내고 정리하고 기록하는 연습을 하게 하는 것이죠. 처음에는 '그냥' 같은 이유를 대던 아이가 저널링이 계속될수록 꽤 분명하게 생각을 꺼내는 모습을 보게 될 거예요. 아이가 생각이 없었던 것이 아니라, 그 생각을 뚜렷하게 정리하고 표현하는 훈련이 안 되었던 것뿐이거든요.

4단계 : 일정한 루틴 만들기

가장 중요한 것은 저널링을 일종의 루틴으로 만들어야 한다는 것이죠. 매일 하기 어렵다면 매주 토요일 하는 식으로 주기적으로 정해진 시간에 저널링을 하도록 유도합니다. 그것이 습관의 시작이거든요. 습관이 생기면 아이가 스스로 저널링을 하게 될 것입니다.

5단계 : 피드백과 격려하기

아이는 부모의 관심을 주식으로 먹고, 칭찬은 간식으로 먹으면서 자랍니다. 이 두 가지를 제대로 공급하지 않으면 아이는 영양(애정) 결핍에 시달리게 돼요. 아이의 저널을 읽고 마음에 안 드는 부분이 있더라도 일단은 공감과 칭찬의 피드백을 해줍니다. 한 게 어디예요. 그리고 피드백을 할 때는 지금도 좋지만 이렇게 하면 조금 더 좋을 것 같다는 식으로, 비판적 자세가 아니라 같이 개선점을 찾아가는 동료의 자세로 접근하는 것이 좋습니다. 아이는 부모의 보호 아래 자라야 하기 때문에 DNA 자체에 부모의 태도에 매우 민감한 성질이 들어 있어요. 아이가 기가 막히게 부모의 눈치를 잘 볼 때가 있죠. 태생적인 것입니다. 그러니 아이의 결과물이 성에 차지 않더라도 성내지 말고, 진정으로 칭찬하고 격려하는 마음을 유지해야 합니다. 성불한다는 마음을 가지세요. 다시 한번 말하지만 한 게 어딥니까.

② 마인드맵

생각을 꺼내서 나열하는 것은 분명히 생각을 수면 위로 드러내는 과정이기 때문에 생각정리에 도움은 되지만 그 자체로 정리가 되는 것은 아닙니다. 실제 생각을 정리하는 툴은 그 생각을 분류하고 계열화하는 것이죠. 그 정리의 툴로 많이 소개되는 것이 마인드맵이나 만다라트 같은 방법입니다. 이런 툴을 생각의 툴이라고 소개하기도 하는데, 정확히는 생각의 툴이라기보다는 정리의 툴이라고 해야 합니다.

먼저 마인드맵부터 소개하면 이 방법은 영국의 기억력·공부법 전문가인 토니 부잔Tony Buzan이 1974년 개발한 생각정리 툴입니다. 중심에 핵심 주제를 적고 방사형으로 꼬리를 붙여서 그에 대한 부가 주제를 적습니다. 그리고 그 부가 주제에 다시 잔가지를 붙여 세세하게 설명하는 것이죠.[64]

중간의 주제에서 꼬리에 꼬리를 물고 내려오는 것이 도식적으로 한눈에 보이기 때문에 중요한 게 무엇이고, 조금 덜 중요한 게 무엇인지, 어떤 것이 먼저고 어떤 것이 그 하위 개념인지 직관적으로 파악됩니다. 마인드맵 마스터 가운데는 그림을 잘 그리는 분이 있어서 예쁜 그림으로 여백을 채우기도 하는데, 이렇게 되면 마인드맵 자체가 소장욕이 생길 만큼 아주 예뻐지거든요. 하지만 이것은 어디까지나 선택사항이어서 굳이 그렇게 할 필요는 없습니다. 핵심은 내용이지 그림은 아니니까요.

하지만 아이에게 마인드맵을 그리게 한다면, 아이는 그림 그리기를 좋아하니까 적절한 그림과 섞어서 만들게 하는 것이 흥미 유발과 지속적인 과제 해결을 유도할 수 있기 때문에 도움이 될 겁니다.

마인드맵의 예시로, 제 책《똑똑한 사람은 어떻게 생각하고 질문하는가》의 후기를 블로그에 마인드맵 형태로 그려주신 고마운 독자분이 계시더라고요. 염양이라는 닉네임을 쓰는 분인데, 그분이 그려주신 마인드맵을 가져와보았습니다.(210쪽)

이렇게 마인드맵은 하나의 주제에 대한 생각을 그냥 나열하는 것이 아니라 그 생각 사이의 위계를 정하고 어느 것이 주가 되고, 어느 것이

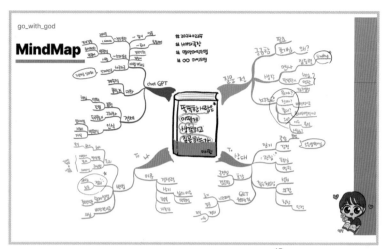

《똑똑한 사람은 어떻게 생각하고 질문하는가》를 마인드맵으로 정리한 것.[65]

부가 되는지 한눈에 파악할 수 있게 정리한 툴입니다. 무언가를 기억하거나 기록할 때, 할 일의 순서를 정하고 생각을 정리할 때 매우 유용한 툴이죠.

아이와 마인드맵을 하기 위해서는 생각을 나열하고 그 생각의 위계를 정하는 작업을 같이 해봐야 하고요, 그렇게 정리된 하나의 개념이 다른 개념을 끌고 오는 연습을 해봐야 합니다. 사실 이런 생각정리의 기술은 부모에게도 큰 도움이 될 겁니다. 육아에, 교육에, 여러모로 정신없이 해야 하는 일에 지치다 보니 자신의 생각을 정리할 틈이 없기도 했거든요.

③ 만다라트

일본의 마쓰무라 야스오Matsumura Yasuo가 개발한 사고 기법입니다. 도표를 다 그리고 나면 마치 연꽃이 만개한 모양 같다고 해서 연꽃만개법이라고도 불리고요, 또 이 모양이 불교의 만다라Mandala 형태와 유사하다고 해, 여기에 기법이나 기술을 뜻하는 아트Art라는 말을 붙여 만다라트Mandal-Art라고 부르기도 하죠.[66]

이 방법은 9개로 나뉜 9개의 정사각형이 3×3 형태로 배치된 그림으로 시작합니다. 총 81개의 정사각형이 있는 셈이에요. 그리고 가운데 있는 9개 정사각형의 한가운데 사각형에 주제를 쓰는 거죠. 그 주제는 꿈, 해결해야 하는 문제, 아이디어 등 다양합니다. 그리고 가운데 정사각형을 둘러싸고 있는 8개의 정사각형에 파생되는 하위 주제를 쓰는 것입니다. 해당 목표와 관련된 8가지 주요 활동이나 부목표 같은 것입니다. 그렇게 쓴 내용을 주변에 있는 8개의 정사각형 무더기 가운데 각각의 가운데 정사각형에 쓰고, 그 하위에 대해 생각나는 아이디어나 부목표를 달성하기 위해 필요한 구체적인 행동이나 계획을 해당 칸의 주변에 8개씩 추가합니다.

이 만다라트는 메이저 리그에서 투타 겸업을 하면서 그 가치를 인정받아 10년에 7억 달러 연봉을 받는 오타니 쇼헤이라는 야구 선수 덕분에 세계적으로 유명해졌습니다. 흔히 만찢남(만화를 찢고 나온 남자)이라는 별칭으로 불리는 오타니는 압도적인 야구 실력만큼 바른 생활과

몸 관리	영양제 먹기	FSQ 90kg	인스텝 개선	몸통 강화	축 흔들지 않기	각도를 만든다	위에서부터 공을 던진다	손목 강화
유연성	몸 만들기	RSQ 130kg	릴리즈 포인트 안정	제구	불안정 없애기	힘 모으기	구위	하반신 주도
스태미너	가동역	식사 저녁 7숟갈 아침 3숟갈	하체 강화	몸을 열지 않기	멘탈 컨트롤	볼을 앞에서 릴리즈	회전수 증가	가동력
목표 · 목적	일희일비 하지 않기	머리는 차갑게 심장은 뜨겁게	몸 만들기	제구	구위	축을 돌리기	하체 강화	체중 증가
핀치에 강하게	멘탈	분위기에 휩쓸리지 않기	멘탈	8구단 드래프트 1순위	스피드 160km/h	몸통 강화	스피드 160km/h	어깨 주변 강화
마음의 파도를 안 만들기	승리에 대한 집념	동료를 배려하는 마음	인간성	운	변화구	가동력	라이너 캐치볼	피칭 늘리기
감성	사랑받는 사람	계획성	인사하기	쓰레기 줍기	부실 청소	카운트볼 늘리기	포크볼 완성	슬라이더 구위
배려	인간성	감사	물건을 소중히 쓰자	운	심판을 대하는 태도	늦게 낙차가 있는 커브	변화구	좌타자 결정구
예의	신뢰받는 사람	지속력	긍정적 사고	응원받는 사람	책읽기	직구와 같은 폼으로 던지기	스트라이크 볼을 던질 때 제구	거리를 상상하기

오타니가 고교 시절에 작성한 만다라트.[67]

인성, 자기 절제와 관리 등으로도 유명한데요, 오타니가 그렇게 살 수 있었던 것은 고등학교 1학년 때 작성한 만마라트를 계속 지키며 살기 때문이라는 것이죠.

오타니의 만다라트에 보면 아래쪽에 있는 사각형 가운데에 '운'이라고 적혀 있고, 그 바로 위 칸에 '쓰레기 줍기'라고 되어 있잖아요. 엄청난 연봉을 받으면서 미국이나 일본, 심지어 한국에서도 화제의 중심에 있는 오타니는 지금도 '다른 사람이 무심코 버린 운을 줍는다는 생각으로'[68] 야구장에 떨어진 쓰레기를 줍습니다. 그런 선행들이 운을 불러온다는 믿음에 따라 작성한 저 만다라트의 실천 사항을 여전히 지키고 있는 것이죠.

이 만다라트 기법은 계획이나 꿈에 대해 실천 방법을 정리할 때 조금 더 유용합니다. 예를 들어 한가운데에 '인기 있는 유튜버 되기'를 써 놓았다고 하면, 8가지 세부 목표는 인기 있으려면 갖춰야 할 것이 있겠죠. 물론 그 전에 '채널 개설하기'가 있을 테고, '편집 배우기'도 중요한 8개 칸 중 하나를 차지하게 될 것입니다. 또 말을 잘하기 위해 훈련하기, 독서로 두뇌 채우기 이런 것도 한 칸씩 차지할 만하죠. 그러면 여기서 독서라는 키워드를 중심에 두고 8개 세부 목표를 세우는데, 도서관 다니기, 책 리뷰 SNS 하기, 하루에 10분 이상 책읽기 같은 구체적인 실천 방안이 나오겠죠.

부모 입장에서는 이 책을 읽고 아이의 생각의 능력과 질문의 힘을 키워주기 위해 무엇을 해야 할지 만다라트로 정리해보는 것도 좋습니다. 어차피 이 책에서 소개한 모든 방법을 다 할 수는 없으니, 그런 정리 과정에서 무엇이 더 우리 아이한테 필요하고, 어떤 것은 뒤로 미뤄도 될지 정리가 될 거예요.

그런데 부모도 그렇지만 아이와 함께 아이의 만다라트를 할 때는 81

개 빈칸을 한 번에 채우는 게 어려울 수 있거든요. 그러니 이것은 인생의 큰 계획을 세운다는 개념으로 시간을 들여 천천히 완성하는 것도 좋습니다.

④ 아웃라이너

마인드맵이나 만다라트는 나열된 생각을 한눈에 보기 좋게 만드는 것입니다. 그런데 보는 사람 입장에서는 생각보다 한눈에 안 들어오는 게 사실이고, 만드는 사람만 정리가 되는 경향이 있습니다. 그런 의미에서는 작성의 편이성이나 보는 사람도 한번에 이해시키기 용이하다는 점까지 더 장점이 있는 게 아웃라이너예요.

아웃라이너Outliner는 계층적 구조를 활용하여 생각을 체계적으로 정리하고 구조화하는 데 매우 효과적인 방법입니다. 주요 아이디어를 상위 수준에 두고 세부 내용을 하위 수준으로 펼쳐나가는 형태입니다. 조금 더 쉽게 생각하면 책의 목차 같은 것을 작성한다고 이해하면 됩니다. 이를 통해 전체적인 구조와 흐름을 파악하기 쉽고, 논리적인 사고를 할 수 있습니다.

메인 주제를 설정하고, 주요 아이디어를 최상위 레벨에 배치하죠. 그리고 세부 아이디어를 하위 레벨에 연결하는 겁니다. 동일 계층의 아이디어는 같은 레벨로 유지하고, 논문, 보고서, 책의 목차를 짜는 것과 비슷하다고 생각할 수 있는데요, 이 방법의 장점은 추가적인 항목을 덧붙이기가 쉽다는 것이죠. 그리고 세부 항목을 다시 세부화하기도 쉽고요. 단점은 앞의 마인드맵이나 만다라트같이 한눈에 들어오는 직관적 비주얼은 아니라는 것이죠. 그래서 아이와 함께 하기에는 앞의 방법들이 조금 낫지만, 시간을 절약하고 마인드맵이나 만다라트의 전 단계로 한번 아웃라이너를 실행해보는 것도 괜찮을 듯합니다.

⑤ AI로 작성하고 수정하기

우리가 마인드맵이나 만다라트, 아웃라이너 같은 기법에 대해 이야기하는 것은 그것의 결과물 때문이 아니라, 그것을 작성하는 과정에서 생각이 정리되고 위계에 따라 재배열되는 에디팅의 감각을 익히기 위해서입니다. 하지만 이런 연습이 전혀 안 되어 있다면 아이도 그렇고 부모도 이런 과정을 하나하나 해나가는 게 막막할 수도 있어요. 물론 이 과정을 거쳐야 훈련이 되기 때문에 해야 하는 과정이긴 하지만요.

그래도 처음에는 이 과정을 조금 쉽게 들어갈 수 있게 도와주는 방법이 있습니다. 최근에 생성형 AI의 발전으로 여러 가지 툴에서 AI가 도입되었는데, 생각정리 툴에도 AI가 도입되었거든요. 그래서 생성형 AI로 생각정리에 도움을 받아 결과물을 손에 쥔 다음 그 결과물을 수정하는 식으로 작성해보는 것도 좋습니다. 없는 것을 창조하는 것보다는 있는 것을 수정하는 게 훨씬 빠르니까요. 그리고 어쩌면 이것이 진정한 에디팅이고, AI 시대에 필요한 생각정리 방법인 듯해요. 생성된 결과를 수정하고 재배열해서 자신에게 의미 있는 결과를 만드는 것이지요.

여러 가지 툴이 나오고, 또 시간이 지나면 그 툴들이 추가되고 발전되기 때문에 툴을 하나하나 자세하게 설명하는 것보다는 하나의 대표적인 툴을 활용하는 법을 보여드릴게요. 다른 툴 역시 기본적인 모습이나 작동방법은 이와 다르지 않습니다. 제가 대표로 보여드릴 툴은 마인드맵을 자동으로 생성해주는 윔시컬입니다. www.whimsical.com으로 들어가면 됩니다.

간단하게 회원가입을 해도 되고, 구글 계정으로도 연계되니까 일단 계정을 만드세요. 그리고 들어가서 자신의 워크스페이스Workspace 이름을 명명하고 관심 있는 분야를 체크하면 바로 다음과 같은 화면을 만날 수 있습니다. 여기서 제일 위에 있는 Create New 버튼을 누르고 보드Board를 선택한 후에, 왼쪽의 도구 모음에서 가지 모양으로 되어 있는 마인드맵 버튼을 누릅니다. 이제 마인드맵을 만들 준비가 다 된 거예요.

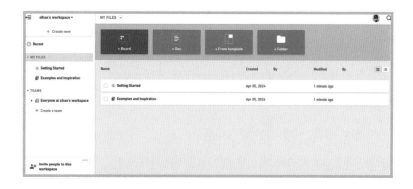

보드를 클릭하면 위에 도구 모음이 나오는데, 이 도구 모음에서 Curvy를 선택하면 곡선 모양으로 마인드맵의 선이 그려집니다. 그리고 별 모양의 Generate Ideas 버튼을 누르면 해당 키워드에서 파생되는 몇 가지 세부 아이디어가 그 밑으로 생성돼요. 저는 시험 삼아 '아이 생각 키우기'라는 키워드에 관해서 생성을 시켜보겠습니다. 이 키워드는 어떤 것을 정해도 상관은 없습니다. 그리고 이 툴은 외국 것이지만, 한글도 잘 작동하기 때문에 따로 번역앱을 사용하지 않아도 되는데, 경험상 아무래도 영어로 하면 내용이 더 잘 생성된다고는 해요. 그래도 우리는 한글을 애용해보죠. (이유는 아시잖아요?)

이렇게 '아이 생각 키우기'라는 키워드를 클릭하면 위에 도구 모임이 뜨는데, 거기서 생성 버튼을 누르면 그 키워드에 하부 주제가 생성됩니다. 그리고 그 밑으로 파생되는 것을 계속해서 더 생성할 수도 있

어요. 그러니까 같은 위계로 생성해도 되고, 하부 주제로 내용을 생성해나가도 됩니다. '아이 생각 키우기'라는 키워드에서 '아이의 안전을 최우선으로 생각하고 키우기', '적절한 교육과 활동을 통해 아이의 지적, 감성적, 윤리적 발달 촉진하기', '건강한 식습관과 생활 습관을 길러주기', '충분한 사랑과 안정된 환경 제공하기', '자아존중감을 키워주고 긍정적인 마음가짐 유도하기'의 다섯 가지 항목이 파생되었네요. 그중에 제일 위에 있는 '아이의 안전을 최우선으로 생각하고 키우기'에 마우스를 대고 다시 생성시키니 그 하위 항목이 다섯 가지가 나왔어요. 그 하위 항목 중에 골라서 또 파생시킬 수도 있고요, 아니면 비슷한 위계인 '적절한 교육과 활동을 통해 아이의 지적, 감성적, 윤리적 발달 촉진하기'의 내용을 생성시켜 마이드 맵의 비주얼적 밸런스를 맞출 수도 있습니다.

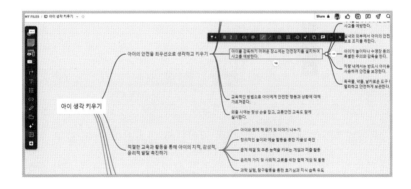

대략 이런 모습이 됩니다. 물론 내용이 생각보다 별로라고 생각할 수도 있지만, 이 마인드맵이 만들어지는 속도는 생각보다 별날 겁니다. 그래서 말씀드린 대로 이것을 수정해가는 방향으로 마인드맵이나 만다라트 등을 작성해가면 훨씬 쉽게 접근할 수 있다는 것이죠. 다시 말하지만 이것이야말로 처음부터 끝까지 다 생각정리와 재배열을 혼자서 하는 것보다 훨씬 더 AI 시대에 맞는 진정한 에디팅 능력입니다. 한번 이런 툴들 사용해보고, 이런 것 없이 하는 게 나을지 아니면 이렇게 보조적인 도움을 받는 게 나을지 시험해본 뒤 자신에게 맞는 것을 선택하세요.

?.... 생각의 에디팅의 두 번째 단계

우리는 고체적 사고, 액체적 사고, 기체적 사고를 연결하는 생각의 에디팅을 연습하고 있습니다. 그런데 앞에서 설명한 첫 번째 단계는 생각을 나열하고 그것을 보기 좋고 인식하기 좋게 정리하는 것이라, 에디팅 전체에서 보면 기본 단계에 불과합니다.

에디팅은 그런 소재를 연결해 새로운 내용과 주장을 창출하기도 하고, 참신한 인사이트를 도출하기도 하는 것입니다. 생각 차원에서 그런 일이 일어나게 하려면 서로 관계없어 보이는 것을 연결하고, 의미를 만드는 연습을 하는 것이 좋습니다. 먼저 하이퍼텍스트 연결을 통해 인터넷 서핑을 그야말로 서핑처럼 해보면서 자신의 생각을 따라 움직여보세요. 그리고 느껴지는 것이 있다면 적어도 좋습니다. 글로 적는 것이 바로 생각을 정리하는 가장 효과적인 방법이니까요.

① 하이퍼텍스트 어드벤처

하이퍼텍스트 어드벤처는 인터넷에서 문서를 보다가, 그 문서에서 궁금한 것이 생기면 바로 하이퍼링크를 통해 순식간에 새로운 정보로 날아가는 것을 의미합니다. 자신이 궁금한 것이 반드시 하이퍼링크로 연결되어 있으리라는 보장은 없기 때문에 스스로 검색해서 바로 링크를 찾아 연결해 날아가는 것도 포함하는 개념이에요.

한국의 대표적인 문화심리학자이자 작가인 김정운 교수는《에디톨로지》에서 쥐 때문에 누구나 천재가 될 수 있다고 말합니다. 구체적으로는 이렇게 말했죠.

"오늘날 컴퓨터를 사용할 수 있게 되면서 보통사람들도 천재처럼 생각할 수 있게 되었다. 신이 일부 천재들에게만 부여한 '날아다니는 생각'을 이제 보통사람들도 할 수 있게 되었다는 말이다. 바로 '쥐' 때문이다. 그건 컴퓨터의 '마우스'다. 역사상 처음으로 인간은 생각을 날게하는 도구를 갖게 된 것이다. 컴퓨터 화면을 들여다보다가 관심 있는 곳을 클릭하면 생각은 바로 다른 곳으로 날아간다. 방금 전의 맥락과는 전혀 상관없는 곳이다. 이건 엄청난 혁명이다."[69]

자신만의 관점으로 편집해서 새로운 창조를 이끌어낼 수 있다는 이 책에서 김정운 교수가 강조한 것이 편집인데요, 그 전에 먼저 맥락을 건너뛰며 정보와 정보를 이어주는 이 프로세스가 천재 같은 생각의 모방이 된다는 것이죠. 그러니까 천재적인 생각은 관계없어 보이는 아이디어와 아이디어를 연결하는 데서 나오고, 그것이 바로 편집이며, 그것이 창의적 활용의 비밀인 것이죠.

따라서 인터넷 문서를 따라서 자신의 호기심을 충족하며 떠나는 디지털 여행은 이런 생각의 프로세스를 자극하는 역할을 합니다. 시공간, 특히 비용의 제한 없이 자유롭게 떠나는 지적 여행은 생각의 폭과 넓이에 무한대의 자유를 주니까요.

때때로 이런 여행을 떠나는 것은 편집을 통한 창의적 결과물을 산출하는 뇌를 구성하는 데 큰 도움이 됩니다. 언제든지 서로 다른 지식을 연결할 준비가 되어 있는 뇌와 그런 경험이 낯선 뇌는 반응에서 차이가 생길 수밖에 없습니다. 가끔 하이퍼텍스트 어드벤처를 즐기면서 낯선 지식들 사이에서 길을 잃는 경험을 해보기를 권합니다. 우연히 그 지식의 숲을 돌아다니는 유니콘을 만날 수도 있으니까요.

② 두 주제를 연결하는 훈련

서로 상관없어 보이는 두 주제를 연결하면 어떤 결과가 나올까요? 처음부터 상관없는 주제라고 생각하고 연결한 것이기 때문에, 이 두 주제를 택한 사람 입장에서는 전혀 짐작할 수가 없죠.

서로 이질적인 이야기, 단어, 주제가 만나서 새로운 의미를 형성할 때 그것을 창발성이라고 할 수 있습니다. 창발성은 원래 자연과학, 특히 생물학에서 나온 개념인데요, 부분의 합은 전체보다 크다고 이야기할 수 있습니다.[70] 개별적인 속성을 합해서 군집을 이루면 개별적인 속성을 뛰어넘는 새로운 속성이 생겨나기도 합니다. 사람 하나하나를 보면 그냥 생명의 작용이 느껴지는 생명체일 뿐이지만, 이 사람을 모아 놓으면 사회가 생기고, 규칙이 생기고, 도덕이 생깁니다. 사람 하나만 있다면 알 수 없는 속성인데, 사람이 두 명이 붙으면 규칙이라는 없던 속성이 생겨나는 거예요.

바로 이런 작용 때문에 최근에 창발성이라는 개념이 크게 각광받게 된 거죠. 사회가 복잡해짐에 따라 여러 개념과 아이디어가 많이 발현되었고, 그에 따라 서로 다른 요소의 부딪힘도 과거에 비해 빈번해졌습니다. 그 관계에서 나오는 창발적 아이디어가 그동안 우리 사회에 계속해서 바람을 일으켰어요. 우리의 라이프스타일을 일순간에 바꿔놓은 스마트폰도, 없던 것이 갑자기 툭 튀어나온 것이 아니라, 인터넷, 전화기, MP3 플레이어가 만나 합해진 것에 불과합니다. 2007년 스티브 잡스가 아이폰을 처음 인류에게 소개할 때, "오늘 소개해드릴 제품은 3개인데, 하나는 업그레이드된 에어팟, 그리고 휴대용 인터넷 기기, 전화기입니다. 그런데 이 세 제품은 세 개가 아니라 하나입니다." 이렇게 발표했거든요. 지금은 사진기도 합해졌지만, 이 스마트폰이야말로 창발성의 산물입니다.

우리가 에디팅 파워에서 주목하는 것이 창의성이 아니라 창발성인 이유도 바로 이것입니다. 지난 몇십 년간 세계를 이끈 아이디어는 대부분 창발성 기반이었어요. 그리고 창의성은 혼자서도 발휘할 수 있는 특징이 있다면 창발성은 둘 이상의 작용에서 발생하기 때문에, 이게 진정한 에디팅 파워라고 할 수 있는 것이죠.

하지만 문제는 창발성의 훈련입니다. 이것을 어떻게 할 수 있을까요? 여기서 또 생성형 AI의 도움을 받을 수 있습니다. 상관없는 두 단어를 뽑는 것은 어렵지 않은데, 그 단어를 연결했을 때 아이디어의 평이라든가 아니면 샘플 같은 것이 있어야 피드백이 되면서 능력의 향상이 이루어지는데, 그런 게 전혀 없다면 조금 공허해질 수밖에 없습니다. 그럴 때 생성형 AI로 두 단어를 연결해보고, 일종의 샘플을 얻어서 자신의 아이디어와 비교해볼 수 있습니다. 자신의 아이디어가 없다면 바로 그 샘플에서 생각의 힌트를 얻을 수도 있을 것입니다.

제가 《똑똑한 사람들은 어떻게 생각하고 질문하는가》 책이 나왔을 때, KBS 라디오의 대표적인 경제쇼인 〈성공예감〉과 인터뷰를 했어요.

한 시간 정도 이야기를 나누었는데, 그래도 한 시간이나 제 책에 시간을 할애해주었으니, 그 라디오 쇼에 무언가 특별한 선물을 주고 싶어서 제가 창의성에 대한 예를 들면서, ChatGPT에게 한 질문을 보여드렸습니다.

질문은 "성공예감이라는 라디오 프로그램과 남극의 공통점에 대해서 이야기해줘."였어요. 정말 아무런 관련이 없어 보이는 두 가지를 키워드로 선정한 거죠. 이 질문을 듣고 프로그램 진행자도 의아해하더라고요. 도대체 남극과 경제쇼의 공통점이 하나라도 있을까 하는 눈으로 말이죠. ChatGPT는 다음과 같이 다섯 가지 공통점을 뽑아주었어요.

〈성공예감〉이라는 경제 뉴스와 이야기를 다루는 라디오 프로그램과 남극 사이의 공통점을 찾는 것은 다소 비유적인 해석을 요구합니다. 다음은 이 두 주제를 연결할 수 있는 몇 가지 상징적인 공통점입니다.

1. 끊임없는 탐구와 발견

남극은 과학자들에게 연구와 발견의 끝없는 영역을 제공합니다. 마찬가지로 〈성공예감〉은 경제 분야에서 새로운 트렌드, 아이디어, 기술 등을 탐구하며 청취자들에게 새로운 지식과 인사이트를 제공합니다.

2. 변화에 대한 적응

남극의 극한 환경은 생물들에게 변화에 적응할 수 있는 능력을 요구합니다. 〈성공예감〉 프로그램에서 다루는 경제 이야기는 시장의 변화와 경제적 도전에 효과적으로 대응하는 방법을 탐색합니다.

---

3. 미래를 위한 준비

남극의 연구는 기후변화와 지구의 미래에 대한 중요한 통찰을 제공합니다. 경제 뉴스를 다루는 〈성공예감〉은 미래의 경제 트렌드를 예측하고, 청취자들이 미래를 대비할 수 있도록 돕습니다.

4. 지속 가능성과 책임

남극 연구는 지속가능한 환경 관리의 중요성을 강조합니다. 경제적 관점에서 〈성공예감〉은 기업의 사회적 책임과 지속가능한 성장 전략에 대해 논의할 수 있습니다.

5. 글로벌 네트워크와 협력

남극 연구는 여러 국가와 과학자의 협력을 바탕으로 합니다. 이와 유사하게, 〈성공예감〉은 세계 경제의 상호 연결성을 탐구하며 글로벌 경제 이슈에 대한 다양한 관점을 제공합니다.

이러한 공통점은 〈성공예감〉과 남극이 각기 다른 분야에 속하지만, 둘 모두 지식의 확장, 미래 준비, 지속가능성의 가치 등을 추구한다는 점에서 상징적인 연결고리를 찾을 수 있습니다.

생각보다 그럴듯하죠. 진행자도 청취자분들도 깜짝 놀랐습니다. 창의적이다 아니다는 주관적인 영역이라 이 대답에 대한 창의력을 평가하기는 어렵지만, 이 정도면 훌륭하게 결합된 것입니다.

AI에게 이렇게 두 단어를 연결하여 의미를 만들어보라고 하면 우리가 미처 생각지도 못한 창발적 아이디어를 내주는 경우가 많은데, 이러한 샘플을 보면서 자극받을 수도 있고, 또 이것을 샘플 삼아 훈련의 가이드로 쓸 수도 있습니다.

부모 입장에서는 아이에게 두 단어를 연결해 새로운 아이디어를 생성하라고 주문해볼 수 있는데요, 아이의 대답에 대해 피드백할 재료가 필요하거든요. 부모의 인사이트가 뛰어나서 굳이 생성형 AI의 도움을 안 받아도 되는 사람도 있겠지만, 아마 90% 이상은 생성형 AI의 조언이 도움이 될 겁니다.

?.... 생각의 에디팅의 세 번째 단계

생각의 에디팅의 마지막 단계는 에디팅의 실제적 연습을 해보는 글쓰기입니다. 결국 에디팅은 정리하고 포장하는 것이라서, 마지막 단계는 깔끔하게 정리가 되어야 하거든요. 그런 의미에서 지금까지 한 에디팅의 능력이 다 발휘되어서 집중되는 것이 마지막 단계의 글쓰기라고 할 수 있습니다.

그런데 이 글쓰기 미션을 '받고 싶은 선물' 같은 것으로 하면 에디팅 파워를 연습하는 데 그다지 도움은 되지 않습니다. 지식을 찾고, 여러 가지 결합을 해서 지혜까지 이르는 과정을 연습하는 것이니까, 그런 수고가 필요한 주제를 가지고 글을 써야 하거든요. 그래서 추천하는 것은 프랑스식 논술입니다. 논술은 독일식의 아비투스 논술이 있고, 프랑스식의 바칼로레아 논술이 있어요. 아비투스 논술은 한국식 입시에서 나오는 논술이기도 한데, '주어진 (가)의 제시문을 읽고 그것의 의미를 쓰고, (나)의 관점에서 비판하라'는 식의 문제예요. 내용을 정확히 이해하고, 비판의 관점을 찾아내는 부분에서 맞고 틀리고의 정답이 있는 논술입니다. 논술인데도 단계적 미션이 있어서 점수 매기기가 편하죠. 하지만 바칼로레아 논술은 '미술의 의미는 무엇일까?', '인간에게 죽음은 어떤 의미가 있나?' 같은 추상적이고 점수 매기기 힘든 논술이에요.

그래서 이런 바칼로레아 논술식의 문제에 답하는 글을 쓰려면 평소에 독서의 깊이가 있어야 하고, 생각도 많이 해야 하고, 일단 자신만의 (철학적) 관점을 가지고 살아야 합니다. 프랑스 고등학생이 학원에 다니지 않고 카페에서 철학 토론에 동참하는 이유가 바로 이런 바칼로레아 논술을 준비해야 하기 때문이라고도 하죠.

그래서 우리의 미션을 바칼로레아 논술 문제로 해보려는데, 문제는 고등학생의 입시 문제라 아이들이 풀기에는 너무 어려울 수 있다는 것입니다. 그래서 핵심 내용은 유지하되 수준을 다운그레이드하여 아이들용으로 바칼로레아 기출 질문을 다시 만들어보았습니다.(228쪽)

이런 질문을 미션으로 주고 일종의 에세이를 쓰게 하는데, 인터넷 검색이나 심지어 생성형 AI까지 사용해서 최대한 여러 결과를 조합해서 에디팅 해보라고 하는 것이죠.

예를 든 것이니 철학적 사유가 가능한, 그래서 정보를 모으고 한 번 더 생각해야 하는 문제를 부모 입장에서는 계속 발굴해서 미션 문제로 삼고, 에디팅 훈련을 해보기를 바랍니다. 소재와 팩트는 고체적 사고,

인간	• 나와 다른 생각을 싫어하면서도 그것을 인정할 수 있을까요?
	• 우리는 스스로에게 거짓말을 할 수 있을까요?
	• 사랑하는 것은 해야만 하는 일일까요?
	• 행복은 잠깐 동안만 느낄 수 있는 걸까요?
	• 우리가 하는 말에는 우리가 알고 있는 것만 담겨 있을까요?
	• 철학이 세상을 바꿀 수 있을까요?
	• 철학자는 과학자에게 어떤 도움을 줄 수 있을까요?
	• 역사학자는 공정할 수 있을까요?
	• 우리가 보고 듣는 것을 믿을 수 있을까요?
	• 물건만 돈으로 살 수 있는 걸까요?
	• 모든 사람이 같은 언어를 사용하는 게 좋을까요?
예술	• 모든 예술 작품은 예쁜가요?
	• 예술 작품을 복제하면 작품에 해가 될까요?
	• 예술이 우리와 세상과의 관계를 바꿀 수 있을까요?
과학	• 생물학은 모든 생물을 기계처럼 보게 만들까요?
	• 과학으로 증명된 것만 진짜라고 믿어야 할까요?
	• 계산하는 것은 생각하는 것일까요?
	• 무의식에 대해 과학으로 알 수 있을까요?
	• 실수는 진리를 찾는 데 어떤 역할을 할까요?
	• 과학은 어떤 목적이 있을까요?
	• 기술이 우리 생활을 바꿀 수 있을까요?
	• 지식이 모든 믿음을 없애버릴까요?
정치와 권리	• 자신의 권리를 지키는 것과 자신의 이익을 위한다는 것은 같은 걸까요?
	• 자유는 주어지는 것인가 아니면 싸워서 가져야 하는 것인가요?
	• 법을 어기는 행동도 합리적일 수 있을까요?
	• 의무를 다하지 않아도 권리를 행사할 수 있을까요?
	• 이상적인 세상은 그저 꿈에 불과할까요?
	• 다르다는 건 불평등하다는 뜻일까요?
윤리	• 어떤 행동을 사람답지 않은 것으로 볼까요?
	• 잠깐 있다 사라지는 것에도 가치가 있을까요?
	• 종교를 믿는다는 건 이성을 포기한다는 뜻일까요?

그 소재를 잇거나 분류하거나 의미를 부여하는 것은 액체적 사고, 그리고 표현에서 감성적이고 공감의 표현을 하는 것이 기체적 사고잖아요. 이런 사고를 넘나들며 사고의 개입 정도를 조절하는 것이 에디팅 파워입니다. 자주 많이 해볼수록 늘겠죠.

3장

질문하는 능력이
아이를
성장시킨다

나는 일곱 아이의 인성교육을 위해
새벽녘 읽은 글 중에서
가장 좋은 글귀를 모아
아이들이 항상 보고
마음에 새기면서 행할 수 있도록
집안 이곳저곳에 붙여두었다.
그리고 나도 글귀대로 행했다.

－신사임당

호기심의 크기만큼
자라는 아이

?.... 니체의 시간과 우리의 시간

아이는 원래 궁금한 존재입니다. 인간이 신체적으로 그렇게 강한 동물이 아니고, 특히 아이 때의 인간은 주변의 위협에 극히 취약한 존재여서, 자신이 놓인 환경이 어떤 조건인지 빠르게 파악하고 적응해야 하거든요. 그래서 주변 환경, 조건에 끊임없이 호기심을 가지고 만져보고 때려보기도 하고, 심지어 입에도 넣어보며 탐색을 합니다.

아이에게는 모든 것이 새롭고 낯설기 때문에 그것이 안전한지 아닌지, 먹을 수 있는 것인지 어떤지 빠르게 판단해야 하잖아요. 그래서 본능적으로 발달한 것이 호기심입니다. 호기심이 없었다면 주변 환경에

호기심 가득한 아이의 모습.

대한 탐험과 경계도 약했을 것이고, 더 안전하고 나은 삶에 대한 지향도 없었을 거예요.

어른은 이미 살고 있는 세계이기 때문에 더이상 정보를 모을 필요도 없고, 더이상 정보를 모은다고 해도 그런 부분까지 다 활용하지 않기 때문에 기본적으로 세계에 대한 호기심을 잃어버리게 됩니다. 매일 가는 회사, 그리고 집까지 오는 출·퇴근 길, 가끔 친구들과 한잔하러 들르는 단골 술집 외에 어른은 새로운 환경에 더 적응할 필요가 별로 없거든요. 공간적인 것뿐 아니라 일이나 생각도 그렇습니다. 늘 하던 일, 늘 하던 생각이면 살아가는 데 딱히 지장이 없게 삶의 루틴이 잡힌 상태이기 때문에, 지금의 안정된 삶의 바퀴가 깨지지 않길 바라며 새로운 상태에 대한 호기심을 더이상 들고 다지니 않게 됩니다. 지금 자신이 살고 있는 안전한 루틴에서 벗어나고 싶은 생각이 없거든요. 쓸데없는 호기심은 이 안정을 깨뜨리는 폭탄이 될 수도 있으니 오히려 호기심은 자제합니다. 호기심이 일탈적인 행동이나 사건을 부를 수도 있으니까요.

철학자 프리드리히 니체는 이렇게 말했습니다. "호기심은 자신의 능력을 꽃피우는 중요한 역할을 하지만, 우리의 인생은 세상의 모든 일을 보고 들을 수 있을 만큼 오래도록 이어지지 않는다. 젊은 시절, 자신이 관계할 방향을 착실히 파악하고 그것에 전념하면 훨씬 현명하고 충실한 자신의 인생을 살아갈 수 있다."[71] 그러니 호기심에 휘둘리지 말라고 했습니다.

자기 주변의 세상을 파악했으면 그 안에서 편안하게 살면 된다는 이야기잖아요. 그런데 불행하게도 우리가 니체의 충고를 따를지 말지 고민하기 전에 먼저 고려해야 할 것은 니체와 우리 사이에는 100년도 넘는 시간차가 거대한 해자처럼 가로막고 있다는 사실입니다.

니체가 살았던 100년 전에는 10~20년 사이에는 그다지 큰 변화가 일어나지 않았어요. 물론 지금에 비해 상대적으로 말입니다. 중세 시대에 비교하면 이때의 10년은 중세의 100년쯤 변화에 해당할 거예요. 그런데 지금은 니체 시대에는 10년 정도에 일어날 변화량을 1년 정도면 만날 수 있어요. 당시에는 한번 파악하고 익숙해진 현실에 적응하면 20~30년은 변화 없이 살 수 있었고, 기대수명이 40년 정도밖에 안 되던 시대였기 때문에 20년 정도면 어른으로서 살기에 충분한 시간이 기도 했죠.

하지만 지금은 안주할 수 있는 현실이라는 것이 없습니다. 지금 적응한 현재는 2~3년이면 싹 바뀔 것입니다. NFT와 코인에 그렇게 열광하다가, 루나코인의 대폭락 사태 때문에 전 세계가 일순간에 NFT에서 관심을 거두었어요. ChatGPT라는 단어 자체도 몰랐던 사람들이 불과 1년 만에 ChatGPT를 활용해 업무를 처리하고 있습니다. 이 사이에 개발자의 몸값 동향은 크게 널을 뛰었죠. 메타버스와 NFT의 시대에 개발자의 몸값은 기본이 신입도 연봉 1억이었어요. 이렇게 줘도 개발자를 구하지 못해, 회사들은 투자금을 받고도 개발을 진행하지 못하기도 했습니다. 자녀를 개발자 시켜야 한다는 이야기가 부모들 사이에서 자연스럽게 나왔습니다. 하지만 ChatGPT가 나온 후에 개발자의 일을 AI가 대체하면서 미국의 빅테크 기업은 개발자를 대상으로 한 대규모 감원을 우선적으로 시행했죠. 개발자의 일자리가 위협받는 시대가 되었습니다. 이 변화에 걸린 시간이 10년이 아니에요. 기껏해야 4~5년입니다. 이때 개발자가 되기 위해 관련 학과에 진학한 사람이 졸업해서 사회에 나올 때가 되었는데, 학교에 들어갈 때와는 분위기가 완전 달라진 거죠.

?.... 지원하는 과를 바꾼 이유

제 딸도 뉴욕대학교에 진학하는데, 들어간 과는 스포츠 매니지먼트입니다. 그런데 한참 대학에 원서를 넣을 때까지만 해도 하고 싶어 하는 일은 3D아트였습니다. 어려서부터 그림을 잘 그리고 좋아했고, 그래서 고등학교 때도 관련 수업을 듣고 준비하면서 3D아트 학과에 진학하려고 하는데, 생성형 AI라는 것이 하나씩 둘씩 등장하는 거예요. 진학을 결정할 때만 해도 생성형 AI가 전 세계를 강타할 만큼 폭넓게 알려지지 않았지만, 제가 《GPT 제너레이션》 책을 내면서 관련 강의를 많이 한 만큼 저희 집에서는 꽤 크게 생성형 AI의 힘을 체감하고 있었던 참입니다.

그래서 대학 원서를 내다가 지원 학과를 3D아트에서 스포츠 매니지먼트로 바꾼 거예요. 2/3의 대학은 3D아트로 원서를 내고, 후반에 지원한 1/3 정도는 스포츠 매니지먼트로 한 거죠. 3D아트 전공에 합격해서 장학금 줄 테니까 오라는 대학교도 있었지만, 3D아트의 미래를 생각했을 때 그 제안은 거절할 수밖에 없었고, 뉴욕대학교 스포츠 매니지먼트 학과로 가게 되었습니다.

AI가 아무리 득세해서 영화 같은 콘텐츠 공급망을 잡아먹어도, 결코 대체할 수 없는 것은 인간이 라이브하게 보여주는 것이 생명인 스포츠라고 생각한 거예요. 영화도 보면 스포츠 영화는 잘 안 먹히잖아요. 결

말이 정해져 있으니까, 스포츠가 주는 매력이 떨어지거든요. 어떻게 될지 결말을 모른다는 그 현장성의 아우라가 바로 스포츠가 가진 콘텐츠로서의 매력입니다. 이에 대해서는 AI가 대체하려면 시간이 많이 걸릴 것이라고 생각했죠. (그리고 마침 아이가 태권도 4단을 따고 미국 내셔널 챔피언십에서 금메달을 따기도 해서 유리한 면도 있었고요.)

지금도 과를 바꾼 것이 신의 한수라고 주변 사람들이 말해줍니다. 자고 일어나면 3D아트를 포함한 기존의 CG나 디자인 관련 직종이 얼마나 미래가 불투명한지 유튜브에서 계속 시시각각으로 알려주고 있거든요. 단어만 넣으면 고퀄리티의 영상이 나오는 소라 AI 같은 툴은 처음 발표될 때 전율을 느낀 사람이 정말 많았죠. 소라 AI가 정식으로 발표되고 상업적으로 쓰이기 시작하면 1년 안에 광고계가 재편될 것이라는 예측은 예측보다는 공지에 가깝습니다.

100년 전 사람이 느낀 '젊은 시절, 자신이 관계할 방향을 착실히 파악하고 그것에 전념하면 훨씬 현명하고 충실한 자신의 인생을 살아갈 수 있'는 현재는 더이상 존재하지 않습니다. 아늑하고 평온한 현실은 시대의 속도 앞에 다 날아가버리고, 그 스피드를 견디는 사람과 그 스피드에 못 이겨 바람에 날아간 사람으로 구분되고 있습니다.

?.... 호기심이 질문으로 이어지게

이것이 우리가 호기심을 놓지 말아야 할 이유입니다. 완성되어서 유지되기 때문에 어느 정도 파악되는 시대는 이제는 〈응답하라〉 시리즈의 드라마에서나 나오는 이야기가 되어버렸고, 지금도 시시각각 세계와 시대는 변하고 있으며, 심지어 생존의 조건까지 하루아침에 바꾸고 있습니다. 그러니 지금의 우리에게, 그러니까 아이에게도 부모에게도 필요한 것은 바뀌는 상황과 조건을 빠르게 탐지할 수 있는 호기심입니다. 호기심이 있어야 이런 조건에 관심을 나타내고 열정적으로 대응할 수 있습니다.

호기심은 마음의 지향이고, 그 호기심의 결과가 질문입니다. 아이는 새로운 세계에 대한 정보를 모아야 이 세계에 적응할 수 있기 때문에 계속해서 정보를 모아야 합니다. 아이가 필요한 정보를 요청하는 것이 질문입니다.

세계의 속도는 앞으로 더 빨라질 것입니다. 그것이 아이가 질문하는 태도를 평생 유지하는 것이 필요한 이유죠. 그래서 부모는 아이의 질문을 습관으로 만들어줘야 합니다. 영양분이 키를 성장시키듯, 호기심과 그에 따른 질문은 아이의 정신을 성장시킵니다.

아이들은 왜
조리 있게 물어보지 못할까?

?.... 아이의 '왜 공격'에 대한 대처는?

아이가 어릴 때는 그 유명한 '왜 공격'이 종종 일어납니다. 한 연구에서 밝힌 내용에 따르면, 2세에서 5세 사이의 아이는 약 4만 개의 질문을 한다고 합니다.[72] 하지만 2세 정도의 '왜 공격'과 4~5세의 '왜 공격'은 조금 다릅니다. 2세 아이의 '왜?'는 진짜 왜라고 할 수는 없어요. 아직 언어가 완전하지 않기 때문에 자기의 생각을 구체적으로 표현하기는 어렵습니다. 그런데 '왜?', '왜요?'라는 말은 간단하잖아요. 부모의 이야기 말 뒤에 이어 붙이면 웬만하면 착착 어울리기도 합니다. 이때의 왜는 부모와 상호작용을 하기 위한 말 잇기에 더 가깝습니다. 그래서 이럴 때 왜에 대한 대답을 너무 정답 위주로 할 필요는 없어요. 조금은 동화적으로, 조금은 상상력을 발휘해서 예쁘게 대답해줘도 크게 상관이 없어요. 어차피 이때 들은 말을 학습해서 기억하는 것도 아니고, 부모와 대화를 이어가기 위한 것이니까, 부모는 그 감성적인 부분에 대답한다고 생각하고 답을 해주면 되는 것이죠.

실제적으로 인과가 궁금해서 물어보는 것은 4~5세의 '왜?'입니다. 간단하게 대답할 수 있는 것도 있지만, 아이의 궁금증은 '아빠, 엄마가 유난히 학창시절에 과학에 약했다는 사실' 같은 부모의 사정은 보아주지 않기 때문에 분야를 막론하고 '왜?'를 날립니다. "왜 하늘은 파란색이야?"라고 아이가 물어보면 곤란합니다. 모르거든요. 그래서 네이버를 뒤져 태양 빛이 대기 분자에 부딪혀 산란현상을 일으켜서, 파란색이 파장이 짧기 때문에 더 많이 분산되기 때문에 파랗게 보인다는 정보를 알아냅니다. 하지만 이걸 설명해주자니, 일단 부모부터 무슨 이야기인지 잘 모르겠고, 산란이나 분산 같은 또 다른 질문거리로 이어질 연결고리들이 바로 눈에 띄기도 하거든요. 이걸 넘어갔다고 해도 "그러면 왜 노을 질 때는 하늘이 빨간색이야?" 같은 추가 질문에 부딪히게 될 것입니다.

하지만 이제는 부모의 이런 고민을 해결해줄 기적의 기술이 나왔죠. 바로 생성형 AI입니다. 생성형 AI에게 하늘이 파란색인 이유를 설명해달라고 요청했습니다. 클로드 3를 쓸게요.

S 하늘이 파란색인 이유를 5세 아이가 알아들을 수 있도록 쉽게 설명해줄래

물론이에요! 5세 아이가 이해할 수 있도록 하늘이 파란색인 이유를 쉽게 설명해드릴게요.

여러분 하늘을 보면 예쁜 파란색이에요. 이렇게 하늘이 파란색으로 보이는 이유가 있어요.

태양에서 온 빛이 지구 주위의 공기 중에 있는 작은 공기 알갱이와 부딪치기 때문이에요. 그럴 때 빨간색, 주황색, 노란색 빛은 지나가고, 파란색 빛이 우리 눈에 보이는 거예요.

이렇게 파란색 빛만 보이는 이유는 파란색 빛의 파장이 아주 작기 때문이에요. 작은 파란색 빛이 공기 알갱이에 부딪혀 흩어지면서 우리 눈에 파란색으로 보이는 거지요.

그래서 하늘은 맑은 날 예쁜 파란색으로 보이는 거예요. 구름이 있으면 파란색이 가려져서 회색으로 보여요.

여러분도 밖에 나가서 하늘을 보면 예쁜 파란색을 볼 수 있을 거예요. 빛과 공기 알갱이가 만나서 생기는 신기한 현상이에요!

그런데 우리 아이가 아직 파장이라는 단어를 모를 것 같아서 조금 더 쉽게 설명해달라고 했어요. 그랬더니 이렇게 나왔습니다.

S 아직도 파장 같은 단어가 조금 어려운 데 더 쉽게 설명해줄래.

좋아요, 더 쉽게 설명해드릴게요.

하늘이 파란색인 이유는 태양의 빛 때문이에요. 태양에서 오는 빛에는 여러 가지 색깔이 섞여 있어요. 빨간색, 주황색, 노란색, 초록색, 파란색 같은 예쁜 색깔들이에요.

그런데 이 빛들이 공기 중에 있는 작은 먼지 알갱이들을 만나면 어떻게 될까요? 크기가 큰 빨간색, 주황색, 노란색 빛은 그냥 지나가요. 하지만 크기가 아주 작은 파란색 빛은 먼지에 부딪혀서 이리저리 흩어져요.

그래서 우리 눈에는 파란색 빛만 보이게 되는 거예요. 다른 색깔 빛들은 다 지나가버리고 말이에요.

그렇게 하늘에 파란색 빛만 가득히 있어서 우리는 하늘을 예쁜 파란색으로 보게 되는 거지요.

때로는 구름이 있어서 파란색이 가려지면 하늘색이 회색으로 보일 수도 있어요.

이렇게 태양 빛과 공기 먼지 때문에 신기하게도 하늘이 파란색으로 보이는 거예요.

이 정도면 노을이 질 때는 하늘이 빨갛게 물드는 것도, 심지어 무지개가 뜨는 이유도, 지구과학을 모두 잊은 부모라 해도 쉽게 아이에게 설명할 수 있겠네요. 이게 어려우면 더 쉽게 해달라고 하면 되고요.

다만 아이가 '왜?'를 물어보는 것은 궁금해서이기도 하지만, 부모와 상호작용을 하고 싶어서이기도 합니다. 4~5세가 되어서도 말이죠. 그러니 "컴퓨터에 쳐봐." 같은 말은 하지 말라는 거죠. 이 정도 나이만 되어도 요즘 아이는 다 자기가 알아서 컴퓨터나 스마트폰으로 찾아볼 수 있습니다. 하지만 부모에게 물어보는 것은 부모와 이야기를 하고 싶은 것이거든요.

그러니 부모가 이런 질문에 대한 답을 찾아서 이해한 후에 아이에게 들려주는 것이 좋아요. (아니면 적어도 같이 찾아보고, 그것을 설명해주거나요.) 아이가 4~5세 때의 일이나 자신의 생각을 기억하지는 못하지만, 만약 기억이 있다면, "그때 내가 물어본 것은 대화를 하고 싶었던 거란 말이에요."라고 말할 가능성이 커요. 한창 육아 중인 부모 입장에서는 이런 것이 무척 힘들게 느껴질 수도 있지만, 아이가 중·고등학생이 되어 사춘기가 되면 부모가 아무리 이야기하고 싶어 말을 걸어도 목소리가 어땠는지 까먹을 정도로 아이가 말을 받아주지 않을 수도 있습니다. 부모에게 먼저 말을 걸 때가 부모로서는 행복한 때라는 것을 생각하며 아이와의 대화를 최대한 즐겨보세요. 생각보다 그 시간은 짧습니다.

?···· 아이의 질문에 조리가 없어지는 이유

왜라는 질문을 반복하는 아이의 질문 스킬을 조금 더 발전시킬 필요는 있죠. 왜라는 질문은 질문자로서는 안이한 질문이거든요. 질문을 위해 생각을 정리할 필요도 별로 없고, 조리를 따질 필요도 없습니다. 사실 어린 나이의 아이는 아직 조리 있게 질문할 수 있는 능력이 없기도 하죠. 그러면 이 조리를 갖게 하기 전에 아이의 질문에 조리가 없어지는 이유를 따져봐야겠네요.

① 인지 발달 수준

아이는 연령에 따라 인지 발달 수준이 다르기 때문에 논리적이고 체계적인 사고가 부족할 수 있습니다. 특히 어린 아이는 순차적 사고나 인과관계에 대한 이해력이 낮아 질문이 조리 없이 엉뚱해질 수 있습니다. 이럴 때는 '왜'는 벗어나지만 그래도 아이의 수준에 맞춰 쉽고 단순한 질문을 할 수 있도록 이끌어가야 합니다. 6하 원칙 중에서 '어떻게'나 '무엇을' 같은 것을 써서 질문을 구성하도록 유도해보는 것이 좋습니다.

② 주의력과 집중력 부족

아이는 주의력과 집중력이 길지 않아 쉽게 주제에서 벗어나게 됩니다. 한 가지 주제에 지속적으로 집중하기 어려워 연관성 없는 질문으로 이어지는 것입니다. 이럴 때는 생각의 순서를 잡아주며 단계적으로 질문하도록 유도해야 합니다. 주제에서 벗어났다 싶을 때는 주제를 환기시켜도 좋고요.

그리고 머릿속의 단계를 다 뛰어넘어서 갑자기 툭 질문을 꺼내놓는 아이의 경우에도 듣는 사람 입장에서는 뜬금없다거나 산만하다고 느끼기 쉽거든요. 이런 경우 어떻게 그 질문까지 갔는지 그 과정을 한번 짚어주는 것도 좋습니다.

③ 호기심과 상상력 표출

아이는 호기심이 많고 상상력이 풍부하기 때문에 관련성 있는 질문보다는 자신의 호기심이나 상상력을 표현하는 질문을 하게 됩니다. 이럴 경우 질문의 조리성이 떨어질 수밖에 없습니다. 그러니까 이성적인 연결고리가 아니라 감성적인 연결고리를 잡고 질문을 이었기 때문에 듣는 사람으로서는 이해할 수 없는 상황에 봉착한 거죠. 하지만 아이 입장에서는 분명한 연결고리로 도달한 질문이기 때문에, 이를 인정해주고 이해해주어야 합니다. 안 그러면 장기적으로 아이의 호기심을 억누르게 되거든요.

④ 언어 발달 미숙

연령이 어린 아이일수록 언어 발달이 미숙하기 때문에 자신의 의도를 제대로 표현하지 못해 조리 없는 질문을 하게 될 수 있습니다. 그런 경우에는 아이 언어 번역기를 가동해야죠. 아이의 표현을 주의 깊게 듣고 의도를 파악하고, 척 하면 착 하고 알아듣는 부모의 슈퍼파워를 보여줘야 할 시간입니다. "뭐라고? 똑바로 말해.", "제대로 말해봐."라는 식으로 윽박지르면 아이는 자신감이 사라질 수 있기 때문에, 질문 꺼내기를 꺼리게 될 수 있습니다. 아직 어리니까요. 아이가 이해할 수 있는 쉬운 언어와 적절한 어휘로 답변해주는 맞춤형 대화가 필요합니다.

이렇듯 아이는 인지, 주의력, 호기심, 언어 발달 수준 등 여러 요인으로 조리 없는 질문을 하게 됩니다. 이는 자연스러운 현상이므로 부모는 조급하게 교정하려 하기보다는 총체적으로 아이의 발달 수준과 특성을 이해하고, 단계적이고 체계적인 대화로 질문의 조리성과 수준을 높여나가는 것이 중요합니다. 인내심을 갖고 지속적인 노력을 기울인다면 아이의 질문 능력이 향상될 것입니다.

'조리'라는 것은 '말이나 글 또는 일이나 행동에서 앞뒤가 들어맞고 체계가 서는 갈피'[73]인데요, 아직 아이에게 논리를 따지기에는 이르다는 생각이 들 때 논리보다는 조금 덜 빡빡한 개념이지만, 논리의 일부분을 차용하는 개념을 쓴 게 조리라고 할 수 있어요. 그러니까 조리를 따진다는 것은, 논리적 구성 중에 주로 선후관계나 인과관계를 따져서 앞뒤를 들어맞게 하는 거고요. 그리고 포함관계나 대등관계를 따져서 체계를 서게 하는 것이죠.

그래서 우선적으로 아이에게 조리 있게 말하기를 알려주는 차원에서 인과관계를 연습시키는 것이 좋습니다. 인과관계가 헷갈려서 조리있는 생각이 형성되지 않는 경우는 여러 가지가 있는데, 대표적으로는 다음의 네 가지가 있습니다.

① 원인과 결과가 바뀌어 있는 경우

원인과 결과의 화살표가 바뀌어 있는 경우입니다. 그러니까 결과를 원인이라고 생각하고 거꾸로 인과관계를 설정했다는 것이죠. 예를 들어 '환경단체 활동에 참여하면 환경의식이 높아진다.' 같은 이야기는 사실 이미 환경의식이 있었기에 환경단체 활동에 참여했을 확률이 더 높습니다. 이런 경우 원인과 결과가 바뀌어서 서술된 거죠.

② 여러 원인 중 하나로 반드시 A 때문에 B가 된다고 말하지는 못하는 경우

결과에 영향을 미치는 요소로 여러 가지가 있을 수 있고, 그런 것이 복합되어서 결과가 나올 때는 단지 하나의 원인이 있다고 해서 반드시 결과로 연결되지 않을 수 있습니다. 예를 들어 '키가 크면 농구를 잘한다.' 같은 이야기는 얼핏 그럴듯하지만, 조금만 생각해봐도 키가 크다고 무조건 농구를 잘하는 것은 아님을 알 수 있습니다. 키가 크고 운동 신경도 좋고, 하려는 의지가 있는 등 여러 가지가 맞아떨어져야 농구를 잘할 수 있을 것입니다. 키는 농구 능력에 영향을 미치는 한 요인일 뿐입니다.

③ 하나의 원인을 보고 성급하게 일반화된 결과를 짐작하는 경우

성급한 일반화의 오류라고도 말하는데, 하나의 데이터를 보고 그것을 일반화해서 후일의 결과를 멋대로 결정지어버리는 것입니다. 예를 들어 '이번에 지각을 했으니 앞으로도 계속 지각할 것이다.'라는 이야기는 한 번의 실수로 미래를 결정해버리는 것이나 마찬가지거든요. 이렇게 되면 자칫 선입견이 될 수도 있으니, 매우 위험한 생각의 방법이라고 할 수 있습니다.

④ 원인과 결과가 선후관계는 있을지라도 인과관계는 없는 경우

원인과 결과는 서로 관계없는 사건으로 일어났는데, 그것이 선후관계이다 보니 마치 인과처럼 오해받는 경우입니다. 이럴 때 두 사건은 그냥 우연의 일치일 뿐일 때도 많거든요. 예를 들어 '닭이 울면 해가 뜬다.'라는 이야기에서, 닭이 울고 해가 뜨는 것은 단순한 시간적 연관성만 있는 일일 뿐이라는 것이죠. 닭 울음소리 때문에 해가 뜨는 것은 분명히 아닙니다.

그러면 이 네 가지를 구분하는 연습도 아이와 함께 해볼게요. 일종의 연습문제입니다. 다음의 문장이 왜 인과가 아닌지 설명해보는 연습입니다.

1	빨간 옷을 입으면 운이 좋다.
2	우산을 들고 다니면 비가 온다.
3	시험을 잘 봤으니 공부를 잘하는 것이다.
4	설문조사 결과 대부분 그렇게 생각하니 맞는 것이다.
5	유명 연예인이 광고하는 제품은 효과가 좋다.
6	친구 성적 오르면서 내 성적도 오르기 시작했다.
7	새 운동화를 신으면 달리기 기록이 좋아진다.
8	돼지꿈을 꾸면 행운이 온다.
9	헬스장에 뚱뚱한 사람이 많은 것을 보니, 헬스장은 사람을 살찌게 하는 곳이다.
10	고기를 먹으면 힘이 세진다.

이 각각에 대한 해설은 다음과 같습니다. 참고만 하세요.

1	④번 유형	옷 색깔과 운수 사이에는 인과관계가 없습니다. 단순한 우연의 일치일 뿐입니다.
2	④번 유형	우산을 들고 다니는 행위 자체가 비를 오게 하는 원인이 될 수 없습니다.
3	①번 유형	공부를 잘하는 것이 원인이 되어서 결과적으로 시험을 잘 본 것입니다.

4	③번 유형	다수의 의견이 정답은 아닙니다.
5	④번 유형	연예인 지지와 제품 효능은 별개의 문제입니다.
6	④번 유형	단순한 시기적 일치일 뿐 인과관계라고 볼 수 없습니다.
7	②번 유형	운동화만이 달리기 실력을 결정하는 것은 아닙니다.
8	④번 유형	꿈과 행운 사이에 인과관계는 없습니다.
9	①번 유형	비만인 사람이 헬스장을 찾았을 확률이 높습니다.
10	②번 유형	근력은 고기 섭취량 외에도 다른 요소들에 의해 좌우됩니다.

꼬리에 꼬리를 무는
질문 대화법

?.... 꼬리에 꼬리를 무는 질문을 만드는 다섯 가지 방법

아이들이 질문에 익숙해지기 위해서는 질문이 섞인 대화를 많이 해보아야 합니다. 자신이 질문을 받아보고, 그에 대해 답변을 하면서 반대적으로 질문하는 요령도 익히고, 질문할 때 상대방에게 매너를 지키는 배려의 마음도 알아야 하는 것이죠.

부모와 같이 '꼬리에 꼬리를 무는 질문 대화법'을 시도하고 연습해볼 수 있습니다. '꼬꼬질'은 대화에서 질문에 맞춰 새로운 질문으로 이야기를 계속 끌어내고 사고력을 확장하는 방법입니다. 그런데 꼬리에 꼬리를 문다고는 해도 어느 정도의 경로 가이드는 있어야 그것을 유도

하는 부모 입장에서도 어떻게 해야겠다는 짐작이 설 테니까 다섯 가지 방법론을 제시할 수 있습니다. 물론 이 방법론들이 딱 갈라져서 정확하게 시행되는 것은 아닙니다. 하다 보면 섞이거나 변하거나 정체를 알 수 없게 되기도 하죠. 아이와의 대화만큼 살아서 움직이는 변화를 보여주는 것도 없으니까요. 하지만 어느 정도의 분류를 가지고 지향을 삼으면 부모 입장에서는 방향성은 있는 것이기 때문에 원하는 목적지에 도착할 확률이 그래도 조금은 올라가게 됩니다.

① 질문에 관련된 다른 질문을 연이어 붙여넣는 방법

하나의 커다란 테마 안에서 관련 질문을 이어 붙여가면서 테마를 집중적으로 조망하는 방법입니다. 테마를 지구, 환경, 우리 동네, 제주도 하는 식으로 잡는 거죠. 물론 이런 테마는 질문을 유도하는 부모만 알고 있어도 됩니다. 그리고 그에 관련해 범주 안에서 대화를 이어가는 것이죠. 너무 한꺼번에 다양한 주제나 카테고리를 이야기하다 보면 아이의 머릿속도 산만해지고 기억에도 안 남을 수 있으니, 주제를 집중하는 효과를 낸다고 보면 되고, 이렇게 되면 어떤 부분에서는 인과관계를 명확하게 인지하는 데도 도움이 될 것입니다.

하지만 한 테마에 관해 질문을 이어서 붙인다는 것은 부모가 그 테마를 어느 정도는 알아야 한다는 부담감이 있을 수 있기 때문에, 아무래도 부모의 지적 수준이나 아는 범위가 감당 가능한 테마가 나왔을 때 이 방법을 쓰는 것이 좋을 겁니다. 예를 들면 다음과 같이 대화를 이어나갈 수 있습니다.

아이	왜 하늘은 파란색일까요?
부모	그러네, 하늘은 정말 멋진 파란색이구나. 너는 다른 색깔의 하늘을 본 적이 있니?
아이	아니요, 그런데 저녁에는 하늘이 주황색이에요.
부모	맞아, 하늘색이 변하는구나. 그렇다면 왜 저녁에는 하늘이 주황색일까?
아이	그게… 태양 때문인가요?
부모	좋은 생각이야. 그렇다면 태양이 어떻게 하늘색에 영향을 줄 수 있을까?
아이	음… 태양이 기울어서?
부모	맞아, 태양이 기울면서 하늘에 비치는 각도가 달라지면 하늘색도 달라지겠네. 그런데 왜 태양이 기울 수 있을까?

② 하나의 현상이나 주제를 여러 관점에서 조망하는 방법

사건이나 사물의 한 면이 아니라 다른 면을 살펴보자고 제안하는 방법입니다. 아이가 바라보는 면 말고, 다른 쪽에서 바라보면 어떤지 질문하는 것인데요, 다른 관점에서 생각할 수 있는 가능성을 줍니다. 보통 나이가 어릴수록 자신이 바라보는 관점만 생각하게 되는데, 이러한 관점 전환 질문을 자주 받는 아이는 나중에는 스스로도 다른 면을 생각할 가능성이 높아지죠. 인성적인 부분이나 창의성에 관계된 부분을 생각할 때 이런 질문이 효과적일 수 있습니다.

아이	오늘 친구와 싸웠어요.
부모	무슨 일이 있었니?
아이	친구가 제 물건을 가지고 갔거든요.
부모	너는 왜 그렇게 생각했니?
아이	친구가 제 물건을 집에 가지고 갔대요.
부모	그래서 너는 화가 났겠구나. 하지만 친구에게 물어본 적은 있니?
아이	네? 아니요.
부모	그렇다면 어떻게 알 수 있었겠니?
아이	음… 모르겠어요.
부모	친구한테 직접 물어보는 것이 더 좋지 않을까?
아이	네, 맞아요. 그렇게 해야겠어요.
부모	만약 착각이었다면 어떨 것 같니?
아이	제가 미안해야겠네요.
부모	그렇지. 상대방 입장에서 생각해보는 것도 중요하단다.
아이	앞으론 먼저 확인하고 말하는 습관을 들여야겠어요.
부모	착하구나. 서로를 이해하려 노력하는 게 중요하지.

③ 아이의 질문을 다시 역으로 질문하는 방법

질문을 만드는 방법 중에는 비교적 부모가 시행하기 쉬운 방법처럼 보입니다. 하지만 아이의 질문에 대한 답을 알고 있을 때 역질문이 효과적인 것이지, 답을 모르니까 그냥 떠넘긴다는 식으로 역질문을 하면 아이는 혼란함을 느낄 수밖에 없게 돼요. 오히려 아이의 질문에 대해 모르는 것은 같이 검색 사이트나 AI를 활용해 답을 찾아보는 것이 나을 수 있어요. 한 번에 아이의 질문에 대답하지 않고 역질문을 하는 이유는 이 과정을 통해서 답을 찾아가는 과정을 아이 스스로의 사고에 의해서 해나갈 수 있도록 유도하려는 것이지, 대답의 부담을 회피하려는 것이 아닙니다.

그래서 역질문을 활용할 때는 다른 선택보다는 신중하게 해야 합니다. 아이 입장에서는 호기심이 시원하게 풀리는 게 아닌데, 나중에 다른 대답마저 모호하면 답답함을 느낄 수밖에 없으니까요. 대신 역질문은 종종 아이의 엉뚱한 대답을 끌어낼 수도 있어서 재미있고 창의적인 대화로 발전할 때도 있습니다.

아이	오늘 왜 비가 왔을까요?
부모	너는 비가 왜 온다고 생각하니?
아이	음… 구름이 많아서 그런가요?
부모	구름이 많으면 비가 온다고 생각하는 이유가 뭘까?
아이	구름에 물방울이 많아서요.
부모	맞아. 그렇다면 구름에는 어떻게 물방울이 모이게 될까?
아이	잘 모르겠어요. 어떻게 물방울이 모이게 되나요?
부모	공기 중의 수증기가 차갑게 되면서 물방울이 되어 구름을 만들게 되는 거란다.

아이	그렇구나! 그런데 수증기는 어디에서 오나요?
부모	수증기는 어디에서 올 것 같니?
아이	바다나 강에서 오는 걸까요?
부모	맞아. 바다나 강의 물이 증발하면서 수증기가 되어 공기 중으로 올라가게 되지.
아이	와, 재미있어요! 물이 하늘로 올라가서 다시 비가 되는 거네요.
부모	그렇단다. 자연 현상은 이렇게 아름답게 순환하고 있어.

④ 질문의 경로를 나비 효과에 맡기는 방법

아시아에서 나비 한 마리의 날갯짓 때문에 일어난 희미한 기류의 변화가 여러 과정을 거쳐 아메리카 대륙에서는 폭풍으로 변한다는 것이 나비효과죠. 하나의 원인이 나중에 천 개의 결과가 될 수 있고, 하나의 결과는 천 개의 원인이 합쳐진 것입니다. 그런 면에서 보면 대화라는 것은 한 사람이 선택한 워딩, 어조, 맥락, 은유 등 다양한 변수가 있어, 몇 번 티키타카가 일어나면 정말 어디로 튈지 알 수 없는 나비효과의 끝판왕 같은 것이죠.

일반적으로 아이와의 열린 대화가 보통 이렇습니다. 교훈이나 질책 같은 목적을 꼭 끼워넣으려고 하지 말고, 때로는 어디로 튈지 모르는 대화를 아이와 해보는 것도 괜찮을 겁니다. 보통 이런 대화는 키워드 중심으로 연결되는데요, 생각해보면 어른들의 편안한 자리에서의 대화도 보통은 이렇죠. 자유로운 대화 속에서 상호 감정의 교류를 통해 연결되는 감각을 느낄 수도 있기 때문에, 아이와의 유대감을 형성하기에도 좋습니다.

아이	오늘 친구가 장난감을 가져왔어요.
부모	무슨 장난감이니?
아이	로봇 장난감이에요. 팔하고 다리가 움직였어요.
부모	그렇구나. 너도 로봇 만들어보고 싶니?
아이	네! 제가 로봇을 만들면 어떤 기능을 만들고 싶을까요?
부모	흠… 로봇에게 어떤 기능이 있으면 좋을까?
아이	숙제하는 것을 도와주면 좋겠어요!
부모	그렇지, 그런데 로봇이 숙제까지 해준다면 너는 그사이에 뭘 하겠어?
아이	음악을 들을 거예요. 저는 힙합이 좋아요.
부모	힙합은 왜 좋아해?
아이	뭔가 있어 보이고 멋있잖아요.
부모	주변 친구 중에 멋있어 보이는 아이가 있어?
아이	해인이요.
부모	해인이가 왜 멋있다고 생각해?
아이	해인이는 얼굴도 예쁜데, 공부도 잘하고, 친구들에게도 친절해요.
부모	그러면 우리 현우가 멋있어 보이려면 당장 힙합을 할 수는 없고, 친구들에게 친절한 것부터 하면 좋겠네.

⑤ 비판적 반문법

반문법은 아주 오래전부터 지적 깨달음의 효력이 증명된 고전적인 대화법이죠. '과연 그런가?', '확실한가?' 같은 비판적 반문법으로 사물의 본질을 조금 더 알아가는 대화를 할 수 있습니다. 주의할 것은 실제로 비판적 의문을 제기하기보다는 더 본질적인 이해를 위해 반문을 하는 만큼 '안 된다'는 부정적인 뉘앙스가 아니라, '그럼 무얼까?'라는 탐구의 뉘앙스를 풍겨야 한다는 것이죠.

아이	오늘 선생님에게서 빛의 성질에 대해 배웠어요. 빛은 무조건 직진한대요.
부모	과연 빛이 무조건적으로 직진한다고 할 수 있을까?
아이	네? 아닌가요?
부모	창문을 통해 들어온 빛이 어떻게 되었지?
아이	창문이 열려 있으면 빛이 그대로 들어오죠.
부모	그렇다면 창문이 닫혀 있을 때는 어떻게 될까?
아이	그때는 빛이 들어오지 않죠.
부모	맞아. 그렇다면 과연 빛이 진짜 직진한다고 할 수 있을까?
아이	그래도 그건 막힌 거지 직진하는 것은 맞지 않나요?
부모	그럼 수영장에 갔을 때 물속에 담긴 발이 실제와 달라 보이는 경험이 있지?
아이	맞아요. 눈에서 보이는 것과 달랐어요.
부모	그건 빛이 물과 닿으면 꺾인다는 얘기지.

아이	그럼 빛이 물체를 만나면 그 물체가 고체나 액체냐에 따라서 다르게 되는 거네요!
부모	맞아. 빛은 매질의 성질에 따라 반사하거나 굴절하기도 하지.
아이	아하, 그렇군요! 빛은 직진하기도 하지만, 상황에 따라 다르게 행동하는 거네요.
부모	그래. 자연 현상은 단순하지가 않아. 다양한 조건과 상황을 고려해야 본질을 이해할 수 있단다.
아이	네, 이제 잘 알겠어요. 더 자세히 관찰하고 생각해봐야겠어요.

아이가 이렇게만 대화에 응해준다면 정말 이상적이겠죠. 아마 대부분은 예시에 나온 식으로 아이의 리액션을 끌어내기는 어려울 것입니다. (너무 천사들이잖아요.) 하지만 그 과정이나 방법은 충분히 시도할 만합니다. 중요한 것은 질문이 이어지고 대화가 이어지는 과정에서 아이는 생각을 한 번이라도 더하고, 자신의 호기심을 충족시킬 수 있으며, 무엇보다 질문을 통해 세상을 확장해가는 방법을 알게 됩니다.

앞에 제시한 방법의 핵심은 아이의 질문에 바로 답변을 주는 것이 아니라, 연관된 또 다른 질문으로 이어간다는 것입니다. 이렇게 하면 아이가 스스로 생각해볼 기회를 가질 수 있죠. 아이의 질문에 바로 답변하기보다는 관련된 또 다른 질문으로 연결해나가면서 아이의 호기심과 탐구심이 자극되고, 순차적 사고력과 논리력도 기를 수 있습니다.

예시들의 대화를 보면 이 부모들은 과학 점수가 좋은 사람임이 분명합니다. 자연스럽게 과학의 여러 사실을 아이에게 알려주고 있어요. 그런 의미에서 이런 대화는 아무리 아이와 한다고 해도 부모가 어느 정도 지식을 알고 사전에 생각하지 않으면 끌고 나가기 어려운 대화이기도 합니다. 사실 알고는 있고, 예전에 배웠지만 거의 잊어버린 이야기가 대부분이긴 하죠. 그래도 기억을 되살리기 위해서는 다시 한번 찾아보면 좋은 정보들입니다.

그러니까 아이와 대화하기 위해 사전에 준비를 해야 한다는 것이죠. 부모 입장에서는 그렇게까지 하는 것은 꽤 힘든 일이라고 생각할 수 있지만, 이런 연습이 아이뿐 아니라 부모의 생각이나 정보, 그리고 질문법을 확장하고 발전시킬 수 있는 길이기도 합니다.

메타인지와
아이 성향별 질문법

?.... 알고리즘 추천의 위험성

지금의 넷플릭스는 영상 스트리밍 서비스를 하는 글로벌 OTT 기업이지만, 처음에는 미국 내에서의 우편 DVD 대여업으로 시작했어요. 넷플릭스가 창업하던 해인 1997년만 해도 비디오테이프로 영화를 보던 시대라 비디오 대여점인 블록버스터 같은 기업이 영화 대여 시장은 꽉 잡고 있었죠. 그래서 넷플릭스는 당시로서는 신생 매체인 DVD를 택한 것인데요, 문제는 규모의 차이뿐만 아니라 영화 타이틀의 개수에도 있었습니다. 비디오는 이미 전통적인 매체가 되어서 너무나 많은 영화 타이틀이 있는 반면 DVD로 제작되는 영화의 수는 제한적이고, 게다가 예전 영화는 있지도 않아서 대여점 입장에서는 빌려줄 만한 타이틀이 많지 않다는 치명적인 문제점이 있었던 겁니다.

이것을 풀어낸 넷플릭스의 방식이 바로 추천 서비스죠. 어차피 수십만 개의 영화 타이틀이 있어도 한 사람이 볼 수 있는 타이틀은 한정되어 있습니다. 일주일에 한 개씩 봐도 1년에 52개 밖에 못 봐요. 그러니 수천 개밖에 안 되는 타이틀이지만, 그 안에서 영화를 보는 사람의 성향을 파악해 그에 맞춰 영화를 추천하자는 거예요. 영화 애호가가 아닌 이상 일반 대중은 마케팅하는 최신 영화 외에는 영화 정보를 잘 알지 못하니, 고객이 보고 즐거워한 전작들을 분석해서 고객의 취향을 알아내고, 그 고객의 취향에 맞을 만한 DVD 타이틀을 추천하는 식으로 사업의 경쟁력을 높여간 거예요. 그랬더니 몇천 개의 타이틀로도 충분할 만큼 효과적으로 영화 타이틀이 회전되기 시작한 거죠. 이 전략을 스트리밍으로도 가져와서 지금도 넷플릭스는 계정마다 전부 다른 선택화면을 보여주죠. 그 전에 고객이 본 영화를 분석해 취향을 파악하고, 그 취향에 맞는 영화를 추천해주는 것입니다.

AI 알고리즘을 활용한 이런 추천 시스템으로 물건이나 서비스, 콘텐츠를 파는 것은 이제는 보편화된 방식입니다. 하지만 이런 방식의 치명적인 문제점이 하나 있죠. 그건 취향 감옥에 갇힐 수 있다는 점이에요. 넷플릭스의 추천에 선택을 맡기면 결국 맨날 보는 장르의 영화만 보게 되고, 맨날 보는 배우의 영화만 보게 됩니다. 그걸 계속 보고 있노라면 모든 영화가 다 그 같은 줄 알게 돼요. 다양성이라는 관점이 사라지게 됩니다.

SNS가 대표적으로 그런 문제를 드러내는데요, 선거 때가 되면 여당 지지자는 여당을 지지하는 SNS 친구들의 피드만 보게 되죠. 좋아요를 눌렀으니까요. 반대로 야당 지지자는 또 야당을 지지하는 메시지만 보게 됩니다. 그러니 선거가 당연히 자신의 지지당 위주로 흘러가는 줄 알아요. 막상 결과가 나와 보면 기대와 어긋날 때가 있으니, 자기 입장에서는 부정선거가 아닌 한 이럴 수가 없는 거죠. 여론이(라고 알고 보았지만 사실은 개인의 취향대로만 보여주는 SNS가) 분명 자기가 지지하는 당이 대세라고 말해주었거든요. 취향 감옥에 갇혀 세상을 공정하고 공평하게, 그리고 객관적으로 바라보는 눈을 잃어버리게 한 것입니다.

?.... 취향과 다양성의 비율

여기서 아이의 교육에 적용해볼 문제점을 하나 생각해볼 수 있습니다. 수많은 교육이 AI를 활용함으로써 맞춤 교육이 가능하다고 하는 시대가 되었거든요. 아이의 선호, 자질, 능력을 진단하고 그에 맞춰 교육을 실시한다고 합니다. 유아 시절에서부터요. 그러면 자칫 유아 때부터 가능성과 한계가 재단당하고, 제한당할 수도 있는 거죠.

아이의 장점은 아직 어리다는 거예요. 수많은 가능성의 길 앞에 서

있는 아이에게 그중 한 길을 벌써부터 정하고 그 길로만 달려가게 하는 것이나 마찬가지 상황이 될 수도 있다는 것입니다.

그래서 고민인 거죠. 맞춤 교육이라는 것이 좋은 것일까요? 오히려 독이 되는 것일까요? 내성적인 아이를 조금 더 외향적으로 키우고 싶은데, 교육 자체가 내향적 성향에 맞춰서 진행된다면 아이는 외향적인 기질을 끄집어낼 기회를 잡기가 힘들어질 수 있습니다. 너무 외향적이어서 조금 차분하게 아이를 다독이고 싶은 부모에게는 외향적인 성격에만 맞춰서 진행되는 교육이 아쉬울 수도 있고요.

참고가 될 만한 자료는 넷플릭스에 있을 듯합니다. 넷플릭스의 개인별 1:1 맞춤 추천 전략은 시장에서 잘 통했고, 당시 시장 지배자인 비디오 대여점 프랜차이즈 블록버스터에 잡아먹히지 않고 훌륭하게 싸워 살아남게 됩니다. 하지만 넷플릭스는 여기에 그치지 않았죠. 새로 뜨는 스트리밍 서비스에 대응해 회사를 변신시켰고, 2007년부터 본격적으로 OTT 서비스를 하게 돼요. 우편으로 DVD를 주고받던 사업이 재고를 관리하거나 공간적인 제약이 없는 디지털 기반의 IT 사업처럼 되니, 순식간에 세계적인 서비스가 되어버립니다.

이때까지만 해도 넷플릭스 콘텐츠는 기존의 드라마나 영화를 유통하는 것이었는데, 2013년 〈하우스 오브 카드〉 같은 오리지널 콘텐츠를 제작하면서 본격적으로 콘텐츠 제작에도 관심을 보이게 됩니다. 지금 넷플릭스는 할리우드 메이저 5대 영화사와 함께 미국영화협회 회원이기도 합니다.[74] 영화사 못지않은 제작사 역할도 하는 거예요.

넷플릭스는 자신의 특성을 잘 살려 알고리즘에 의한 추천으로 DVD 대여부터 OTT까지 경쟁력 있게 사업을 했고요, 심지어 콘텐츠를 제작할 때도 알고리즘에 의한 추천을 참고로 삼아 드라마나 영화를 만들었어요. 데이터를 보고 시청자가 좋아하는 배우, 내용, 감독, 장면 등을 파악한 뒤에 그에 따라 만들었죠.

자신이 잘하는 것을 핵심 경쟁력으로 가지면서도 그 본질만 살리고 외형상으로는 다양한 기회를 접한 것입니다. 이것이 사람에서도 똑같이 적용될 듯합니다. 아이의 기질과 성격은 어느 정도 타고나는 것도 있잖아요. 그 타고나는 것을 잘 활용하는 맞춤 교육은 자신이 본래 가진 것과 맞는다는 점에서 아이에게 편안함을 줄 것입니다. 하지만 그렇게만 되면 한계와 취향에 너무 일찍 갇혀버리게 되니까, 끊임없이 다른 것에 대한 다양성은 보여주고 경험시켜야 합니다. 수치적으로 정확하게 나눌 수는 없지만 대략 80:20 정도의 비율이 적절할 것입니다.

?…. 메타인지로 자존감 채우기

아이의 특성과 기질에 맞는 맞춤형 교육은 AI가 점점 발전하는 만큼 시대의 대세가 될 수밖에 없을 것이고, 매우 유용하게 실현될 가능성이 큰데, 그 가운데 아이의 기질이나 특성을 올바르게 파악하는 것이

자기를 들여다보는 아이.

첫걸음이 될 것입니다.

그래서 가장 먼저 필요한 것은 아이가 스스로 어떤 사람인지 객관적으로 이해하고 반성적으로 성찰할 수 있는 메타인지Metacognition 능력입니다. 메타인지란 자신의 인지 과정에 대한 인식과 통제를 의미합니다. 곧 자신이 무엇을 아는지, 무엇을 모르는지를 아는 것이며, 자신의 사고 과정을 모니터링하고 조절할 수 있는 능력을 말합니다.

메타인지는 인지 지식Cognitive Knowledge과 인지 조절Cognitive Regulation의 두 부분으로 구성되는데, 인지 지식은 자신의 지식과 능력에 대한 이해나 주어진 과제의 특성과 요구 사항에 대한 이해 등을 말합니다. 그리고 인지 조절은 계획을 수립하거나 평가와 조정 등을 하는 능력입니다.

메타인지는 효과적인 학습과 문제해결에 매우 중요한 역할을 합니다. 메타인지 능력이 높을수록 자신의 인지 과정을 잘 통제할 수 있어 과제 수행 능력이 향상됩니다. 또한 어려운 문제에 직면했을 때 적절한 전략을 선택하고 활용할 수 있습니다.

메타인지가 약한 사람은 비효율적인 행동을 많이 하게 돼요. 제가 어릴 때는 수학 문제집 중에 마스터 수학이라는 것이 있었어요. 아주 어려운 수학 문제만 모아놓아서, 그것을 가지고 있으면 수학을 잘하는 학생처럼 보이는 문제집인데, 저도 그렇지만 보통 한 반의 20~30%는 그 마스터 수학 문제집을 사는 것이 유행이었습니다. 그런데 그 수학 문제집을 풀 정도의 아이는 2~3%도 안 돼요. 한 학기가 지나도 다들 문제집을 풀기는커녕 매우 책을 아껴서 보는 학생이 되어 있는 거죠. 그 문제집을 샀기 때문에 실제 수준에 맞는 문제집을 못 사서, 결과적으로는 수학 점수가 더 안 좋게 나왔습니다.

문제 상황에 직면해도 문제를 객관적으로 보는 힘이 낮고, 자신이 그 문제에 대응할 수 있는 가능성을 높게 보다 보니 문제 상황을 키워버리는 경향이 있죠. 그뿐 아니라 메타인지가 약하면 목표에 대해 수동적이 되기도 합니다. 주도적으로 계획을 세우고 자신의 실천행동을 평가하고 피드백하는 능력이 떨어지다 보니, 처음부터 하라는 것만 하는 수동적인 자세로 모든 일에 임하게 되죠. 쉽사리 동기부여가 안 되고, 그에 따라 자신감도 결여되어 있을 가능성도 크고요.

메타인지가 자기반성적 성찰이라고 하면 자기반성을 하기 때문에 자신에 대한 자존감이 부족한 거라고 생각하는 분도 있는데, 오히려 그 반대입니다. 중요한 것은 성찰이거든요. 자신이 할 수 있는 것과 그렇지 않은 것을 정확히 구분해서, 목표나 일에 임합니다. 자존감의 큰 기둥이 되는 자신감은 '무조건 할 수 있다'라는 마음에서 나오는 것이 아니라, '자신이 할 수 있다고 생각한 일을 하는 것'에서 나오는 겁니다. 메타인지가 있는 사람이 자존감이 더 꽉 차 있을 수 있는 이유죠.

?.... 아이의 메타인지를 키워주는 방법들

이러한 메타인지는 나이가 들면서 보통은 성장해갑니다. 아무래도 자신에 대한 평가를 객관적으로 해야 하는 상황에 대한 경험이 쌓이게 되니까요. 그 객관적 결과 앞에서 자신도 자발적이지는 않지만, 그래도 성찰하게 되고요.

하지만 이런 메타인지 능력이 어릴 때부터 있으면 아무래도 자신의 능력을 발전시키고, 새로운 분야를 관찰하는 데에도 유리할 수 있습니다. 일단 자신이 잘하는 것을 정확히 알면 그것을 강화할 수가 있잖아요. 강점이 분명하다고 하면 다른 부분에서는 조금 못해도 평균의 법칙 때문에 충분히 상쇄될 만합니다. 약한 부분에 시간을 투자할 여유를 얻게 되는 거죠.

그렇다면 아이에게 메타인지를 키워줄 만한 방법은 어떤 것이 있을까요? 솔직히 부모도 메타인지가 안 되는 경우가 많기 때문에 이 방법을 본격적으로 시행하기는 어려울 수 있습니다. 그래서 부모와 아이가 같이 메타인지를 해야 하는데요, 전반적으로는 자신의 결정과 생각, 행동을 돌아볼 수 있는 질문을 스스로에게 던지는 것입니다. 결과보다는 과정을 점검하고, 평가하는 거죠. 다음과 같이 5S로 정리됩니다.

① Self-questioning : 과정에 대해 질문하기

아이가 문제를 해결하거나 과제를 풀어나갈 때, 그 결과보다는 과정에 주목하고, 과정을 상기할 만한 질문을 던지는 것입니다. 그렇게 생각하기까지의 과정을 설명해보라는 것이죠. 이것은 과정의 정당성을 설득하라는 의미보다는 과정을 복기하고, 그것을 객관적으로 인식해 보라는 의미가 강합니다. '이번에는 어떤 방법으로 문제를 풀었는지 설명해볼까?', '왜 사과라고 대답했는지 그 생각의 과정을 설명해볼까?' 같은 질문으로 과정의 중요성과 의미에 대해서 강조하는 거예요.

이런 과정에 대해서 생각하게 되면 아이는 직관적 대답보다는 논리적 대답을 선호하게 되는데, 논리적이라는 것은 과정까지 합리적으로 구성된다는 이야기거든요. 과정이 합리적이면 답이 조금 틀리더라도 살아가는 데 큰 문제는 없습니다. 과정이 적절하면 언젠가는 그 답이 재평가받게 되니까요.

② Self-examination : 자기 점검 및 모니터링 유도

자기 스스로를 돌아보고 생각할 수 있는 질문을 던지는 것입니다. 이것이 잘되는 사람은 계획을 세우고, 그것을 잘 지키는 사람이 됩니다. 스스로를 점검하고 모니터링할 수 있다는 것은 필요한 때 절제력을 발휘할 수 있는 사람이라는 의미니까요.

끊어야 할 때 끊고, 자리를 박차야 할 때 박찰 수 있는 사람은 전체 흐름에서 지금 자신의 위치와 맥락을 잘 파악하는 사람이거든요. 그래야 지금이 끊을 때라는 판단이 가능한 거니까요. 아이에게 과제를 수행하거나 할 때 중간중간 이해도나 어려움을 점검해보도록 합니다. '지금까지 잘 풀고 있는 것 같니? 어려운 부분은 없니?'같이 말이죠. '지금까지는 어때 괜찮아? 어렵거나 이해가 안 가거나, 다르게 하고 싶은 부분은 없어?', '너는 지금 어떤 생각을 하고 있니?' 같은 질문을 통해 사전 점검을 하고, 언제든지 아이가 과정의 개선이나 평가에 대한 질문이나 의견을 개진하면 진지하게 들어주는 자세가 필요합니다.

③ Self-awareness : 메타인지에 대해서 스스로 인식하도록 대화하기

메타인지라는 개념을 설명해도 좋고, 그 메타인지를 적용해보는 대화를 아이와 나눠보는 것도 좋습니다. 메타인지가 부족한 아이는 자기가 하고 싶은 일을 하고, 하고 싶은 대화를 합니다. '나는 거짓말을 못해'라는 이유를 대며 자신이 하고 싶은 독설을 친구에게 날리는 사람도 많죠. 제3자 입장에서 보면 굳이 하지 않아도 될 말을 자기 마음만 편하자고 다른 사람의 마음을 불편하게 하는 게 눈에 보입니다. 그럴 때 "제3자 입장에서 너와 친구의 의견 중에 어느 게 더 매력적일 것 같아?"라는 말을 듣고 자란 아이는, 제3자 입장에서 한 번 더 생각할 가능성을 갖게 되기 때문에 자제할 수 있겠죠.

"네가 친구라면 지금 네가 고른 이 선물을 좋아할까?" 같은 질문을 통해 아이가 자신의 주관적 관점뿐 아니라 2자적 관점, 3자적 관점까지 동원해서 가능한 한 폭넓게 자신의 행동을 평가할 수 있도록 유도해야 합니다.

④ Soul-searching : 성찰의 기회 마련

흔히 '반성과 성찰'이라는 짝으로 많이 쓰이다 보니 성찰이라는 말을 잘못된 것을 리뷰하는 정도로 받아들이기도 하는데, 성찰은 자신이 한 일을 깊이 있게 다시 생각하고 돌아보는 것입니다. 자기 탐구에 가깝습니다. 아이는 과거의 추억보다는 미래의 기대에 살기 때문에, 이 성찰의 기회가 많지 않습니다. 그만큼 아이 입장에서 한 번이라도 해보면 꽤 차별성 있는 경험이 될 거예요. 과제를 수행한 후에, 어떤 일을 완료한 후에 자신의 접근방식, 수행과정에서의 태도 등에 대해 리뷰해보도록 유도합니다. "그 일을 하면서 아쉬웠던 점이나 이렇게 하면 더 좋았겠다 하는 부분은 어떤 것이 있어?" 같은 질문으로 자신이 한 일을 한 번쯤 돌아보는 시각도 필요할 때가 있다는 것을 깨닫게 해야 합니다.

⑤ Self-check Tests : 자기점검 테스트 기회 제공하기

메타인지에 이르는, 재미있으면서도 손쉬운 길은 테스트예요. 가장 많이 알려진 것이 MBTI인데요, 테스트 결과 자신은 어떤 유형인지 파악하는 것이 사실 메타인지죠. 그 결과를 절대시할 필요는 없지만, 대중이 MBTI에 열광하고 재미있어하는 것은 그 결과가 자신에 대해, 그리고 자신의 친구에 대해 상당히 많은 것을 설명해주기 때문입니다. 제가 아는 어떤 분은 어릴 때 거의 10년을 사귀다 헤어진 남자친구가 있는데, 서로 너무 안 맞아서 이해하지 못했다고 해요. 하지만 MBTI라는 게 그때 있었고, 그것을 알았다면 헤어지지 않았을지도 모른다고 하더라고요. 무슨 말인가 하면 데이트를 해도 자신은 친구들과 다 같이 만나서 놀고 싶어 하는데, 남자친구는 여성분의 친구들을 같이 만나기를 싫어하더라는 거죠. 지금 생각하면 자신은 외향적인 E 성향이고, 남자친구는 내향적인 I 성향이어서 그랬다는 거예요. 그런데 어릴 때는 자신의 친구를 만나기 싫어하는 것을 보고 자신을 그다지 좋아하지 않는다고 생각하면서 남자친구와의 다름을 이해하지 못했다는 것입니다.

MBTI는 규격화되어서 제한된다는 단점이 있긴 하지만 메타인지의

한 모습이라고 할 수 있어요. 자신의 성향을 객관적으로 인지할 수 있고, 다른 사람의 행동도 어느 정도 3자적 관점에서 이해할 수 있죠.

MBTI뿐 아니라 여러 가지 성격 검사 도구가 있으니 이런 검사 도구를 잘 활용해보는 것도 좋습니다. 다만 이런 검사는 절대적이라고 할 수는 없고, 또 그 결과가 고정되지도 않아요. 자라면서 상황에 따라 바뀌기도 하니까 너무 믿지는 말고, 아이를 객관적으로 판단할 수 있는 틀 중 하나가 될 수 있다는 정도의 도구적 관점에서 접근하는 것이 좋습니다.

이런 테스트를 활용하지 않더라도 아이를 점검할 수 있는 질문도 있습니다. "넌 어떤 방법으로 공부하면 가장 효과적인 것 같아?" 같은 질문은 자신에 대해 점검하고 생각할 기회를 제공하니까 이런 질문을 활용하는 것도 괜찮습니다.

5

아이의 머릿속에 맴도는
질문을 꺼내주기

?.... 5W2H

아이의 질문은 단순한 편입니다. 경험의 한계, 어휘의 한계 등 때문이
기도 하지만, 질문을 구성하는 스킬 자체에도 한계가 있어서입니다.
궁금한 만큼 그 궁금함을 잘 담아내는 질문을 못 만들어내는 것이죠.
그래서 '왜?'만 반복하게 되는데, 아이의 궁금증은 이유에만 한정되는
것은 아니거든요. 분명 '왜?' 외에도 궁금한 것이 많습니다.

　그래서 궁금한 것을 물어볼 수 있는 질문을 만드는 구체적인 방법에
대해 살펴보려고 합니다. 신문기사를 작성할 때나 문제해결을 할 때,
보통은 새로운 정보와 마주치게 되죠. 그런데 잘 모르는 정보라면 무

엇이 궁금하고, 어느 부분을 알아야 하는지조차 잘 모릅니다. 그럴 때 모르는 내용이라도 이에 따라 구성하면 어떤 정보가 필요한지 윤곽이 정확해지는 질문의 기술이 있습니다. 그것이 바로 육하원칙입니다. 영어로는 5W1H죠.

이 5W1H 기법은 기자가 취재할 때 사용하는 질문 구조로, 상황을 명확히 파악하고 핵심을 포착하는 데 도움이 됩니다.

1	What(무엇)	무엇에 대한 것인지 사물, 개념, 상황 등을 명확히 하는 질문입니다.
2	When(언제)	시간적 순서나 시기를 질문하는 것입니다.
3	Where (어디서)	장소나 위치에 대해 질문합니다.
4	Who(누가)	관련된 사람이나 주체가 누구인지 질문합니다.
5	Why(왜)	이유나 목적, 원인을 질문합니다.
6	How(어떻게)	방법이나 과정, 수단에 대해 질문합니다.

각각의 질문은 이렇게 분명한 분야를 담고 있는데, 여기서 하나를 더한다면 '얼마나?'라는 의문사를 추가할 수 있습니다. 이 의문사는 정도나 기간을 나타내는 말이죠. 그래서 문제해결 영역에서는 5W2H라는 말을 쓰기도 합니다. 여기서 추가되는 H는 'How much'로 주로 비용에 대한 물음입니다. 아무래도 문제해결 과정에서 많이 쓰이기 때문에 다분히 비즈니스적인 느낌이죠. 하지만 아이의 질문을 만드는 기술

에 대해 이야기하는 이 책에서는 이 How를 정도, 기간, 비용까지 다 포괄한 개념으로 추가해서 다루는 것이 좋겠어요. How much나 How long으로 생각하는 거죠.

7	How much, How long (얼마나)	정도, 기간, 비용에 대해 질문합니다.

?.... 아이에게 의문사라는 날개를 달아주기

아이들의 호기심에 내재된 의문점을 5W2H의 틀에 맞춰 정리하면 구체적이고 효과적인 질문을 만들 수 있습니다. 정리해보면 다음과 같아요.

Who (누가)	호기심의 대상이 되는 사람이나 존재를 명확히 합니다.
	예시 : 누가 이 책을 썼을까?
When (언제)	시간적 맥락을 담아 호기심을 구체화합니다.
	예시 : 이 사건은 언제 일어났을까?
Where (어디서)	장소나 공간적 위치를 명시하면 호기심이 더 분명해집니다.
	예시 : 이 문화는 어디서 시작되었을까?
What (무엇을)	궁금한 것이 구체적으로 무엇인지 확실히 합니다.
	예시 : 이 기계는 무엇을 하는 것일까?

How (어떻게)	과정이나 방식에 대한 궁금증을 표현합니다.
	예시 : 이 마술은 어떻게 이루어지는 것일까?
Why (왜)	이유나 원인에 대한 호기심을 잘 드러냅니다.
	예시 : 왜 이런 현상이 일어날까?
How long (얼마나)	기간이나 정도에 대한 호기심을 나타냅니다.
	예시 : 화성이 태양 주위를 한 바퀴 도는 데 얼마나 걸릴까?

이 5W2H는 막연한 호기심을 구체적 궁금증으로 전환하는 데 유용합니다. 하나의 대상에 대해 궁금한 것을 무작위로 질문해도 되지만, 체계적으로 그 대상을 파악하기 위해서는 아무래도 이런 방법론 하나쯤은 연습해놓는 것이 도움이 될 것입니다. 예를 들어, 아이가 "태양계에 대해 궁금해요."라고 말했다고 가정해봅시다. 여기서 5W 2H를 활용하면 다음과 같은 질문이 가능합니다.

Who	태양계를 발견한 사람은 누구일까?
When	태양계는 언제 형성되었을까?
Where	태양계는 우주의 어디에 위치해 있을까?
What	태양계는 무엇으로 이루어져 있을까?
How	태양계는 어떻게 (어떤 과정을 거쳐) 만들어졌을까?
Why	태양계가 생긴 이유는 무엇일까?
How long	태양계가 만들어지는 데 얼마나 걸렸을까?

이렇게 보면 5W2H는 하나의 대상에 대한 지식을 체계적으로 정리하는 가이드이기도 합니다. 그래서 아이에게 이 5W2H를 (기술적으로라도) 적용해보라고 하면, 호기심이 확장되는 효과가 있다는 것을 알게 됩니다. 처음에는 '왜?'만 외치던 아이가, '언제'나 '어디서'를 말하게 되면서, 실제로 언제부터였는지 궁금해지거든요. 전에는 그다지 궁금하지 않았는데, 의문이 제기되는 순간 궁금해지는 경우가 있죠. 예를 들면 유튜브에서 섬네일을 보기 전까지는 전혀 궁금하지 않던 사실이, 섬네일을 보는 순간 궁금해지는 경험이 있잖아요. '일본인의 기원은 어디인가?'[75], '드럼세탁기를 추천하지 않는 이유'[76], '미국이라는 국가가 탄생한 진짜 이유'[77] 같은 유튜브 섬네일은 이 제목을 보기 전까지는 전혀 궁금하지 않은 이야기였거든요. 그런데 이 섬네일을 보는 순간, '일본인들은 진짜 어디서 온 거지?'라는 궁금증이 생기고, 세탁기에는 관심도 없던 사람이 '그러면 드럼보다는 통돌이가 낫다는 것인가?'라는 호기심이 생기는 거죠. 미국이 어떻게 생겼건 말건 사는 데에는 전혀 지장이 없지만 '미국이 생긴 진짜 이유'가 갑자기 궁금해지기도 하고요.

호기심에서 질문이 나오긴 하지만, 질문은 그것이 던져지고 난 이후에 호기심을 이끌어내기도 합니다. 특히 아이는 자신의 궁금증이나 호기심을 정확하게 실체화할 줄 모르기 때문에 더더욱 그렇습니다. 아이의 '왜?'라는 질문이 실제로 '왜'를 궁금해하는 것이 아니라 '어떻게?'

아이에게 의문사라는 날개를 달아주기.

를 궁금해할 수도 있다는 거예요.

"엄마가 먼저 아빠한테 대시했잖아."라고 했을 때, 아이가 '왜?'라고 말하면, '왜 그런 일을 했어?'가 아니라 '어떻게?'를 물어보는 질문일 수도 있다는 거죠. (그런데 이 경우는 '왜 그런 일을 했어?'일 확률이 훨씬 높긴 하네요.) "개는 원래 야생동물이었는데, 인간과 같이 살게 된 거야?" 라고 했을 때 '왜?'라는 아이의 질문도 사실은 '왜?'가 아니라 '어떻게?'를 물어보는 질문일 수 있다는 거죠.

아이에게 의문사라는 날개를 달아주면 아이의 호기심이 실체를 가지고 날아오를 수도 있습니다. 그래서 의문사를 붙여 자신의 호기심을 구체화하는 연습을 해보는 것이 좋습니다. 5W2H를 연습하는 것은 사물이나 사건의 모습을 체계적으로 파악하는 방법이기도 합니다. 문제 해결력이나 기획의 방법, 회의의 기법같이 비즈니스 스킬로 가도 중요하게 나오는 것이 바로 5W2H거든요.

어떤 대상에 대해 기술적으로라도 이 5W2H를 적용해보는 연습을 아이와 함께 해보세요. 아이에게 키워드를 주고, 그 키워드에 대한 5W2H를 적용해보는 것입니다. 그리고 그 질문의 답을 같이 검색해서 찾아가면 질문 연습도 하고, 호기심도 충족하고, 그리고 부모와 같이 탐구하는 시간도 가지면서 여러 가지로 장점이 있습니다. 다음과 같이 키워드와 질문에 대한 나양한 예를 들 수 있는데, 키워드는 아이와 같이 선정해도 좋고, 아니면 뽑기처럼 추첨할 수 있게 키워드를 만들어 아이가 무작위로 뽑은 키워드에 대해 질문을 만드는 연습을 해보는 것도 좋습니다.

① 대상 : 북극곰

Who(누가) – 누가 북극곰 보호에 앞장서고 있나요?

When(언제) – 북극곰은 언제 멸종 위기종이 되었나요?

Where(어디서) – 북극곰은 어디에서 주로 서식하나요?

Wha (무엇) – 북극곰은 무엇인가요?

How(어떻게) – 우리는 어떻게 하면 북극곰을 보호할 수 있을까요?

Why(왜) – 북극곰이 멸종 위기에 처한 이유는 무엇인가요?

How much/many(얼마나) – 현재 북극곰 개체 수는 얼마나 되나요?

② 대상 : 인공지능

Who(누가) – 누가 인공지능 기술 발전을 주도하고 있나요?

When(언제) – 인공지능이라는 말은 언제 처음 쓰였나요?

Where(어디서) – 인공지능 기술이 가장 많이 활용되는 분야는 어디
인가요?

What(무엇) – 인공지능이란 무엇인가요?

How(어떻게) – 인공지능은 어떻게 학습하고 발전하나요?

Why(왜) – 왜 인공지능 기술 개발이 중요한 이슈가 되었나요?

How far(얼마나 멀리) – 인공지능 기술은 앞으로 얼마나 더 발전할
수 있을까요?

③ 고양이

Who(누가) – 누가 고양이 품종 개량에 앞장섰나요?

When(언제) – 고양이가 가축화된 시기는 언제인가요?

Where(어디서) – 고양이는 어디에서 기원했을까요?

What(무엇) – 고양이란 무엇인가요?

How(어떻게) – 고양이는 어떤 방식으로 정서적 교감을 나누나요?

Why(왜) – 왜 고양이가 반려동물로 인기를 얻게 되었나요?

How many(얼마나 많이) - 세계에는 현재 얼마나 많은 고양이 품종이 있나요?

How often(얼마나 자주) - 고양이는 평균적으로 얼마나 자주 예방접종을 해야 하나요?

④ 우주 탐사

Who(누가) - 누가 우주 탐사 기술 발전을 이끌고 있나요?

When(언제) - 인류가 처음으로 우주를 탐사한 시기는 언제인가요?

Where(어디서) - 지구 외 생명체 존재 가능성이 가장 높은 곳은 어디인가요?

What(무엇) - 우주 탐사란 무엇을 말하나요?

How(어떻게) - 우리는 어떤 방식으로 우주를 탐사하고 있나요?

Why(왜) - 왜 우주 탐사가 중요한 과제가 되었나요?

How long(얼마나 오래) - 화성 유인 탐사가 실현되려면 얼마나 오랜 시간이 걸릴까요?

How far(얼마나 멀리) - 우리가 현재 기술로 우주를 탐사할 수 있는 한계 거리는 어디까지인가요?

⑤ 떡볶이

Who(누가) - 누가 떡볶이를 처음 만들었나요?

When(언제) - 떡볶이가 처음 만들어진 시기는 언제인가요?

Where(어디서) - 유명한 떡볶이 맛집은 어디인가요?

What(무엇) - 떡볶이란 무엇인가요?

How(어떻게) - 맛있는 떡볶이를 만드는 방법은 무엇인가요?

Why(왜) - 왜 떡볶이가 대중적인 분식이 되었을까요?

How much(얼마나) - 떡볶이 가게에서 한 그릇에 얼마 정도를 받나요?

How often(얼마나 자주) - 떡볶이를 얼마나 자주 먹는 것이 건강에 좋을까요?

⑥ 대상 : 전기자동차

Who(누가) - 누가 전기자동차 기술 개발을 선도하고 있나요?

When(언제) - 전기자동차가 본격적으로 상용화된 시기는 언제인가요?

Where(어디서) - 전기자동차가 가장 많이 보급된 국가는 어디인가요?

What(무엇) - 전기자동차란 무엇인가요?

How(어떻게) - 전기자동차는 어떤 원리로 작동하나요?

Why(왜) - 왜 전기자동차가 주목받고 있나요?

How much(얼마나 많이) - 전기자동차 배터리 충전에는 얼마나 많은 비용이 드나요?

⑦ 미세플라스틱 오염

Who(누가) – 누가 미세플라스틱 오염 규제를 주도하고 있나요?

When(언제) – 미세플라스틱 오염 문제가 주목받기 시작한 때는 언제인가요?

Where(어디서) – 미세플라스틱 오염이 가장 심각한 지역은 어디인가요?

What(무엇) – 미세플라스틱 오염이란 무엇인가요?

How(어떻게) – 우리는 어떻게 하면 미세플라스틱 오염을 줄일 수 있을까요?

Why(왜) – 왜 미세플라스틱 오염이 심각한 문제가 되었나요?

How much(얼마나 많이) – 현재 미세플라스틱이 해양에 얼마나 많이 유입되고 있나요?

How often(얼마나 자주) – 우리 생활 주변에서 미세플라스틱 노출이 얼마나 자주 일어나고 있나요?

이렇게 연습하는 것이 아직은 어려운 나이의 아이라면 부모가 이 질문법을 활용해 아이에게 질문을 던지는 것도 괜찮습니다. 아이가 "저 새는 왜 저런 소리를 내요?"라고 했을 때, 부모가 "저 새는 여기 말고 또 어디서 본 적이 있지?", "새는 소리를 어떻게 내는 걸까?"라고 아이에게 되물어주면서 호기심을 확산시키는 것이죠. 아이도 이런 방법을 통해 질문을 구체화하는 것을 배울 수 있고요. 이때 부모가 되물어주는 질문 내용을 5W2H를 참고하면 비교적 다양하게 재질문할 수 있습니다.

4장 ·······················

생각을 표현하는 능력이 아이의 미래를 결정한다

부모가 자녀에게 주는 최고의 유산은
좋은 습관이다.
그리고 그 못지않게 중요한 것이 있다면
그것은 아마 따뜻한 추억일 것이다.

-존 스미스

부모와 아이는
원 팀이다

?…. 김형석 작곡가가 당황한 이유

1990년대 그리고 2000년대까지의 대중음악계에서 빼놓고 이야기할
수 없는 인물 중 하나가 김형석 작곡가입니다. 김광석, 김건모, 성시경,
이문세, 신승훈, 박진영의 음악을 작곡했고[78], 영화나 드라마 OST를
크게 성공시키기도 한 인물로 대중적 인지도가 상당해서, 지금도 여러
예능 프로그램에서 만날 수 있는 인물입니다. 그런데 2024년 봄에 김
형석 작곡가가 X에 올린 글 하나가 화제가 되었는데요, 한 지역 공기
관의 박람회에 쓸 공모 노래를 선정하는 역할을 맡았다가 '멘붕'에 빠
졌다는 내용이었습니다. 박람회 주제가를 다른 전문가들과 같이 심사

김형석 @kimhs0927 · 12시

엊그제 모 기관의 의뢰로
작곡 공모 심사를 했다.
1위로 뽑힌곡이 제법 수작이었다. 그런데 오늘
주최측으로부터 AI를 사용해서 텍스트만 치고
만들어진 곡이라는 통보를 받았다.

이걸 상을 줘야 되나 말아야 되나...
그리고 이제 난 뭐먹고 살아야 되나.허허...

♡10   ⤻1.5천   ♡1천   ᴵᴵᴵ582천   🔖   ⤴

작곡가 김형석이 X에 올린 게시글.[79]

해서 1등을 뽑았는데, 알고 보니 그 노래가 AI를 사용해 만들었다는 거
죠. 작곡뿐 아니라 노래까지 전부 AI가 했다는 거예요.

이 노래를 만든 사람은 AI 서비스에 문자 명령 입력을 수차례 거쳐
만들었을 뿐, 실제로 음악작업을 한 것은 아니라는 것이죠. 그런데 공
모전 주최 측은 AI로 참가하면 안 된다는 사전 안내가 없었고, 또 미래
교육에 대한 박람회의 주제가라는 면에서 의의에도 부합하는 면이 있
어 주제곡으로 최종 선정했다고 합니다.

이 사건을 두고 김형석 작곡가는 "AI에게 (명령을 입력하는) 이 행위
를 하기 위해서 어떤 생각과 철학과 사상과 혹은 아이덴티티(정체성)
에 혹은 인생을 살아왔는지 이런 것들이 훨씬 중요해지지 않을까…"[80]

라고 해당 사건에 대한 뉴스 인터뷰를 하기도 했습니다.

2023년에만 해도 미국의 지역 미술대회에서 AI로 우승을 차지한 작품이 나오자 전 세계가 떠들썩하게 놀란 적이 있거든요. 그 이후에도 국제 사진전에 AI로 만든 사진이 대상을 수상하고, 미술관 공모전에 수상하는 등 종종 화제가 되더니 요즘은 조용해졌습니다. 그런 행위들이 없어진 게 아니라 보편화된 거죠. 한국에서도 AI 전문가가 아니라 일반인이 그냥 대중에게 서비스되는 프로그램을 사용해서 노래를 만들어 이렇게 공모전 우승을 차지하는 일이 일어나고 있는 거예요. 불과 1년 사이에 말이죠.

?.... AI의 다음 물결, 휴머노이드 로보틱스

AI는 프로그램이나 프로덕트로 따로 나오기도 하지만 기존의 전자제품과 결합해 업그레이드된 형태로 우리 앞에 제시되기도 합니다. 예를 들어 삼성전자의 냉장고와 AI를 결합한 '비스포크 AI 패밀리허브' 냉장고는 카메라 기반의 비전 AI 기술로 입·출고되는 식재료를 인식하고, 삼성 푸드 서비스를 통해 식습관에 맞는 개인 맞춤형 레시피를 제안할 수 있습니다.[81] 그러니까 냉장고를 열어보지 않고, 그냥 냉장고에게 "오늘 저녁 뭐 해 먹을 수 있어?"라고 말하면, "지금 가지고 있는 재료로는 OOO와 XXX가 가능합니다. 레시피는 여기 있어요."같이 냉장

OpenAI가 발표한 피규어 01 휴머노이드가 테이블 위에서 먹을 만한 것을 달라고 하자 요구에 맞춰 사과를 집어 주는 모습.82

고에게 저녁 메뉴를 추천받을 수 있다는 얘기죠.

스마트홈 시스템으로 집안의 모든 가전이 AI로 연결되면 냉장고가 추천해준 레시피를 주방에 달린 요리 로봇이 직접 요리해서 음식을 제공할 수도 있고요, 세탁기, TV, 냉난방기기 등 거의 모든 가전이 밀접하게 연동되어 움직일 수 있게 됩니다.

그리고 궁극적으로는 이런 모든 제어기기를 통합해서 휴머노이드의 뇌 속에 심어놓게 됩니다. 휴머노이드는 사람과 대화해 집 안의 모든 기기를 통제하는 역할을 하게 되죠. 일론 머스크가 테슬라에서 자동차뿐 아니라 휴머노이드를 만들고 있고요, ChatGPT 개발사인

OpenAI도 미국의 휴머노이드 개발 스타트업인 피규어AI와 협업해 피규어 01이라는 휴머노이드를 발표하기도 했죠.[83] AI 호황의 최고 수혜기업 중 하나인 엔비디아의 젠슨 황 CEO는 인간의 모습을 똑 닮은 휴머노이드 로보틱스가 AI의 다음 물결Next Wave이 될 것이라고 하기도 했습니다.[84]

?.... 특정한 조건의 제한을 없애주는 AI

AI가 사람의 일을 본격적으로 대신할 모양새입니다. 그런데 그 과정에서 한 가지 주목할 만한 것이 있습니다. 아주 많은 일을 아이디어와 사람의 명령만으로 AI가 대신 해줄 수 있다면, 나이가 제한된 많은 일에 대해서, '왜?'라는 의문이 생길 수밖에 없습니다.

이를테면 앞으로 자율주행 차의 자율주행 수준이 완벽하게 구현되면 인간의 개입이 원론적으로는 금지될 수 있다고 하죠. 모든 것이 정확하게 통제되고 예측되는 교통의 흐름에서 통제 불가능한 것이 인간이 조작하는 차가 될 테니까요. 그래서 테슬라에서 개발하는 로보택시의 컨셉 사진들은 아예 핸들이 없는 모습으로 나옵니다.[85]

핸들이 아예 없는 로보택시가 실제 도로에서 주행하기까지 얼마나 걸릴지는 의견이 분분하지만, 한 가지 분명한 것은 너무 오랜 시간은 아니라는 것이죠. 그런데 이렇게 가까운 미래에 완전자율주행이 구현

된다면, 운전면허에 나이 제한을 두는 게 의미가 있을까요? 지금도 택시는 아이 혼자서도 탈 수 있잖아요. 이때가 되면 아이 혼자서 타는 게, 택시보다는 무인으로 운행하는 자율주행 차인 게 부모 입장에서는 더 안심이 될지도 모르겠습니다.

아직 어리기 때문에 제한된 많은 일이 AI 시대에는 더이상 제한될 필요도 이유도 없어질 수 있다는 거예요. 물론 나이 제한이 아이로서의 신체적, 물리적 한계뿐 아니라 공공사회에서의 배려나 매너 등 여러 가지가 통합되어 정해졌을 테지만, 어떤 부분에서는 AI 도입으로 나이가 아무 상관 없어지는 분야가 생기거든요. 자율주행 차도 그렇습니다. 핸들이 없다는 이야기는 유사시 수동으로 움직이는 게 아니라는 말이니까요.

자율주행 차는 운전면허를 보유하는 나이의 상한선도 없앱니다. 우리나라는 고령자라고 해도 강제로 운전면허를 정지시키지는 않는데, 운전면허를 반납하면 인센티브를 주는 등 고령자의 운전을 자제시키는 방향으로 정책을 추진하고 있습니다. 만 65세 이상 운전자에게는 기존 10년 주기인 적성검사가 5년으로 짧아지고, 75세부터는 3년마다 적성검사를 받아야 하기도 하죠.[86]

하지만 인센티브도 적고, 무엇보다 나이가 들면 걷거나 대중교통을 타는 일보다 오히려 운전을 하는 것이 더 편리하게 이동하는 방법이다 보니 고령자의 면허 반납은 잘 이루어지지 않아요. 그런데 아무래도

시각장애인 아웃로 씨가 혼자서 이동하기 위해 면허를 딴 로보택시에 탑승 중인 모습.[87]

고령이 될수록 운동기능과 인지기능이 떨어지니 사회적으로는 이에 대해 걱정이 큽니다. 그러니 완전자율주행 차는 고령자에게 가장 도움이 될 기술입니다.

현대차는 자율주행 기술을 적용한 아이오닉5 로보택시로 미국 네바다주에서 운전면허 테스트를 통과하기도 했습니다. 지난 25년간 겨우 16%만 통과한 깐깐한 시험관에게 시험을 받았는데요, 라스베이거스 시내의 주행 시험을 통과했어요.[88] 여기서 주목할 부분은 운전면허를 딴 로보택시를 가장 먼저 이용한 사람이 시각장애인이라는 것입니다. 이 운전면허 통과 과정은 캠페인 영상으로 만들어져 공개되었는데, 시각장애인인 펄 아웃로 씨가 홀로 원하는 목적지로 이동할 수 있도록 하기 위해, 로보택시가 정식으로 면허를 따고 도전하는 내용이에요.

자율주행 차는 이동에 특화된 AI입니다. AI는 나이 제한, 신체적 제한, 그 밖에 모든 차이를 내는 요소로 인한 제한을 없애줍니다. 특정한 성별이나 나이대에만 관문이 넓었던 직업도 AI가 도입된다면 그런 제한이 사라지겠죠.

?.... 지금은 AI의 초창기

아이는 아이이기 내분에 아직 많은 시간과 기회가 남아 있다고 생각하기 쉬운데, 꼭 그렇지만도 않습니다. 이제 사회는 나이에 대한 규제와 제한의 시간을 점점 없애갈 거예요. 너무 어리거나 너무 늙었기 때문에 못하는 일은 점점 사라지고 있어요. 그렇다면 중요한 것은 아이디어입니다. 어떤 생각과 가치, 기발한 아이디어나 통찰, 때로는 경험을 넣어서 자신에게 필요한 결과물을 생성시키느냐가 진정한 경쟁력이 됩니다.

그런 의미에서 지금 나오는 각종 AI 툴을 하루라도 빨리 사용해봐야 합니다. 실제로 이용해보아야 그것을 잘 다루는 방법을 알 수 있습니다. ChatGPT가 나오고 사회적으로 가장 많이 퍼진 말 중 하나가 '질문이 중요하다. 좋은 질문은 좋은 대답을 이끌어낸다.'인데, 이 말을 들어본 사람은 많지만, 실제로 ChatGPT를 사용해본 사람은 이 말을 들어본 사람보다 적습니다. 그러니까 사용법은 아는데, 막상 사용해보지는 않는 사람이 꽤 많다는 거예요. 말로만 AI를 활용해야 한다고 하고, 실제로는 안 해보는 거죠. '책을 읽어야겠다', '운동을 해야겠다'라는 결심과 다를 게 없습니다.

책을 안 읽었을 때 예상되는 피해는 크게 없습니다. 어차피 다들 잘 안 읽으니까요. 하지만 AI를 안 했을 때 예상되는 피해는 엄청납니다. 지금 다들 이것으로 무언가를 하고 있으니까요. AI를 활용하는 어마어마한 툴들이 나오고 있어요. 지금부터 AI툴을 사용하여 작곡을 한 사람은 몇 년이 지나면 툴 사용법뿐 아니라 자기 자신만의 감각이 생겨서, 그냥 도구만 사용한 초보자보다는 확실하게 다른 결과물을 내기 시작할 거예요. 그리고 그 차이가 경쟁력이 되는 거죠.

유튜브 초창기 때는 편집이나 콘텐츠의 참신함 같은 것은 그렇게 중요하지 않았습니다. 그저 열심히 꾸준히만 하면 어느 정도 구독자가 생겼거든요. 그런데 너도나도 유튜브 콘텐츠를 만들고 심지어 방송국이 본격적으로 유튜브에 뛰어들면서 지금은 아무리 날고 기는 콘텐츠를 만들어도 구독자 모으는 것이 정말 힘든 일이 되어버렸죠. 물론 지금도 성공하는 채널이나 영상이 간혹 있지만 알고 보면 유명 연예인이나 기획사의 작품인 경우가 대부분이어서 일반인에게 기회의 땅이라는 이미지는 사라져버렸죠.

AI도 마찬가지일 것입니다. 지금 초창기에는 대중에게도 어느 정도 기회가 주어질 텐데, 그 기회가 괜찮다고 여겨지면 그 땅에 깃발이 가득 차는 것은 순식간입니다. 그런데 지금은 개발사들이 내밀고 있는 툴이 시험용이나 베타테스트 정도의 버전이 많아서, 본격적인 스타트의 총성이 울려 퍼진 것은 아니에요. 이 기회를 놓치지는 말아야 합니다.

?.... AI를 사용하는 버릇 들이기

아이가 AI 세상에 잘 적응하도록 아이의 사고력과 그것을 질문으로 표현하는 것에 대해 부모와 같이 생각해보자는 것이 우리 책인데요, 이제 이왕이면 그런 적용을 AI를 직접 다뤄보며 훈련해보자는 것이 이 4장의 내용입니다.

그렇다고 특정 AI 툴의 사용법을 배우자는 것이 아니에요. 그것보다는 일단 한번 사용해보자는 의미가 큽니다. 어차피 아이들이 주로 사용하게 될 툴들은 그 시기에 맞게 새로 나올 것이고, 더 발전한 형태가 될 것입니다. 지금이야 그림 그려주는 AI로 DALL·E 3가 사용할 만하지만, 아이들이 실제적으로 사용할 때는 피카소 21 정도가 나와 있을 수 있거든요.

부모가 아이에게 익숙하게 만들어줘야 할 것은 새로운 AI 툴을 발빠르게 사용하는 그 시도 자체입니다. AI의 특징 중 하나는 인터페이스가 무척 단순하고 직관적이어서 사용하기가 아주 편리하다는 것입니다. 앞으로 나오는 것은 그런 특징이 더더욱 강화될 겁니다. 그래야 대중 사이에서 사용이 확산될 테니까요.

보통 하나의 툴이 익숙해지면 새로운 툴에 대해서는, 인터페이스도 낯설고, 무엇보다 새로 사용법을 익혀야 하기 때문에 거부감을 갖게 돼요. 단축키를 외우는 것은 물론이거니와 세이브하는 것까지 버튼이 다르기 때문에 가능한 한 새로운 툴을 사용하지 않게 되는 것이죠. 하지만 AI 툴은 사용법 자체가 심플합니다. 보통은 글로 질문(요청)을 하면 그에 맞춰 결과를 생성하니까요.

그리고 설령 사용법이 복잡하더라도 새롭게 AI 툴을 장착하면 자신의 능력이 그만큼 확장되는 것이라, 얼마든지 (새로운 것을 익히는) 노력을 들일 만합니다. 그런데 이런 시도를 하는 것도 버릇이죠. 새로운 툴을 받아들여 버릇하고, 새로운 기회를 먼저 잡아 버릇하는 사람은 계속 그런 성향을 보여주죠. 그래서 아이들에게 새로운 프로세스를 익히고 사용하는 그 과정 자체의 버릇을 들이는 것이 중요합니다.

그리고 아이에게 좋은 버릇을 들여준다는 의무로 부모 역시 그런 경험을 같이 하기를 강력히 권합니다. 부모의 나이대 역시 AI 시대의 세력권 안에 들어와 있거든요. 부모 역시 AI 시대에 대비해야 하는데, 특별한 계기가 없으면 AI를 잘 사용해보지 않게 되는 것 역시 사실입니다. 처음에는 세상이 뒤집힐 거라는 얘기에 사용해본 분도 있는데, 조금 해보다가 별거 없네 하고 그냥 손을 놓은 분도 많을 것입니다. ChatGPT는 워낙에 광풍 같은 유행이었던 데다가, 네이버에서 검색하면 바로 링크로 연결되어 들어가기도 쉽고, 대화형 챗봇이다 보니 사용하기도 쉬워서 초반기에 사용해본 분이 그래도 꽤 있어요. (하지만 놀랍게도 기업 강연 가서 사용해본 분과 그렇지 않은 분을 조사해보면 아직 한 번도 사용해보지 않은 분이 더 많긴 합니다.) 그런데 ChatGPT를 사용해본 분도 막상 사용해보니 뭐가 좋은지 잘 모르겠다고 생각해서 두 번 다시 안 들어가는 분이 꽤 많다는 것이죠. 이렇게 되는 이유는 '첫 질문'에 있습니다.

만약 지금 자신이 ChatGPT에 처음으로 접속해서 처음으로 질문을 한다고 하면 무슨 질문을 하시겠어요? 별로 떠오르는 것이 없죠? 기껏해야 자신의 이름을 묻는다거나, 자신이 다니는 회사를 아느냐고 묻는다거나, 아니면 '주식 뭐 사면 좋아?' 같은 질문을 할 겁니다. 하지만 이런 질문에는 추상적으로 답변하거나 제대로 답변하지 않기도 합니다. (주식 실문 말이죠.) 좋은 질문에 좋은 답변이라는 얘기는 많이 들었을 것입니다. 여기서 좋은 질문의 첫 번째 조건은 뚜렷하고 구체적인 미션입니다. 자신이 해결해야 하는 특별한 미션을 가지고 ChatGPT를 사용하면 매우 유용하다는 것을 알게 될 거예요.

아이와 함께 AI를 활용해보는 연습을 하면, 아이를 훈련시킨다는 목적이 분명하므로 자신도 사용해보게 되고, 자신의 아이를 위한 것이므로 더 좋은 방법을 개발하기 위해 더 적극적으로 임하게 될 것입니다.

아이와 함께 AI를 활용해보는 연습을 하자.

그 과정에서 부모 역시 AI에 대한 두려움을 극복하고, AI를 보조도구로 잘 활용하는 사용법을 익히게 될 것입니다.

?.... 넥스트 스테이지

몇 가지 미션을 통해 AI를 활용할 텐데요, 아무래도 아이와 부모가 같이 해야 하니까 결과물이 분명하면서도 흥미로운 방식으로 진행하려고 합니다. 글쓰기는 기본이고, 음악을 만들고 그림을 그리고, 영상도 만들어볼 거예요. 그러면 글과 그림을 합해 동화책을 만드는 복합 미션도 가능하겠죠. 아무래도 아이와 함께 회사의 기획서나 보고서를 만드는 것은 흥미가 떨어지는 미션이니까요. 하지만 멀티미디어 결과물을 만들어가는 과정이 회사의 실용문을 만들어가는 과정과 아주 멀리 떨어져 있는 것은 아니에요. 아이와 같이 만들어나가는 과정에서, AI 사용 프로세스를 익힌 부모라면, 시간만 따로 내면 얼마든지 실무에서 적용할 수 있는 AI 사용법을 익힌 것과 마찬가지입니다.

그리고 이 책에서 소개하는 툴은 전문적으로 연구할 필요가 없고, 일반적인 가정에서 손쉽게 접할 수 있는 데다가, 100% 문과인 부모도 직관적으로 사용할 수 있을 만큼 사용하기 쉬운 것을 선택했습니다. 인터페이스 역시 가능한 한 단순하고요. 그러니까 그냥 사이트 주소 알아서 접속만 해도 어느 정도는 사용할 수 있는 툴입니다. 가능한 한 한글화된 것이 더 좋고요.

그러니까 누구나 쉽게 접하고 사용할 수 있는 툴 위주로 소개할 텐데, 사용하다 보니 조금 더 퀄리티 높고 전문적인 툴이 있으면 좋겠다 하는 분은 그 툴 하나만 자세하게 소개하는 책으로 더 깊이 공부해보기를 권합니다.

100세 시대를 넘어 120세 시대를 향해 가는 지금, 부모도 아이와 같이 넥스트 스테이지를 준비해야 합니다. 부모와 아이는 다음 시대를 준비하기 위해 원 팀이 되어서 움직여야 하고, 원 팀으로 뭉쳤을 때 가장 효과적으로 대비할 수 있습니다. AI를 활용해보는 미션을 같이 수행하면서 강력한 원 팀의 파워를 발휘해보기를 바랄게요.

2

가장 기본이 되는,
텍스트 생성형 AI 활용하기

?.... AI 열풍의 시작인 ChatGPT

생성형 AI 중에 가장 익숙하고 가장 많이 알려진 것은 텍스트 생성형 AI고, 그중에서도 가장 유명한 게 바로 ChatGPT죠. 2022년 11월 30일, GPT-3.5를 바탕으로 한 ChatGPT가 대중에게 공개된 것이 AI 열풍의 시작이었어요. 그 후 한두 달 만에 ChatGPT는 대중에게 강력한 임팩트를 주기 시작합니다.

제 책《GPT 제너레이션: 챗GPT가 바꿀 우리 인류의 미래》가 출간된 것이 2023년 2월 28일인데, 이 책이 우리나라에서 두 번째로 나온 ChatGPT 관련 책이에요. 이 책이 나올 때만 해도 사람들에게

ChatGPT가 무엇인지, AI가 얼마나 무섭게 발전할 가능성이 있는지 자세히 설명해야 했거든요. 하지만 불과 1년 만에 ChatGTP라는 이름을 들어보지 못한 사람은 거의 없게 되었어요. 그리고 또 그 1년 사이에 ChatGPT 관련 책이 1,700종 정도 출간되었다고 합니다. 불과 1년 사이에 AI 광풍이 우리나라를 얼마나 휩쓸었는지 이 수치만 봐도 충분히 느낄 수 있습니다.

그만큼 대중에게 AI의 대표주자로 익숙한 것이 텍스트 생성형 AI인 ChatGPT입니다. 그런데 사실 ChatGPT 이후로 아주 많은 텍스트 생성형 AI가 나왔고, 어떤 것은 ChatGPT 이상이라는 찬사를 듣는 것도 있어요. 하지만 어느 것이 성능이 가장 뛰어난지 지금 제가 밝혀봤자 아무 의미가 없습니다. 이 책을 언제 보느냐에 따라서 그때 가장 뛰어난 텍스트 생성형 AI가 무엇인지는 다를 수 있으니까요. 그만큼 AI의 기술이 급변하고 있습니다.

그래서 현시점에서 가장 대표적인 것을 알려드릴 텐데요, 앞으로 발전해도 기본적인 사용방법이나 활용 분야는 크게 바뀌지는 않을 것입니다. 그리고 텍스트 생성형 AI는 대부분 질문, 답변 형태의 대화 방식이어서 아무리 발전해도 사용법이 복잡해질 것도 없어요. 오히려 진짜 사용법은 우리가 이 책에서 계속 이야기한 생각하는 법과 그 생각을 질문으로 표현하는 법이죠.

?.... ChatGPT 무료버전과 유료버전의 차이

가장 많이 알려진 것은 ChatGPT입니다. 무료로 사용할 수도 있고, 유료로 사용할 수도 있는데, 무료는 GPT-3.5가 기본 엔진이고, 유료로 한 달에 20달러씩 결제하면 향상된 성능의 GPT-4를 쓸 수 있습니다. 그런데 그냥 질문과 답변 정도만 할 거면 무료버전을 써도 큰 문제가 없습니다. 물론 유료버전의 답변 퀄리티가 더 좋긴 한데, 엄청난 차이가 있는 것은 아니고 GPT-4 수준 이상의 답변을 해주는 무료 AI도 있어서, 단순히 답변 퀄리티를 높이고 싶어서 유료버전을 쓸 필요는 없어요.

GPT-4 유료버전을 쓰는 이유는 GPTs나 플러그인 등으로 연결된 다른 기능을 활용하고 싶어서죠. GPTs는 일반인이 만드는 자기만의 맞춤 챗봇입니다. 자신만의 개인화된 정보를 주고 특화된 챗봇을 만드는 거죠. 그렇게 만든 챗봇을 자기만 쓸 수도 있고, 링크를 보내어 다른 사람이 사용하게 할 수도 있습니다. 심지어 그럴듯하다 싶으면 GPT 스토어에 올려 판매할 수도 있어요. 2024년 1월 기준으로 300만 개 이상의 GPT가 스토어에서 팔리고 있습니다.[89] 이 중에는 PDF를 요약하는 데 특화된 챗봇도 있고, 로고를 만들어주거나 학술 논문을 검색하고 요약해주는 챗봇도 있어요.

플러그인은 다른 프로그램과 연결해 결과물의 종류를 다양하게 해주는 역할을 합니다. 영상을 자동으로 만들어달라고 할 수도 있고, 기업과 연결되어 전문적인 지식을 제공받을 수도 있어요. DALL·E 3는 원래 그림 생성형 AI로 독립적으로 존재하는데, 지금은 ChatGPT와 연결되어 ChatGPT 대화창에서 '그림을 그려달라'고 하면 DALL·E 3와 자동으로 연결되어 ChatGPT 창에서 바로 그림을 출력해줍니다. 최근에는 부분 수정 기능까지 생겨 더더욱 그림 생성이 편리해졌죠.

GPTs나 플로그인 같은 기능은 유료버전에서만 사용 가능하기 때문에, ChatGPT를 이렇게 다양하게 사용하는 사람에게는 유료버전이 유리합니다. 하지만 GPT-5가 나오면 이런 조건이 또 어떻게 바뀔지는 모릅니다. GPT-5는 지금 개발 중으로 일부 기업 고객을 대상으로 시연하고 있습니다. 이 GPT-5는 기존 모델보다 훨씬 더 향상됐다는 평가를 받는 데다가, OpenAI에서는 작업을 자율적으로 수행할 수 있는 AI 에이전트라는 기능도 준비 중이라고 하니, 아마 2024년 내에는 한 번 더 AI계에 큰 파장이 일어날 듯합니다.[90] 업계에서는 조만간 모습을 드러낼 GPT-5가 인간의 지능을 모방하는 AGI에 더 가깝게 나올 것이라고 예측하고 있습니다.

?···· 새로운 경쟁자, 클로드 3

최근 들어 OpenAI가 독주하다시피 하는 생성형 AI 경주에 강력한 경쟁자로 등장한 것은 클로드 3입니다. 클로드 3는 앤스로픽Anthropic이라는 인공지능 스타트업에서 내놓은 텍스트 생성형 AI인데, 앤스로픽은 OpenAI의 창립자 그룹 일원인 다니엘라와 다리오 애머데이 남매가 2021년 설립한 AI 스타트업입니다.[91] 전자상거래업체인 아마존이 이 업체에 40억 달러를 투자했습니다.

확실히 거액이 투자된 보람이 있는지 앤스로픽이 2024년 3월에 내놓은 클로드 3는 놀라운 성능을 보여줍니다. 출시 전에 이루어진 테스트 과정에서, 클로드 3는 자신이 테스트받는 것을 인식했다고 합니다.[92] 그리고 클로드 3는 데이터분석가 맥심 로트가 진행한 IQ 테스트에서 인간 평균치인 100을 넘었다고 해요. 참고로 GPT-4는 85였고, 구글의 AI 모델인 제미나이는 77.5라고 합니다.[93] 유사한 다른 모델들 사이에서 남다른 성능을 나타낸다는 것이죠.

제가 써봐도 클로드 3가 조금 더 부드럽고 맥락을 잘 알아듣는 느낌이에요. 더더욱 클로드 3에 정감이 가는 것은 무료로 쓰는 모델도 괜찮다는 것이죠. 클로드 3도 최상급 성능의 유료모델이 있지만, 무료모델을 써도 성능은 유료모델인 GPT-4에 못지않은 느낌입니다.

?.... ChatGPT or 클로드 3

이제 본격적으로 생성형 AI를 다뤄볼 텐데, 취향에 따라 ChatGPT든 클로드 3든 선택하면 됩니다. 이 외에도 구글의 제미나이, 일론 머스크가 하는 그록이나 메타의 라마 같은 모델도 있지만, 이 두 모델 가운데 선택하면 당분간은 무난할 겁니다. 그리고 어차피 우리가 하는 질문이나 생성시키는 글이 최고급 성능을 요하지는 않을 것이기 때문에, 너무 첨단의 것은 그다지 필요가 없기도 하고요.

ChatGPT의 시작 화면.

클로드 3의 시작 화면.

ChatGPT는 로그인하지 않아도 쓸 수 있기는 한데, 유료모델을 쓰려면 회원가입을 해야 합니다. 클로드 3도 회원가입을 해야 하고요. 외국 사이트의 회원가입은 이메일과 비밀번호 설정 정도라 비교적 간단해서 오래 걸리지는 않습니다. 회원가입 후 들어가면 바로 프롬프트에 질문을 입력하는 대화 모드를 실행할 수 있습니다.

?.... 언어 생성형 AI가 제일 중요한 이유

언어 생성형 AI를 잘 다룬다는 것, 그러니까 이 AI에게 질문을 하고 필요한 결과를 뽑아내는 것이 중요한 이유는 단순하게 원하는 답을 출력해주어서만이 아닙니다. 이들 AI의 진정한 힘은 사람이 '원하는 것'을 알아듣는 데 있습니다. 질문을 알아듣고 그에 맞춰 답을 구성하는데요, 사람의 말을 맥락적으로 알아듣는다는 것은 사람과 의사소통이 된다는 의미거든요. 우리가 컴퓨터가 알아듣게 말을 바꾸거나 논리를 바꾸지 않아도(코딩이라는 게 인간의 요구를 기계가 알아들을 수 있게 C++이나 자바, 파이선 같은 프로그래밍언어로 번역하는 것이죠), 일상에서 다른 사람에게 말하듯이 말하는 자연어로 AI를 작동시킬 수 있다는 것입니다.

이 자연스러움을 그냥 언어 생성형 AI의 결과를 요청하는 데 그치지 않고 API로 다른 프로그램과 연결할 수 있습니다. 여기서 API_{Application Programming Interface}라는 약간 어려운 용어가 나오는데요, 아주 쉽게 생각하면 프로그램과 프로그램을 연결하는 것이라고 보면 됩니다.

그러니까 ChatGPT와 다른 프로그램을 연결하는 것인데, 예를 들면 엑셀이나 파워포인트 같은 사무용 프로그램과 연결할 수 있죠. ChatGPT에 자연어로 요청하면, 그 결과값을 엑셀이나 PPT로 받아볼 수 있다는 거예요. 조금 더 쉽게 말하면 사람의 언어로 엑셀을 작동시키고 PPT를 만들 수 있다는 것입니다. 이 ChatGPT를 영상 편집 프로그램과 연결하면, 질문(요청)만 잘하면 촬영이나 편집을 하지 않고도 영상을 만들 수 있다는 얘기가 되죠.

프롬프트 엔지니어링이라는 말이 괜히 나온 게 아니에요. 프롬프트를 통해 컴퓨터 언어를 몰라도 코딩이 가능해진다는 것은 개발자가 할 일이 없어진다는 것과 마찬가지입니다. 개발자는 인간의 니즈를 컴퓨터가 알아듣는 프로그래밍언어로 바꾸어 전달하는 번역가인데, 이제는 텍스트 생성형 AI가 바로 번역해주거든요. 그렇다는 얘기는 사람이 친구에게 자신이 꿈꾸는 게임에 대해 설명하듯이, AI에게 설명하면 그 말대로 게임이 나온다는 얘기예요.

그러다 보니 지금 나오는 갖가지 AI의 제일 앞단에는 언어 생성형 AI가 자리하게 됩니다. 사람의 말을 잘 알아듣는 게 가장 먼저니까요. 그래서 최근의 AI 프로덕드는 대부분 사람의 말로 자연스럽게 작동합니다. 심지어 피규어 01 같은 휴머노이드 로봇을 작동시키는 데에도 ChatGPT가 쓰입니다. 로봇에게 명령하고 조정하는 데도 텍스트 생성형 AI가 쓰인다는 것이죠.

ChatGPT는 API로 다른 소프트웨어 프로그램과 연결되고, 플러그인으로 비스니스와 연결됩니다. 그리고 IoT를 활용해 여러 하드웨어와 연결되기도 하니까, 이렇게 되면 자연어로 모든 것을 지시할 수 있습니다. 그래서 우리가 자기 의사를 정확하게 요청할 수 있게 생각을 정리하고 그것을 질문으로 만드는 것이 중요해진 것입니다. 질문은 AI에게 하는 사람의 요청이니까요. 주변의 기계나 AI는 우리의 생각대로 움직일 준비가 되어 있는데, 우리의 생각이 정리가 안 되고 그 생각을 명확하게 말이나 글로 표현해내지 못한다면, 내 능력을 10배 확장해줄 AI와 기계를 제대로 이용하지 못하게 되겠죠. 그렇게 되면 경쟁력에 문제가 생기고, 그것은 생존과 직결될 수 있어요. AI 세상은 자신이 AI를 잘 활용하면 그 결과물도 10배가 되는, 생산성이 증폭된 세상이니까요.

이런 점에서 우리가 생각하고 질문하는 훈련이 의미가 있는 것입니다. 자신의 생각과 니즈, 원하는 것을 명확하게 정리하고 명쾌하게 표현할 수 있는 사람이 미래의 인재입니다. 그리고 그 인재는 아이뿐 아니라 부모도 될 수 있고요.

?.... 텍스트 생성형 AI로 다양한 글 생성해보기

ChatGPT는 한 번쯤은 써본 분이 많지만, 아직 안 써본 분도 꽤 있습니다. 과학기술정보통신부의 '2023 인터넷이용실태조사'에 따르면 2023년에 생성형 AI 서비스를 이용하고 있는 사람은 12~19세 22.8%, 20대 33.7%, 30대 28.2%, 40대 20.1%로 나타났어요. 전 연령을 통틀어서는 17.6%로 확실히 나이가 더 드신 분의 AI 이용률은 현저히 떨어집니다. 반면 전 연령 통틀어 그냥 AI를 일상에서 한번쯤 경험해본 사람은 50.8%를 기록하기도 했어요.[94] 굳이 사용하지 않아도 AI가 장착된 일상의 물건이 슬슬 우리 주위를 포위하기 시작했다는 얘기가 되겠죠.

ChatGPT의 엄청난 화제성에도 40대 이하의 20~25% 사용률은 적은 것 같기도 하고 많은 것 같기도 하고 애매한 수치입니다. 하지만 4명 중 1명 혹은 5명 중 1명이 생성형 AI를 사용한다는 수치는 ChatGPT가 우리에게 알려진 지 1년 만에 도달한 수치라는 것을 생각하면 엄청난 영향력임을 알 수 있어요.

그러니 하루빨리 사용자 대열에 합류해야 이런 흐름에 뒤처지지 않 겠죠. 일단 ChatGPT든 클로드 3든 어떤 것이라도 대화창을 열어보도 록 하시죠. 다른 것을 사용해도 되는데, 대중성이나 직관적 사용 등을 고려할 때 아마 이 두 가지 중에 골라서 연습하는 것이 나을 겁니다.

그리고 글쓰기를 시켜볼 때, 아무런 목적 없이 글을 생성시키면 한 두 가지 질문 후에 할 질문이 떨어져버립니다. 그러니 아이와 함께 목 적을 가지고 글쓰기를 해보는 것이 좋습니다. 아이 흥미를 끌 만한 테 마를 정하는 것이 좋은데요, 광고 만들기, 블로그 글 만들기, 신문기사 만들기, 재미있는 스토리 만들기 같은 것을 생각해볼 수 있습니다.

① SNS 광고(특수 목적글) 만들기

특수한 목적에 맞는 글을 만들어볼게요. 블로그 글, SNS 피드 글, 일 기, 이메일 등 여러 가지 목적을 가진 글이 있는데, 다 따로 해볼 수는 없고 특징적인 것을 하나 골라서 글을 생성해보겠습니다. 다른 특수 목적 글도 그 목적에 맞게 생성하면 됩니다. 아이와 함께 연습하는 것 이니, 이왕이면 아이가 즐거워할 만한 글로 선택하는 것이 좋겠죠.

여러 가지 중에 SNS에 올릴 광고 피드를 하나 택해서 만들어보겠습니다. 그 광고 피드를 작성한다고 생각하고 글을 완성해보도록 할게요. 먼저 아이가 좋아하는 상품을 선정하고, 그 상품에 대한 정보를 수집합니다. 그 정보 중에 특징이나 장점으로 삼을 만한 것을 추려서, 그 내용을 강조하는 광고 문구를 만들어봅니다.

SNS에 올리는 글의 특징을 파악하고, 그 형식에 맞게 해당 상품을 광고하는 글을 생성해봅니다. 그리고 생성된 글에 대해서 다듬거나 첨부할 거, 강조할 것을 고려해서 수정해보록 하죠. 예를 들어 슈크림빵을 광고하는 SNS 글을 작성해보겠습니다.

1단계는 SNS 광고 글의 특징을 물어보았어요.

> **S** 그럼 SNS에 올리는 광고글의 특징은 뭐야?
>
> SNS에 올리는 광고 글의 주요 특징은 다음과 같습니다:
>
> **1. 간결하고 압축적인 문구**
> - 제한된 글자 수 내에서 메시지를 전달해야하므로 글을 매우 간결하게 작성합니다.
> - 키워드와 함축적인 문구를 활용하여 정보를 압축적으로 표현합니다.
>
> **2. 관심 유발 질문이나 문장**
> - 사용자의 관심을 끌기 위해 호기심을 자극하는 질문형 문구를 사용합니다.
> - "~를 알고 계셨나요?", "~가 궁금하다면?", "~에 대해 생각해 보셨나요?" 등의 문장으로 시작합니다.
>
> **3. 제품/서비스 특징 강조**
> - 제품의 주요 특징이나 서비스의 장점을 명확하고 가치 있게 설명합니다.
> - 신제품, 한정 수량, 할인혜택 등 차별적인 요소를 부각시킵니다.

4. 행동 유도 문구
- 구매, 링크 방문, 댓글 달기 등 사용자 행동을 이끌어내는 문구를 포함합니다.
- "지금 구매하세요", "자세한 정보 보기", "더 알아보려면 여기를 클릭하세요" 등

5. 해시태그 활용
- 관련 키워드 해시태그를 사용하여 검색과 노출을 높입니다.
- 독특하거나 재치 있는 해시태그를 만들어 브랜드 이미지를 부각시킵니다.

6. 이미지/동영상과 연계
- 글 자체만으로는 부족하므로 설명력 있는 이미지나 동영상과 연계하여 게시합니다.
- 사진 캡션이나 영상 설명에 광고 문구를 효과적으로 삽입합니다.

SNS 광고 글은 짧고 임팩트 있으면서도 제품의 차별점을 잘 부각시키고, 궁금증을 유발하여 사용자의 클릭과 공유를 이끌어내는 것이 중요합니다.

이렇게 SNS 광고 글의 특징을 상기시키는 이유는 AI에게 정확하게 글의 특징을 주지시키고 기억하게 하기 위해서입니다. 사실 이런 과정 없이도 SNS 글은 특징이 분명한데요, SNS 광고 글이 아닌 이메일이나 노래 가사, 일기 등 목적이 분명한 글은 그 글의 특징을 한번 물어보고 방향성을 확실하게 잡는 것이 좋습니다.

2단계는 상품에 대한 정보를 정리합니다. 여기서는 '슈크림빵'을 상품으로 골랐습니다.

> **⑤ 슈크림빵은 어떤 특징이 있지?**
>
> 슈크림빵은 부드러운 식감과 고소한 맛이 특징인 대표적인 빵 종류입니다. 주요 특징은 다음과 같습니다.
>
> **1. 겉은 바삭하고 속은 폭신폭신**
> - 겉은 계란물로 굽기 때문에 바삭한 외피를 가지고 있습니다.

- 안쪽은 버터를 충분히 넣어 만든 부드러운 속살 반죽으로 이루어져 있습니다.

2. 고소한 버터 향기
- 반죽에 다량의 버터를 넣어 만들기 때문에 은은한 버터 향이 납니다.
- 버터의 고소한 맛이 밀가루 반죽과 잘 어우러집니다.

3. 부드러운 크림 충전
- 빵 속에는 달콤한 우유 또는 생크림을 넣어 촉촉한 식감을 더합니다.
- 바닐라, 초콜릿 등 다양한 종류의 크림을 채울 수 있습니다.

4. 길쭉하고 부풀어 오른 모양
- 반죽을 둥글게 말아 구운 후 가운데가 잘 부풀어 오릅니다.
- 길쭉한 모양이 특징적입니다.

5. 남녀노소 간식으로 인기
- 달콤하면서도 건강에 좋은 버터가 들어가 누구나 좋아합니다.
- 아침식사 대용이나 간식으로 자주 이용됩니다.

슈크림빵은 바삭한 외피와 폭신한 속살, 달콤한 크림의 조화로 맛과 식감을 모두 잡은 빵으로 오래전부터 사랑받아 온 간식입니다.

마찬가지로 슈크림빵을 상기시키는 과정 없이 바로 광고글을 생성시켜도 되지만, 사전에 슈크림빵에 대한 특징을 물어보면 확실하게 정보를 기억하고 작동하게 됩니다. 그리고 슈크림빵처럼 당연히 AI가 알 만한 상품을 하면 이런 과정이 필요 없지만, 특정 브랜드 상품을 광고할 때는 해당 브랜드를 잘 모를 수도 있거든요. 그러니 해당 브랜드에 대해 물어 AI가 알고 있는지 체크하고, 모른다고 하면 해당 브랜드에 대한 정보를 주어 숙지하도록 합니다.

3단계에서 슈크림을 SNS에 광고할 때 작성하면 좋은 SNS 문구를 뽑아달라고 요청했습니다.

시키지도 않았는데 Sluchrembread라는 브랜드를 만들었네요. 그런데 이게 브랜드명이 아니라 혹시 슈크림Custard Cream의 프랑스어 표현인 Choucream을 잘못 쓴 것이라 판단되면, 슈크림의 원래 철자를 알려주면서 수정해달라고 해야겠죠. 이런 면에서 사람의 검증이 필요하다는 이야기가 나오는 것입니다.

4단계에서는 나온 내용을 한 번 더 수정하는 과정을 거쳤습니다. 아무래도 내용이 임팩트가 좀 없는 듯해서, 재미있고 통통 튀는 멘트로 수정해달라고 했습니다.

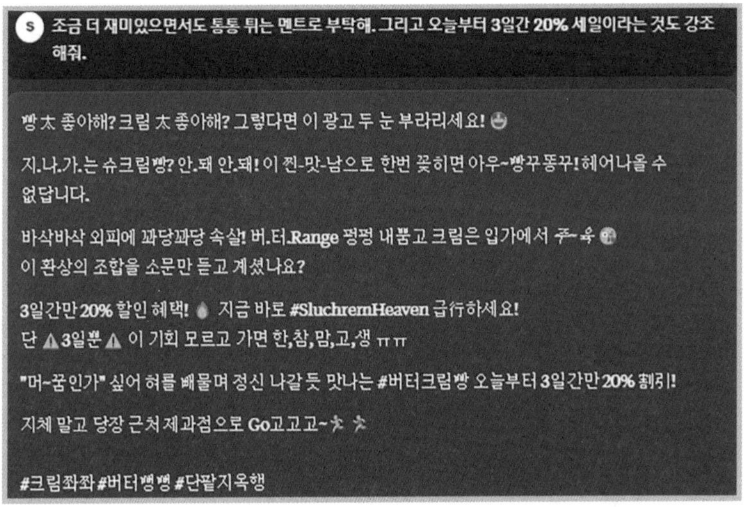
S
조금 더 재미있으면서도 통통 튀는 멘트로 부탁해. 그리고 오늘부터 3일간 20% 세일이라는 것도 강조해줘.
빵太 좋아해? 크림 太 좋아해? 그렇다면 이 광고 두 눈 부라리세요!
지.나.가.는 슈크림빵? 안.돼 안.돼! 이 찐-맛-남으로 한번 꽂히면 아우~빵꾸똥꾸! 헤어나올 수 없답니다.
바삭바삭 외피에 꽈당꽈당 속살! 버.터.Range 펑펑 내뿜고 크림은 입가에서 주~욱
이 환상의 조합을 소문만 듣고 계셨나요?
3일간만 20% 할인 혜택! 지금 바로 #SluchremHeaven 급行하세요!
단 ⚠3일뿐⚠ 이 기회 모르고 가면 한,참,맘,고,생 ㅠㅠ
"머~꿈인가" 싶어 혀를 빼물며 정신 나갈 듯 맛나는 #버터크림빵 오늘부터 3일간만 20% 췌킈!
지체 말고 당장 근처 제과점으로 Go고고고~
#크림좌좌 #버터뺑뺑 #단팥지옥행

조금 재있게 고쳐졌죠. 내용에 대한 지적은 물론이고 대상을 지정하면 그 대상에 맞게 내용이 수정됩니다. 말투라든가 톤도 요구하는 대로 출력되니, 다양한 요구를 반영해서 생성해보면 됩니다.

② 신문기사 만들기

아이 주변에 일어난 소소한 일을 신문기사처럼 만들어보겠습니다. 사실 아이들 입장에서는 신문기사 형식이고, 어른들이 실무에서 쓰려면 보도자료 형식으로 만드는 것이 좋죠. 보도자료는 기자들이 그 원문을 보고 기사를 쓸 수 있도록 가이드를 하는 형식이라, 신문기사와 거의 똑같지만 보통 더 자세한 편입니다. 홍보팀에서는 미디어를 대상

으로 보도자료를 돌리기 때문에, 부모가 연습한다면 보도자료 형식으로 만들어보는 게 더 쓰일 곳이 많을 거예요. 하지만 아이가 연습할 때는 아무래도 신문기사라고 부르는 것이 익숙하고, 혼란이 없겠죠.

1단계는 신문기사의 특징을 물어봅니다. 이 가이드를 바탕으로 정보를 뽑으려는 목적도 있고, AI에게 신문기사의 특징을 상기시킴으로써 신문기사 형식에 정확하게 맞게 생성시키려는 목적도 있는 거죠.

신문기사의 특징을 다음과 같이 뽑아주었어요. 그러면 이 가이드를 참고해서, 생성형 AI에게 줄 정보를 정리해봅니다. 제목을 뽑아달라고 하고, 분량도 지정해주는 것이 좋아요. 그리고 6하원칙에 근거한 정보를 제공합니다.

> **⑤ 신문기사를 작성라혀고 하는데, 신문기사는 어떤 특징이 있지?**
>
> 신문기사는 다음과 같은 특징들이 있습니다.
>
> **1. 사실성과 객관성**
> - 사실에 근거하여 객관적으로 기술해야 합니다. 의견이나 주관적 해석은 최소화합니다.
>
> **2. 5W1H**
> - Who, What, When, Where, Why, How 등의 정보를 구체적으로 전달합니다.
>
> **3. 역피라미드 구조**
> - 중요한 내용을 상부에 배치하고 아래로 갈수록 세부사항을 서술하는 형식입니다.
>
> **4. 공정성과 균형**
> - 다양한 시각과 관점을 균형있게 다룹니다. 어느 한쪽에 치우치지 않습니다.
>
> **5. 정확성**
> - 사실관계를 정확히 전달하기 위해 출처를 명시하고 이해관계자의 말을 인용합니다.

2단계는 6하원칙에 맞게, 내용을 채워서 이것을 신문기사로 만들어 달라고 해보았습니다.

> S 다음 6하 원칙에 근거한 내용을 신문기사로 만들어줘
>
> **who** – 내 친구 진수가
>
> **when** – 어제 하교길에
>
> **where** – 학교 앞 코끼리 분식점에서
>
> **what** – 맛있는 떡볶이를
>
> **why** – 어저께 용돈을 탔다며
>
> **how** – 나에게 사줬다
>
> 제목도 만들어주고, 분량은 500자 정도로 부탁해.

제목: 친구의 착한 마음 씨에 '깜짝' 떡볶이를 맛보다

친구의 따뜻한 친구 사랑을 느낄 수 있었던 일이 있었다. 지난 20일 오후 3시 경, 모교육중학교 정문 앞 코끼리분식 매장에서 말이다.

급우 김진수(14) 군이 평소 즐겨 먹는 분식집에 들렀다. 학교를 마치고 하굣길에 들른 것이다. 주문한 메뉴는 바로 떡볶이. 떡볶이와 어울리는 튀김과 음료수도 곁들였다.

특이한 점은 김 군이 혼자만의 식사가 아니었다는 것이다. 주문한 메뉴 양이 한 사람이 먹기에는 다소 많은 편이었다. 이내 해명이 있었다.

"어제 부모님께 조금 용돈을 받았어. 같이 나눠 먹자"라며 옆자리를 권했다. 김 군의 따뜻한 친구 사랑이 느껴졌다.

김 군은 "친구와 음식을 나누며 웃고 즐기면서 지내는 게 참 소중한 추억"이라며 "앞으로도 이런 일이 계속되면 좋겠다"고 전했다.

떡볶이를 나눠먹는 사이 친구 사이의 정이 더욱 돈독해질 수 있었던 소중한 시간이었다.

(전체 501자)

신문기사의 특징에 6하원칙이 강조되어서 정보를 6하원칙에 맞춰서 준 것이죠. 아이와 함께 정보를 만들어낼 때도 이왕이면 이런 부분에 맞게 칸을 채우도록 유도해야 합니다.

3단계는 수정을 요구했습니다. 마지막에 조금 일기 같은 느낌이잖아요. (물론 내용 자체가 일기 같긴 하죠.) 그래서 조금 더 신문기사처럼 느껴지게 해달라고 했어요.

S 이건 약간 일기 같은데, 조금 더 신문기사처럼 부탁해

제목: 친구의 착한 마음씨로 '깜짝 선물' 떡볶이를 맛보다

14일 오후 3시경 서울 소재 모교육중학교 정문 앞에 위치한 코끼리분식 매장에서 중학생들의 정겨운 우정 에피소드가 목격됐다.

이날 모교육중 3학년에 재학 중인 김진수(14) 군은 친구 한명과 하교 후 분식집에 들렀다. 김 군의 주문 메뉴는 떡볶이와 튀김, 음료수 등 한 사람이 혼자 먹기에는 다소 양이 많은 편이었다.

김 군은 "어제 부모님께 용돈을 받았다"며 "같이 이거나 먹자"라고 옆자리를 권했다.

친구는 김 군의 따뜻한 배려에 감사 인사를 전했고, 두 사람은 맛있게 떡볶이를 나눠먹었다.

김 군은 "평소 떡볶이를 좋아하는데 친구와 함께 나눠먹으니 더욱 특별한 맛"이라며 환한 미소를 지었다.

그러면서 "친구와 음식을 나누며 즐거운 추억을 만드는 게 참 좋다"며 "앞으로도 이런 일이 자주 있었으면 좋겠다"고 덧붙였다.

떡볶이 나눔을 통해 벗의 따스한 정을 느낄 수 있었던 소중한 시간이었다는 후문이다.

(전체 463자)

'소중한 시간이었다'는 1인칭의 느낌이, '소중한 시간이었다는 후문이다'같이 3인칭으로 변했죠. 같은 이야기를 전해도 조금 더 객관적인 느낌으로 된 것입니다. 예전에 제가 영화잡지 기자들의 회식 자리에서 같이 저녁을 먹은 적이 있는데, 그때 신입기자 한 명이 편집장에게 혼나고 있더라고요. 기자가 '위대한 감독이다'처럼 자신의 주장이나 느낌을 전하는 기사를 쓰면 안 된다는 내용이었어요. 그랬더니 약간 술을 마신 상태의 이 신입기자가 존경하는 감독인데 그 정도 생각도 못쓰면 자기가 왜 굳이 영화기자가 되었냐면서 살짝 편집장에게 대들더라고요. (술 깨면 얼마나 이불킥 할지 아찔한 순간이긴 했습니다.) 그런데 그 편집장이 정 그렇게 그 감독에 대해 이야기하고 싶으면 '그 감독은 위대하다고 평론가들은 말한다'처럼 3자의 입을 빌려 말하라고 코칭했어요. 꽤 인상적인 내용이어서 오래전 일인데도 기억하는데, 이렇게 신문기사를 수정하라고 했더니 바로 그 부분을 고친 것을 보고 예전 그 일이 기억났네요.

③ 소설이나 영화 줄거리 만들기

아이와 함께 하는 프로젝트로 소설이나 영화의 대본같이 큰 결과물을 완성시키는 것을 장기 프로젝트로 삼아도 좋습니다. 아무래도 한 번에 뚝딱 하고 나오는 것보다는 이리저리 고민해보고 글을 생성하는 것이 훈련과 연습에는 더 효과적이니까요. 여기에서 전체를 다 해볼 수는 없으니 간단하게 줄거리 만들기만 해볼 텐데, 여기에 덧붙여 계속 생성해가면 되니까 시작을 같이 해본다고 생각하면 좋겠습니다.

1단계는 이왕이면 재미있는 스토리로 만들고 싶어서 인기 있는 스토리의 구조를 물어봤어요.

S 영화를 만들려고 하는데 대강의 줄거리를 만들려고 해. 우선 인기 있고 흥미진진한 구조로 추천할 만한 것이 있어?

영화 줄거리를 흥미진진하고 매력적으로 만들기 위해서는 몇 가지 전형적인 구조와 요소들을 활용하는 것이 좋습니다.

먼저, 고전적인 '영웅의 여정(Hero's Journey)' 구조를 사용해볼 수 있습니다. 이는 평범한 주인공이 모험과 시련을 거치며 성장하고 변화되는 내용입니다. 주인공이 평화로운 일상에서 벗어나 특별한 소명을 받고, 조력자를 만나 모험에 나서게 됩니다. 그 과정에서 적대자와 대결하고 위기를 넘기면서 점점 영웅으로 성장해 나가는 구조입니다.

두 번째로는 '역전 서사(Reversal)' 구조도 많이 사용됩니다. 주인공이 처음에는 특정한 입장에 있다가 작품 전반부에서 큰 사건이 발생하면서 완전히 역전되고 뒤집히는 상황이 연출됩니다. 이를 통해 긴장감과 반전의 재미를 줄 수 있습니다.

세 번째로는 '평행 우주 혹은 시간여행' 같은 SF나 판타지 요소를 가미할 수 있습니다. 현실 세계에서 다른 차원의 세계로 이동하거나 과거/미래로 시간 이동을 하면서 벌어지는 모험과 사건들을 그릴 수 있습니다.

이 외에도 추리 스릴러나 미스터리, 코미디와 로맨스 요소를 잘 버무린 구조 등 다양한 아이디어를 활용할 수 있습니다. 주인공의 매력, 반전 있는 사건, 긴장감 조성, 유머 등을 적절히 배합하면 흥미진진한 줄거리를 만들어 낼 수 있을 것입니다.

마음에 드는 게 없으면 더 추천해달라고 하면 되고, 저는 이 추천한 구조 중에서 첫 번째 영웅의 여정 구조를 선택했습니다.

2단계에서 저는 조금 다른 변형이 없는지를 물었어요. 그냥 영웅의 여정이라고 하면 너무 뻔한 느낌이어서 식상한 느낌을 지울 방법을 찾은 것이죠.

S 그러면 구조는 영웅의 여정 구조를 택할게. 그런데 그냥 영웅의 여정은 너무 뻔한 듯한데, 조금 재미있는 영웅의 여정 구조는 없을까?

물론입니다. 전통적인 영웅의 여정 구조에 재미있는 요소를 가미하여 흥미롭게 만들 수 있습니다.

1. 역할 전환
   - 평범한 주인공이 아닌, 반(反)영웅적 인물이 영웅이 되는 과정
   - 악당/부정적 인물의 관점에서 본 영웅의 여정
2. 장르 혼합
   - 영웅의 여정에 다른 장르(코미디, 로맨스, SF 등)를 가미하여 새로운 재미 부여
   - 예) 좀비 영화 속 영웅의 여정
3. 시대/배경 전환
   - 색다른 시대나 문화권의 배경에서 펼쳐지는 영웅의 여정
   - 예) 고대 마야 문명 속 영웅의 여정
4. 관점 전환
   - 주인공이 아닌 조연의 관점에서 바라본 영웅의 여정
5. 현대화
   - 전통적 영웅 모티프를 현대적 상황에 접목
   - 예) 오피스 직장인이 된 영웅
6. 반전/패러디
   - 영웅의 여정 자체를 패러디하거나 반전을 가미
   - 예) 영웅을 개그맨으로 설정

이처럼 전형적인 영웅의 여정 구조에 창의적 아이디어를 넣어 새로운 재미를 선사할 수 있습니다. 시대/배경, 장르, 관점의 전환이나 패러디 등을 활용해보는 것이 좋겠습니다.

이런 단계들은 있어도 되고 없어도 됩니다. 다만 소설이나 영화의 줄거리를 구상할 때는 어느 정도의 검증된 방법과 구조가 있으니, AI와 상의해서 쓰면 조금 더 효과적이거든요. 이것은 마치 1:1로 선생님과 마주 앉아 상의하면서 줄거리를 써나가는 것과 같은 효과인 셈이죠.

친구와 이야기를 나누며 줄거리를 정리하는 것과 유사한 느낌으로 AI를 활용하면 더 그럴듯한 줄거리를 뽑아낼 수 있죠. 상의하면서 결론에 도달하는 것인데, AI가 제공하는 정보는 방대하고 다양하니 친구보다는 훨씬 유용한 정보를 제공할 것입니다.

그리고 자신이 좋아하는 스토리나 책을 보여준 다음에, 이것의 구조와 특징을 뽑아달라고 하고, 그에 맞춰서 새로운 스토리를 생성시킬 수도 있습니다. 소재와 주제를 상의할 수도 있고, 아니면 자신이 소재나 주제를 준 다음에 그것의 줄거리를 뽑아달라고 할 수도 있습니다. 특별히 명확한 프로세스를 정한다기보다는 큰 틀을 잡는 것이 좋습니다. 왜냐하면 해당 부분의 아이디어가 생각날 수도 있고 그렇지 않을 수도 있어서 아이디어가 생각나지 않는 것은 그냥 AI에게 맡기면 되거든요.

3단계에서 저는 AI에게 큰 설정만 준 다음에 스토리를 뽑아달라고 했어요. 앞에서 반 영웅의 인물이 영웅이 되는 과정이라는 설명에서 지우개가 떠오르더라고요. 연필이 써놓은 것을 지우기만 하는 지우개는 그야말로 반동적이고 수동적인 역할이라고 할 수 있잖아요. 이 지우개가 영웅으로 거듭나면 어떨까 하는 생각이 들었어요.

> **S** 1번 역할전환으로 해서 지우개의 모험을 그리려고 해. 연필이 그린 것을 지우기만 하는 지우개가 진정한 영웅으로 거듭나는 스토리를 만들어줘.
>
> 제목: "지울 수 없는 영웅, 지우개의 모험"
>
> 평범한 지우개 '래더'는 연필 '펜덜'이 그린 선들을 지우는 것이 유일한 임무였다. 하지만 어느 날 펜덜이 마법 묻은 물감으로 그림을 그리면서 사건이 벌어진다. 펜덜의 그림은 생동감 넘치는 생명체가 되어 엉뚱한 행동을 하기 시작한 것이다.
>
> 이에 황당해하던 래더는 펜덜의 실수로 생겨난 재앙을 수습하라는 소명을 받는다. 마법 물감 때문에 생겨난 생명체들이 학용품 세계를 엉망으로 만들고 있었기 때문이다. 그 누구도 과거로 돌이킬 수 없는 상황이 펼쳐졌다.
>
> 처음에는 주저하던 래더지만, 조력자 지우개칼과 수정테이프의 도움으로 모험에 나선다. 그리고 색연필 형제들과 협력하여 하나둘씩 생명체를 지워나간다. 하지만 가장 강력한 생명체가 남아 최대의 위기에 빠지고...
>
> 마지막 때까지 끝까지 지우개로서 역할을 다하려 하는 래더. 그의 노력 끝에 마법 물감의 실체와 해결 방법을 알게 되고, 궁극적으로 생명체를 몰아내고 학용품 세계의 평화를 되찾는데 성공한다.
>
> 과거에는 단지 지우개에 불과했지만, 모험 끝에 세계를 구한 진정한 영웅이 된 래더의 이야기이다.

이 스토리가 마음에 안 들면 다시 한번 짜달라고 할 수도 있고요, 이게 어느 정도 마음에 들면 이것을 뼈대로 점점 살을 붙여가면 되죠. 정확한 구성, 개별 에피소드, 캐릭터 등 다양한 면에서 세부적으로 생성해나갈 수 있습니다.

캐릭터로 예를 들면 요즘 인기 있는 캐릭터의 특징을 주인공 캐릭터로 해달라고 할 수도 있고, 아니면 자기가 좋아하는 캐릭터의 특징과 비슷하게 주인공 캐릭터를 설정해달라고 할 수도 있죠.

5단계로 구분하고 개별 테마를 설정하라느니, 그 테마에 각각 에피소드를 만들고 세부 내용을 발전시키라는 식으로 내용을 늘려나갈 수 있습니다.

?... AI는 도전과제가 아니라 도구다

사실 이런 분야에 관심 있는 분이 마음잡고 만들면, 하루 만에도 소설 한 권 분량의 스토리가 나올 수 있을 정도로 AI는 도구적 역할을 충분히 해냅니다. 하지만 지금은 아이와 부모가 AI를 글 쓰는 도구로 연습하는 용도니까, 그 목적에 충실하게 단계별로 활용하는 연습을 해보는 거죠.

이렇게 SNS 글, 신문기사, 줄거리 등 특수 형식의 글을 선정해서 생성하는 과정을 같이 살펴보았는데, 다른 글도 얼마든지 가능합니다. 부모가 조금 더 익숙하거나 아이가 조금 더 흥미를 갖는 글을 선정하고 그것을 생성하는 연습을 하되, 단계적으로 AI와 상의하면서 만들어가면 됩니다. 잘 모르는 낯선 장르의 글도 이런 프로세스로 얼마든지 완성할 수 있습니다. 우리가 체험해본 것은 과정 그 자체니까, 충분히 연습이 되었을 겁니다.

중요한 것은 할 수 있다는 자신감이나 시도해보려는 결심이 아닙니다. 그냥 해보는 거예요. 우리가 가위를 쓸 때 자신감을 갖고 쓰지는 않잖아요. 버스를 탈 때도 자신감을 갖고 타지는 않습니다. 도구를 도구로 당연하게 이용하는 것입니다. AI가 '도전과제'가 아니라, 당연하게 이용할 수 있는 '도구'가 될 수 있게 몸에 익혀두자는 것이 이런 훈련을 하는 이유죠.

3

창조의 직관적 즐거움,
그림 생성형 AI로 그림 만들기

?.... 그림 만들기 툴 소개

아이들과 연습을 해보기에 가장 좋은 AI 툴은 그림 생성형 AI입니다. 아무래도 글은 아이에게 한눈에 들어오는 결과물은 아닌데, 그림은 한눈에 결과물이 들어오다 보니 더 직관적입니다. 결과물로 보면 조금 더 임팩트가 있는 거죠. 그리고 글은 (좋든 나쁘든) 자신이 쓸 수 있는데, 그림은 AI가 내주듯 그릴 수가 없으니 부족한 능력을 채워준다는 면에서도 일단은 흥미를 끄는 툴이에요.

최근 들어서는 그림을 그려주는 AI 툴이 정말 다양하게 나오거든요. 초창기에 알려진 것은 스테이블 디퓨전Stable Diffusion, 미드저니Midjourney,

달리DALL·E 정도였는데요, 지금은 이들 외에도 수십 가지 툴이 있습니다. 이 툴에 대해서는 앞서 텍스트 생성형 AI와 마찬가지로 끊임없이 나오고 발전하니까 특정해서 말하기 어렵습니다. 검색을 해서, 지금 자신이 찾아보는 시기에 가장 많이 효과적으로 쓰이는 것을 찾아보는 것이 좋습니다. 그리고 그림 생성형 AI는 보통 베타테스트에서는 무료로 풀어서 많은 사람이 사용하도록 하는데, 이후 실제 상용화에 들어가면 유료로 전환하는 게 많아요. 그래서 지금은 무료라 하더라도, 나중에 보면 유료로 되어 있는 것도 꽤 있죠. 미드저니 같은 툴은 초창기에는 일정 수량까지는 무료였거든요. 그런데 지금은 Basic 플랜이 한 달에 10달러 정도고 제일 비싼 Mega 플랜은 120달러나 합니다.[95] 미드저니에서는 무료로 쓸 수 있는 요금 플랜이 없어졌어요.

고품질의 그림을 생성하는 툴은 스테이블 디퓨전과 미드저니인데, 각각 단점이 있습니다. 미드저니는 유료인 것과 반드시 디스코드 플랫폼을 이용해야 한다는 불편함이 있어요. 스테이블 디퓨전은 한번 설치하면 무료로 사용할 수 있지만, 고사양의 컴퓨터가 필요하고 사용법이 다른 것에 비해 복잡하다는 측면에서는 진입 장벽이 높은 편입니다. 이 두 가지 툴 전부 아이와 함께 가볍게 연습해보기에는 적절하지 않은 듯합니다. 향후에 고품질의 그림이나 디자인이 필요할 때 두 툴에 대해 집중적으로 공부해보기를 추천하고, 여기에서는 일단 이 두 툴은 열외로 놓겠습니다.

먼저 제가 추천하는 툴은 유료지만 DALL·E 3입니다. DALL·E 3는 현재 ChatGPT와 통합되어 ChatGPT 안에서 '그림을 생성해줘'라고 하면 연동되어서 그림을 생성합니다. 그래서 사용하는 것이 무척 편하기도 하고, 무엇보다 연결되어 있는 ChatGPT가 텍스트 생성형 AI에서는 Top급 AI라는 것이 최고의 경쟁력입니다. 그림 설명을 하면 그것을 아주 잘 알아듣거든요. 미드저니에서는 그림은 잘 나올지 몰라도, 마음에 드는 그림, 자신이 생각한 그림이 정확하게 나오도록 명령하기가 쉽지 않습니다. 그런데 DALL·E 3는 ChatGPT로 작동하다 보니, 정확하게 묘사하기만 하면 그 니즈를 반영한 그림이 나온다는 것이죠.

그리고 그림의 퀄리티는 떨어지지만 무료로 쓸 수 있다는 장점 면에서는 플레이 그라운드 AI를 추천합니다. 그림 퀄리티가 좋기로 유명한 스테이블 디퓨전 기반이어서 무료치고는 그림 퀄리티가 높은데요, 그래서 사용자들은 언제 유료로 바뀔지 모른다고 불안해하면서 사용하고 있어요.

?.... 플레이 그라운드 AI를 사용하기 위한
최소한의 작동법

우리의 목적은 아이와 함께 그림을 생성해보는 것이기 때문에 자세한 사용법까지 알 필요는 없지만, 최소한 그림을 나오게 하는 정도는 알아야 하니 일단 무료모델인 플레이 그라운드 AI의 사용법을 최소한 수준에서 알아볼게요. 그런데 보통 다른 그림 생성형 AI도 기본적으로는 작동 방법이 비슷해서, 하나만 알면 다른 AI를 접하더라도 직관적으로 이해할 수 있을 겁니다. 일단 플레이 그라운드 AI에 들어가야겠죠.

① https://playground.com/으로 들어갑니다. 여기서 Get Started 버튼을 누르면 되는데, 로그인을 해야 하거든요. 이메일로 계정을 만들 수도 있고 구글 계정으로 연동시킬 수도 있습니다. 이런 플랫폼 가입 전용 이메일을 만들어두는 것도 좋습니다.

② 시작 화면에서 로그인해 들어가면 다음과 같은 화면이 뜨는데, 이 중 몇 가지 명령어만 알면 됩니다.

왼쪽 메뉴의 Filter는 그림체의 스타일을 선택하는 것입니다. 다양한 스타일이 그림으로 제시되어서 선택할 수 있습니다.

그리고 Prompt 칸이 구체적으로 명령어를 넣는 곳인데, 단어를 나열해도 되지만 문장으로 명령하는 것이 더 정확하죠. Expand Prompt 는 Prompt를 짧게 입력하는 경우 그 내용을 더 확장해주는 명령입니다. 예를 들어 제가 '벚꽃, 거리, 밤, 인파, 조명'으로만 Prompt를 입력했는데, Expand Prompt를 켜고 생성하면 그 Prompt를 조금 더 자세하게 풀어서 그림을 설명하고 있습니다. 구체적으로는 "Cherry blossoms framing an urban street, undre a night sky speckled with stars. throngs of people gathered, illuminated by the soft glow of streetlights, sakura petals fluttering in a gentle breeze, convergent lines of arcitecture, contrast between nature and city life, vibrant and muted tones, bokeh effect from city lights, chiaroscuro, ultra-realistic, digital painting. 도시의 거리를 가득 채운 벚꽃, 별이 반짝이는 밤하늘, 가로등의 은은한 빛, 산들바람에 흩날리는 벚꽃잎, 건축물의 수렴하는 선, 자연과 도시 생활의 대비, 생생하고 차분한 톤, 도시 조명으로 인한 보케 효과(몽환적이고 예술적인 흐림 효과) , 키아로스코(명암법), 초현실적인 디지털 페인팅, 수많은 사람이 모여 있습니다."라고 '벚꽃, 거리, 밤, 인파, 조명'이라는 다섯 단어가 이렇게 늘어났죠. 이 기능만 잘 사용하면 자신의 생각을 더 풍부하게 표현할 수 있는데요, 세부적으로 하나하나 자신이 직접 묘사해서 그림을 생성할 분은 이 기능의 스위치를 끄면 됩니다.

③ 오른쪽 메뉴의 Model은 그림을 생성하는 엔진으로 무엇을 쓰느냐인데, 스테이블 디퓨전을 쓸 수도 있고, 플레이 그라운드를 선택해서 쓸 수도 있습니다. Image Dimensions는 그림의 사이즈입니다. 그림의 크기를 선택하면 됩니다.

메뉴를 더 내려보면 Number of Images라고 보이는데, 한 번에 얼마나 많은 작품을 만들 수 있는지 장수를 정해주는 것입니다.

Seed는 조금 어려운 개념인데, 연속성 있는 이미지를 만들려고 할 때는 아주 유용한 개념입니다. 이미지 동일성을 유지하는 명령이라고

팬더, 컴퓨터, 대나무, 게임, 귀여움.　　　　팬더, 사무실, 커피, 도시.

보면 됩니다. Seed를 찍어보면 그림의 넘버링이 나오는데, 이때 마지막 숫자에 +1이나 -1을 입력해 생성시키면, 앞의 이미지와 유사한 이미지가 생성됩니다. 주인공의 얼굴이나 그림 분위기의 연속성을 유지하기 위해 필요한 것이 바로 Seed입니다.

　예를 들어 '팬더, 컴퓨터, 대나무, 게임, 귀여움'이라는 키워드로 생성한 그림이 왼쪽 그림입니다. Expand Prompt를 켜서 조금 더 자세하게 입력이 되었죠. 이것의 시드값을 찍어보니까, 123876724였거든요. 이것을 프롬프트를 '팬더, 사무실, 커피, 도시'라고 넣고서 시드값을 123876725로 제일 마지막 숫자만 +1을 해서 수정한 다음에 생성시킨 것이 오른쪽 그림입니다. 팬더의 모습은 그대로 유지되는데, 도심 사무실로 배경을 이동시켰죠.

④ 이 정도면 어느 정도 그림을 생성하는 데 최소한의 정보는 안 셈입니다. 이외에도 여러 가지 기능이 있는데, 더 자세하게 공부하려면 '플레이 그라운드 AI 사용법'으로 검색해보면 자세하게 설명해놓은 블로그를 찾을 수 있습니다. 이런 정보를 참고하면 됩니다.

?.... DALL·E 3로 수정해가며 그림 완성하기

개인적으로는 ChatGPT의 유료모델을 써보는 것도 좋다고 생각합니다. 텍스트 생성형 AI는 기본적으로 다른 AI를 사용할 때도 계속 쓰여서 성능 좋은 GPT-4를 쓸 수 있다는 것이 큰 장점입니다. 그리고 플러그인으로 다양한 프로그램과 연결되며, 무엇보다 ChatGPT 프롬프트 창에서 '~을 그려줘'라는 명령어로 바로 DALL·E 3를 작동시킬 수 있어서 그림 생성시키는 것이 아주 간편하거든요.

ChatGPT 안에서 DALL·E 3를 사용하면 따로 복잡하게 사용법을 익히지 않고 그냥 말로 그림을 생성시킬 수 있습니다. 사용법이랄 것도 없이 너무 간단하죠. 게다가 그림 수정 기능까지 생겨서 그림에서 마음에 안 드는 부분을 수정할 수도 있습니다. 수정하는 것도 프롬프트 창에 입력하는 것으로 작동할 수 있어 간단합니다.

아이가 쉽게 시도하기에 가장 직관적이고 간편한 그림 생성 툴이 ChatGPT와 DALL·E 3를 API로 연결한 이 툴이라고 할 수 있습니다.

텍스트 생성형 AI와 연결되어 사용하기 쉽고, 여러 가지 다양한 시도를 하기에도 좋아서 유료모델이라도 들어간 돈만큼의 교육적 가치는 뽑을 수 있다고 봅니다. 물론 부모 입장에서도 미래를 준비하고 업무에 도움을 받는 용도로 이 툴을 활용할 수 있어 효과적이기도 하고요.

구체적으로 다음과 같이 명령어를 써볼게요. 그냥 ChatGPT와의 대화창에 바로 쓰면 됩니다. 그려달라고 이야기하면 알아서 DALL·E 3와 연결해서 그려주기 때문에, 따로 연결하지 않습니다.

"공룡이 뛰어노는 쥬라기 공원에 간 아이를 그려주면 좋겠어. 공룡을 바라보는 아이는 신나 있고, 옆에 있는 부모는 약간 겁나는 표정을 짓고 있는데, 공룡들은 이 아이와 부모에게는 관심이 없고 자기들끼리 싸우고 있어. 시네마틱하게 그려주면 좋겠어. 16:9의 비율로."

이렇게 결과물이 나왔죠. 한 번의 명령어로 우리가 생각하는 그림이 안 나올 수 있으니, 이제 여기에 더해 새로운 명령어를 추가하면서 자기가 원하는 그림을 만들어가는 거예요. 그런데 보통 그림을 그려본 사람이 아니면 그림의 디테일까지 전부 다 구상하지는 못하니까, 먼저 구상을 하고 말을 만든다기보다는 이렇게 먼저 그림을 생성시키고, 여기에 추가하거나 빼가면서 그림을 발전시키는 것이 낫습니다. 그러니까 AI에게 대강이라도 그려보게 한 다음, 출력된 그림을 눈으로 보면서 수정해가며 그림을 완성하는 것이죠.

이 그림의 틀이 마음에 안 들면 엎어버리고 전체적으로 다시 그림을 생성시켜도 되고, 이 그림의 틀은 괜찮다면 일부분만 수정하는 기능도 있습니다. 이 그림을 클릭하면 크게 그림이 나오는데 그림 위쪽의 오른편에 도구 모음이 보이고 그중에 선택을 누르면 마우스가 범위를 지정할 수 있게 바뀌거든요. 그림에서 수정하고 싶은 부분만 범위를 지정한 후에 오른편에 뜬 대화 창에 그 부분을 어떻게 수정해달라고 쓰면 그림에서 딱 그 부분만 수정이 돼요.

이 그림에서는 부모가 한 명령어대로 묘사되지 않고 이상하게 공룡들 가운데 서 있는 것으로 나왔잖아요. 그림이 어색해지니 아예 이 인물을 없애볼게요. 그림을 클릭하면 위쪽 오른편에 도구모음이 뜨는데 그중 제일 왼쪽에 있는 것이 범위 지정입니다. 그걸 클릭하고 그림에서 수정할 부분을 마우스로 긁어 표시해줍니다.

　가운데 인물 부분에 표시가 되었죠. 원래는 그림을 다시 생성하면 그림 전체의 구도와 주제, 내용이 싹 다 바뀌는 경우가 많았는데, 그림이 어느 정도 마음에 들 경우 그렇게까지 싹 바뀌면 곤란했거든요. 그래서 일부분만 수정하는 기능이 들어갔는데, 이렇듯 새로운 유용한 기능이 금방금방 나오고 바뀌니까 잘 적응해야 해요. 다만 생성형 AI는 직관적 사용이 특징인 만큼 조작법이 어렵지는 않습니다. 보통은 그런 기능이 있다는 것만 인지하면 됩니다. 어떻게 수정할지는 프롬프트 창에 설명해주면 되는데, 여기서는 이 인물을 없애달라고 했어요. 최종 결과물은 다음과 같습니다.(339쪽)

　지정한 범위에서 가운데 남자가 싹 사라졌죠. 새의 모습이 익룡으로 바뀌어야 한다면 새 부분을 범위로 지정한 다음에 익룡의 모습으로 바꿔달라도 해도 됩니다. 그렇게 자신만의 그림을 완성해가면 돼요.

여기서 한 가지 중요한 스킬을 알려드리면, 캐릭터 동일성과 이미지 일관성을 위한 방법이에요. 연속적인 창작을 할 때 필요한 것인데, 시드값을 사용하는 것이죠. 앞서의 플레이 그라운드 AI에서는 시드 메뉴가 따로 있었지만, 대화형인 ChatGPT에서는 시드값을 직접 물어봐야 합니다.

앞 그림의 시드값이 뭐냐고 물어보면 알려주거든요. 그럼 그다음 그림에서는 이 시드값을 기반으로 생성해달라고 요청하면 됩니다. 예를 들어 제가 "패션모델인 여자아이의 그림을 그려줘. 때는 봄이고, 지금 한참 촬영 중이서 포즈를 잡고 있어. 하이퍼 리얼리즘을 바탕으로 한 3D 포토 같은 스타일로."라고 요청했어요. 다음처럼 왼쪽 아이의 그림이 나왔습니다.(340쪽)

그리고 이 그림 바로 다음에 "이 그림의 시드값이 뭐야?"라고 물어
보았어요. 그러자 ChatGPT가 "이 그림을 생성할 때 사용된 시드값은
2068172348입니다."라고 알려주었습니다. 그 시드값을 알고 그것을
바탕으로 다음 그림을 요청했죠.

"시드번호 2068172348과 동일한 여자아이 캐릭터 이미지로, 이번
에는 카페에서 겨울옷 모델로 촬영하는 것을 그려줘."라고 요청했습니
다. 그랬더니 오른쪽 그림처럼 나왔는데 캐릭터가 완전히 동일하지는
않고, 왼쪽 아이가 크면 오른쪽 아이가 될 듯한 모습이네요. (그 해 겨울
이 아니라 3~4년 후의 겨울인가 봅니다.)

사실 캐릭터 동일성의 문제는 그렇게 쉬운 것은 아니어서 가장 좋은
방법은 하나하나 정확하게 인물을 묘사하는 것입니다. 그런데 우리가
상업적으로 이미지를 쓰려고 정확히 맞춰야 하는 것은 아니기 때문에
최대한 간단한 방법으로 시드값이라는 해결책을 찾은 것이고, 원래는

세부적인 인물묘사로 프롬프터를 자세하게 작성해서 요청하는 방법이 최선이에요.

아이와 연습하기 위해서는 이 정도면 어느 정도 쓰는 데 문제가 없을 듯하니, 시드값을 활용해보는 것이 좋은 방법일 것입니다. 그리고 제가 시드값을 활용해서 몇 번 더 요청을 해봤는데요, 다음과 같은 그림도 나왔습니다. 아이가 초등학생에서 중학생, 그리고 고등학생에서 대학생으로 커가는 모습을 보는 듯한 느낌도 있죠.

?.... AI로 그림을 생성할 때 고려해야 할 요소들

그림을 뽑을 때 경험들이 쌓이면 좋은 점은, 그림에 대해서 명령어를 효과적으로 지정하게 되거든요. 표현대로 그림이 나오다 보니, 표현이 풍부하고 정확할수록 의도한 그림이 나오는 것이죠. 그림을 그릴 때는 크게 주제, 스타일, 시점, 퀄리티, 분위기, 사이즈로 명령어를 나눠서 생각할 수 있습니다.

① 주제

사실 주제만 주고 '그려줘'라고 하면 알아서 그려주는데요, 그렇게 알아서 그린 것을 가지고 수정해가면서 원하는 그림을 만들어내는 것이 제일 일반적으로 사용하는 방법이에요.

② 스타일

스타일을 잘 쓰기만 하면 그림의 전체적인 분위기가 결정되면서 일단 자기가 생각하는 그림의 반은 완성됩니다. 저도 강연에서 PPT를 보여줄 때 하나의 그림을 각각 다른 스타일로 비교해서 보여주거든요. 그러면 임팩트가 있더라고요.

하나금융 인재교육원에서 강연하는 모습을 보통(왼쪽), 팝아트 스타일(가운데), 반고흐 스타일(오른쪽)로 생성한 그림.

예를 들어 하나금융의 인재개발원인 '하나 글로벌 캠퍼스'에서 강연할 때, 그냥 강연하는 모습을 먼저 생성하고, 그다음에 이 내용을 팝아트 스타일로 만들어달라고 하고, 또 반고흐 스타일로 만들어달라고도 한 것입니다. 저 작업을 다 하는 데 걸린 시간은 1~2분이에요. 여기에 수채화 스타일, 렘브란트 스타일, 3D 포토 스타일, 미국 그래픽 노블 스타일, 초상화 스타일, 시네마틱 스타일, 일본 애니메이션 스타일, 펜 아트 스타일, 스케치, 목탄화, 웹툰, 즉석사진 스타일 등 다양한 스타일로 뽑아달라고 하면 그림의 전체 분위기가 확 달라지면서 새로운 그림이 나오는 것이죠. 아이가 선호하는 스타일이나 부모가 선호하는 스타일을 정리해두어서 종종 사용해보는 것도 좋습니다.

③ 시점

시점은 인물 클로즈업, 위에서 밑을 내려다보는 버드 아이 시점, 로우앵글, 하이앵글, 드론 샷, 어안렌즈, 360도 카메라 시점, 파노라마, 미러리스, 고글 카메라, 셀카, 액션캠 등 여러 가지 시점이 있습니다.

④ 퀄리티

퀄리티는 그림의 품질을 결정하는데, 그냥 무작위로 놓아두면 아무래도 평범한 보통의 그림이 되는 경우가 있습니다. (어떤 분은 미국 할아버지가 그린 그림 같다고 하기도 했어요.) 그래서 일을 좀 열심히 하라는 뜻으로 4K, 8K 같은 고화질을 지정할 수도 있고, 울트라 리얼리스틱, 울트라디테일, 포토리얼리즘, 하이퍼리얼리즘, 필름 카메라, 드라마틱 등의 키워드를 넣어서 생성시킵니다.

⑤ 분위기

분위기는 전체적인 감정이라고 생각하면 되는데요, 정확한 명령어보다는 자신의 감상을 입력한다고 생각하면 됩니다. 노을 지는 느낌, 평화로움, 파스텔 색감, 몽환적인 분위기, 으스스한 분위기, 행복한 느낌, 차가운 색감, 우울한 색조 등 자신의 감정이나 감각을 드러내는 표현으로 그림의 분위기를 지정할 수 있습니다.

⑥ 사이즈

그림의 사이즈를 지정해야 하는데, 그냥 놓아두면 1:1 사이즈로 출력하는 경우가 많습니다. 이왕이며 자신이 그림을 쓸 용도에 맞춰 그림의 크기를 정해두면 거기에 맞춰 나오거든요. 인스타용으로는 1:1 사이즈가 좋고, 유튜브나 PPT는 16:9를 많이 쓰죠. 옛날 스타일의 PPT는 4:3도 많이 쓰고요. 스마트폰에 맞게 세로 영상이나 세로로 보여줄 때는 9:16이나 4:5도 씁니다. 자신이 쓰려고 하는 곳에 딱 맞게 그림이 생성되니, 쓰려고 하는 곳의 사이즈를 알고 있는 게 좋겠죠. 저는 책에서 쓸 때는 주로 16:9를 쓰는데, 가끔 1:1을 섞어 씁니다.

그럼 이제 이런 키워드를 배치해서 프롬프터를 구성하는 연습을 해볼까요? 다음의 빈칸에 하나씩 채워넣고 그것을 이어 붙여서 맨 아래 칸의 프롬프트를 완성시킨다는 개념으로 접근하면 됩니다. 하지만 이것은 연습을 위한 참고사항일 뿐, 자신이 그냥 프롬프트를 구성할 수 있다면 그냥 그렇게 하는 게 낫죠. 하나의 가이드일 뿐이니 법칙처럼 절대시하지 말고 체크, 또는 훈련용으로만 쓰라는 것입니다. 우리의 진짜 목적은 자신만의 사용법을 찾아내고 발굴하는 거니까요.

1. 주제	2. 스타일	3. 시점	4. 퀄리티	5. 분위기	6. 사이즈

프롬프트 :

예를 들어 다음과 같이 채워보겠습니다.

1. 주제	2. 스타일	3. 시점	4. 퀄리티	5. 분위기	6. 사이즈
아이에게 동화책을 읽어주는 부모	시네마틱 스타일	클로즈업	4K, 디테일하게	따뜻한 분위기	16:9

프롬프트 : 아이에게 동화책을 읽어주는 부모를 그려줘. 시네마틱 스타일로 해주고, 클로즈업 시점을 써. 4K 화질에 가능한 한 디테일하게 묘사해주고, 전제적으로는 따뜻한 분위기를 내줘. 그리고 16:9 사이즈로 부탁해.

그리고 이 프롬프트를 넣어 그림을 생성하니까 다음과 같은 그림이
나왔습니다.

아이에게 동화책을 읽어주는 부모.

하나만 더 예를 들어볼게요.

1. 주제	2. 스타일	3. 시점	4. 퀄리티	5. 분위기	6. 사이즈
친구들과 K-POP 춤을 추고 있는 아이	미국 그래픽 노블 스타일	정면 카메라 시점	디테일 하게	경쾌하고 신나는 파티 분위기	16:9
프롬프트 : 친구들과 K-POP 춤을 추고 있는 아이를 그려주는데, 미국 그래픽 노블 스타일의 그림이면 좋겠어. 정면 카메라 시점으로 그려주고, 디테일하게 그려 줘. 전반적으로 경쾌하고 신나는 파티 분위기가 나야 하고, 16:9 사이즈로 부탁해.					

그래픽 노블과 4K는 잘 맞지 않을 듯해, 4K는 빼고 디테일만 요구했어요. 이 프롬프트로는 다음과 같은 그림이 나왔네요.

친구들과 K-POP춤을 추고 노는 아이.

보면 알겠지만 스타일이 전체적인 그림의 인상을 결정하기 때문에 제일 중요한 키워드인데, 이런 스타일에 쓰일 자신만의 키워드를 많이 발굴해놓으면 다양한 그림을 만들어볼 수 있습니다. 다른 사람의 그림과 그에 따른 프롬프트를 보면서, 마음에 드는 그림의 프롬프트는 어떤 것을 썼나 자주 보면 AI 아트의 장인이 될 수도 있습니다. 부모도 그렇지만 아이도 말이죠. 나이와 AI로 그림 그리는 숙련도는 큰 상관이 없거든요.

?.... 그림을 보고 프롬프트를 생각해보기

앞에서 프롬프트의 구성에 대해 대강 알아보았는데요, 사실 제일 중요한 것은 그림의 내용이죠. 그림 자체를 생산하는 것은 이제 AI가 빠르게 해주기 때문에, 여기에 경쟁력이 있는 것이 아니라 그림의 아이디어에 경쟁력이 있게 되는 거거든요. 그래서 자신의 생각과 아이디어를 글이나 말로 잘 표현해내는 연습을 해야 합니다. 자신의 다양한 생각을 그림으로 생성해보는 것이 도움이 될 것입니다. 이런 경험이 쌓이면 어떤 말로 어떤 그림을 생성한다는 것이 어느 정도 보이니까요.

그래서 지금은 그 반대의 연습을 한번 해보려 합니다. 그림을 보고 그 그림의 프롬프트를 거꾸로 생각해보는 것이죠. 이런 연습은 많은 그림 생성형 AI 플랫폼에 가보면 실제 유저가 생성한 것과 그 프롬프트를 같이 공개하는 경우가 많으니 충분히 샘플을 얻을 수 있을 거예요.

몇 가지 그림을 보면서 그 그림의 내용을 설명해보는 연습을 해볼게요. 그림을 보고 생각을 하고 실제 말로 표현하는 연습을 해보고, 그 말로 표현한 것을 다시 그림 생성형 AI에 넣어보면서 얼마나 비슷하게 나오는지 살펴보는 것도 재미있을 겁니다. 참고로 제시하는 그림은 OpenAI의 DALL·E 3 홈페이지에서 샘플로 제시하면서 소개하는 것입니다. 조금 더 많은 그림이 있으니 직접 찾아가봐도 좋습니다.[96]

① 난파선

그림 내용 표현하기 :

② 감자왕

그림 내용 표현하기 :

③ 종이 소녀와 고양이

그림 내용 표현하기 :

④ 바나나 소파

그림 내용 표현하기 :

다음 내용은 정답이라기보다는 프롬프트로 제시한 것이라서, 아이가 생각한 것과 한번 맞춰보는 정도로 비교해보라고 제시하는 것입니다. 참고만 하기를 바랍니다.

① 난파선

해저에 자리 잡은 고대 난파선의 사진입니다. 바다 식물이 나무 구조물을 점령하고 물고기가 빈 공간을 드나들며 헤엄치고 있어요. 가라앉은 보물과 오래된 대포가 여기저기 흩어져 있어 과거를 엿볼 수 있습니다.

② 감자왕

장엄한 왕관을 쓴 작은 감자 왕이 왕좌에 앉아 감자 신하와 감자 성으로 가득한 광활한 감자 왕국을 통치합니다.

③ 종이 소녀와 고양이

소녀가 고양이를 부드럽게 안아주는 모습을 묘사한 종이 공예 작품입니다. 둘은 화분 사이에 앉아 있고 고양이는 만족스럽게 낑낑대며 소녀는 미소를 짓고 있습니다. 이 장면은 수공예 종이 꽃과 나뭇잎으로 장식되어 있습니다.

④ 바나나 소파

아늑한 거실에는 선명한 노란색 바나나 모양의 소파가 자리하고 있으며, 그 곡선에는 다채로운 쿠션이 놓여 있습니다. 나무 바닥에는 패턴 러그가 깔려 있어 절충적인 매력을 더하고, 모서리에는 화분이 창문을 통해 들어오는 햇살을 향해 놓여 있습니다.

촬영도 편집도 하지 않고, 영상 만들기

?.... 영화 창작의 개념을 바꿀 Text to Video 기술

AI의 발전을 이야기할 때 가장 주목할 만한 부분 중 하나가 영상입니다. 영상이기 때문에 비주얼적인 임팩트도 있어서 대중에게 회자가 많이 되기도 하죠. Text to Video라는 기술은 글자만 적으면 아무런 영상 소스를 주지 않았는데, 알아서 AI가 영상을 만들어주는 기술이에요. 그런데 최근 발표되는 영상 생성형 AI을 보면, 이때 나오는 영상의 퀄리티가 생각보다 정말 너무 좋습니다. 웬만한 영화나 드라마의 CG 못지않은 거죠.

충격적으로 퀄리티가 좋은 영상 생성형 AI가 대중에게 본격적으로 보급되기 직전인데요, 아무래도 가짜 영상Fake Video를 쉽게 만들 수 있어 악용할 여지가 있다 보니 대중 공개에는 기술뿐 아니라 윤리나 보안 등 여러 가지 면에서 신경 써야 할 것이 많죠. 하지만 기술이 있는데, 그 기술의 악용 우려 때문에 기술이 사장된 예는 거의 없습니다. (심지어 핵폭탄도 폐기되기는커녕 계속 개량되어왔으니까요.)

빠른 시일 내에 생성 영상 기술은 대중이 자신의 SNS 피드에 오늘의 심정을 영상으로 표현할 정도로 보급될 것입니다. 기술적으로는 이미 차원이 다른 모습을 보여주었습니다. 특히 OpenAI의 영상 생성형 AI인 소라 AISora AI가 그렇죠.

그 전에도 Gen 2 같은 Text to Video 기술의 영상 생성형 AI가 있긴 했지만, 영상의 길이가 3초 정도가 고작이었거든요. 그런데 소라 AI는 최대 1분 정도의 영상을 생성할 수 있습니다. 그것도 매우 고품질의 영상을 말이죠. 3초짜리 영상은 생성시키면 재미는 있을지 몰라도 활용성은 매우 제한되죠. 아마 '움짤' 정도밖에는 쓸 수 없을 것입니다. 그런데 1분짜리 영상이 나온다는 말은 AI 영상으로 거의 대부분의 광고나 숏폼 같은 실제 사용되는 영상을 대체할 수 있다는 말이에요.

게다가 1900년대 미국이라든가, 중세 유럽 같은 영상도 쉽게 생성해냅니다. 이걸 세트로 지어서 촬영하거나 CG로 구현하려고 할 때 들어가는 비용을 생각하면, 영상 생성형 AI를 사용하지 않는다는 것이

소라 AI가 생성한 영상.[98]

이상한 일이 되는 것이죠.

그리고 1분짜리 영상 10개를 생성해서 이어붙이면 그대로 독립영화 한 편이 됩니다. 스토리 아이디어만 잘 짜고, 구성이나 편집에 대한 감각만 있으면 독립영화 한 편도 누구나 쉽게 만들 수 있게 된다는 거예요. 그런데 이렇게 되면 독립영화라는 개념도 지금과는 달라질 거예요. 지금 독립영화 하면 생각나는 내용이나 규모 등은 제작비 여건상 어쩔 수 없기 때문에 그렇게 된 것인데, 이때가 되면 1800년대 세트장이나 달에서의 촬영도 가능한 셈이어서, 독립영화와 할리우드 영화의 구분이라는 것이 무의미해질 수 있거든요.

그리고 아예 LTX 스튜디오 같은 툴이 나오는데요, LTX 스튜디오는 스토리를 넣으면 그 스토리를 바탕으로 영화 한 편를 만들어주는 프로그램입니다. 이 툴을 이용해 영화 스토리보드를 짜고, 컷 보정이나 수정도 하고, 캐스팅을 바꾼다거나, 영화에 등장하는 자동차의 종류를 바꾸기도 합니다. 그러니까 개인이 만드는 영화도 브랜드 노출을 하는 간접광고 PPL을 할 수 있다는 얘기가 되겠죠.

?.... 쌍방향 영상 소통 플랫폼

앞으로 아이들이 살아가는 AI 시대에는 자신의 의사를 영상으로 표현하는 능력이 아주 중요한 능력이 될 것입니다. 영상이 쉽게 생성되면서 의사소통의 주 도구가 영상이 될 확률이 꽤 높아서예요.

글자 위주의 페이스북은 사진 위주의 인스타그램이 나오자 나이 든 사람들이 하는 SNS로 인식되어버렸죠. 스마트폰으로 쉽게 사진을 찍고, 또 스마트폰으로 쉽게 사진을 편집할 수 있게 되면서 사진이 주요한 소통도구가 되었어요. 그러면서 SNS의 주류도 페이스북에서 인스타그램으로 이동한 것입니다.

이제 영상이 쉽게 생성되는 시대가 되면, 빠르게 영상 위주의 SNS로 소통의 주류가 재편될 수 있습니다, 그렇지 않아도 지금 아이들에게는 유튜브가 가장 많이 사용하는 플랫폼이기도 하고요. 그런데 유튜브만 해도 양방향 소통이라기보다는 대중에게는 유튜버가 생산한 영상을 소비하는 일방향 플랫폼이라고 할 수 있는데, 영상 생성형 AI는 이것을 쌍방향 소통 플랫폼으로 바꿔줄 수 있는 힘을 가진 것이죠.

따라서 아이와 함께 AI로 영상을 만들어보는 것은 지금까지 한 어떤 활동보다 더 중요할 수 있는데, 아직은 Text to Video가 대중에게 완벽하게 공개된 것이 아니고 계속 테스트 중인 상태라, 자신의 언어를 영상으로 바꿔보는 것은 실제로 소라 AI가 대중화된 다음에 연습해야겠네요.

?.... 브루로 영상 생성하기

그래서 자신의 생각을 영상으로 바꿔주는 것까지는 아니고, 자동으로 영상을 생성해주는 정도의 연습을 해볼까 합니다. 자동으로 영상을 만들어주기 때문에 쇼츠나 릴스 같은 숏폼 영상에서 자주 볼 수 있는 형태고요, AI가 영상 내에서 내레이션을 해주기 때문에 언어도 한국어로 제한되지 않을 수 있어요. 그러니까 영상을 영어로 만들어 인스타그램 계정이나 유튜브 채널을 개설한 후에 외국 대상으로 활동하면, 자신은 영어를 한 마디도 못해도 영미권 크리에이터가 될 수도 있는 거죠. (피드 설명이나 댓글도 다 번역기를 이용하면 되니까요.)

다만 유튜브를 보면 이런 식으로 큰돈 벌었다고 방법을 알려주겠다는 사람이 많은데, 실제로 큰돈 벌 수 있는 방법이면 그들이 거기서 그러고 있지 않아요. AI가 만들어주는 영상은 저품질이기 때문에, 알고리즘의 추천을 받을 확률도 낮고 사람들도 잘 팔로우하지 않거든요.

물론 이런 식으로 올렸는데 대박이 날 수도 있지만, 로또 복권으로 대박을 노리는 것과 아주 다르지는 않다고 말씀드릴 수 있습니다. 다만 그냥 영상을 만들어보는 것은 지속성이 없으니, '미션을 설정하고 그것을 목표로 한다는 차원에서 채널을 운영해본다'는 식으로 가볍게 접근하는 것이 좋겠습니다.

자동영상 생성형 AI는 여러 가지가 있는데, 가장 쉽게 쓸 수 있는 것은 브루Vrew입니다. 브루는 매우 쉽게 사용할 수 있는 영상 편집 프로그램인데, 저는 개인적으로 유튜브 영상을 올릴 때 가끔 자막을 자동으로 생성해주는 기능을 사용합니다. 영상의 음성을 알아듣고 그것을 자막으로 변환하는데, 시간도 오래 걸리지 않고 무엇보다 사용이 간편해서 가볍게 쓰기에는 좋거든요. 그런데 브루는 기술 발전에 따라 계속 업그레이드를 게을리하지 않더라고요. 오랜만에 들어가서 보면 뭔가 하나씩 새로운 기능이 추가되어 있는데, 최근 AI들의 약진이 눈에 띄며 관련 기술이 많이 들어가게 되었습니다. AI 이미지 생성, AI 목소리나 AI 자막더빙도 있는데, 무엇보다 눈에 띄는 것은 '텍스트로 비디오 만들기'입니다. 이게 바로 텍스트로 영상을 만드는 기능이거든요. 이 기능을 활용해볼게요.

우선 브루를 깔아야 하는데요, 브루는 프로그램을 컴퓨터에 설치하는 식으로 작동합니다. 윈도우, 맥, 리눅스 모두 지원해요. 검색창에

Vrew를 입력하든가, 아니면 입력창에 https://vrew.voyagerx.com/ko/를 입력하면 다운로드할 수 있는 사이트가 나오는데요, 여기서 무료로 다운로드해 컴퓨터에 설치하면 됩니다.

브루를 다운로드 받을 수 있는 사이트.[99]

다운로드 받고 설치하면 브루가 시작하는데, 처음에는 무료로도 충분히 사용 가능합니다. 무료, 라이트, 스탠다드, 비즈니스 요금제가 있는데, 대부분은 사용할 수 있는 양이 늘어나는 정도의 차이입니다. 무료 요금제에서도 음성 분석 6천 분, AI 목소리 50만 자, 번역 150만 자, 이미지 생성 5천 장, 텍스트로 비디오 만들기 1만 자(1회당)를 제공합니다. 이 정도면 아이와 체험으로 영상 몇 개 만들어보는 데는 충분할 것입니다.

처음 브루 화면으로 들어가면 편집기 같은 구성이 눈에 띄는데요, 태생이 편집 프로그램이어서 편집이 메인 테마인 것이죠. 바 상단의 '파일'에서 '새로 만들기'를 클릭하면 'PC에서 비디오·오디오 불러오기'와 '텍스트로 비디오 만들기'로 나뉩니다. 그 밖에 다른 메뉴들도 있지만, 이 두 개가 메인인데요, 그중에 우리가 선택할 것은 '텍스트로 비디오 만들기'입니다.

새로 만들기의 메뉴들.

그러면 어떤 비율의 영상을 만들 것인지 고르게 되는데, 대개는 유튜브용 16:9 사이즈 아니면 쇼츠용 9:16에서 고르면 됩니다. 그 밖에 인스타그램용의 4:5 화면이나 클래식한 비율의 4:3도 있긴 한데, 쇼츠에 올릴 것이라고 가정하고 이 중에 9:16 사이즈를 선택할게요.

그다음에는 비디오 스타일을 선택하는데, 이 스타일에 따라 조금씩 다르게 화면이 구성되죠. 현재는 총 15개를 선택할 수 있습니다. 아예 스타일이 없는 것도 있고, 캐주얼한 정보전달 영상(반말), 다큐멘터리, 뉴스속보 영상, 어린이 학습 영상, 힙합 랩 영상, 책 리뷰 영상, 튜토리얼 영상 스타일 등에서 고르면 됩니다. 이 스타일에 따라 화면이 좀 달라지죠. 몇 개 만들어보면서 아이가 좋아하고 또 전달하려는 내용과 핏이 맞는 스타일을 고르면 됩니다. 저는 '캐주얼한 정보전달 영상 스타일'을 골라볼게요.

비디오 스타일 선택하기.

간단하게 몇 가지를 선택하면 바로 영상 만들기입니다. 주제의 제목만 써 넣으면 AI가 내용을 알아서 채우게 할 수도 있고요, 자신이 대본을 써 넣을 수도 있어요. 그런데 자신이 넣는다고 해도 ChatGPT 같은 AI를 이용한 것일 테니 어차피 비슷하지만, 그래도 텍스트 생성형 AI에서 대본을 만들면 아이가 이것저것 구체적으로 요구한 내용이 들어갈 테니 조금 더 아이의 의중에 맞는 대본이 나오겠죠.

처음에는 '부모와 아이가 같이 놀 만한 놀이 추천 5선'을 넣고 그냥 대본을 만들어봤는데, '창피하기 공책 레슨' 같은 애매한 것도 나오고, 게다가 골프를 추천하네요. 아무래도 성능 좋은 GPT가 필요할 것 같아서, ChatGPT에 가서 대본을 써 왔습니다. "'부모와 아이가 같이 놀 만한 놀이 추천 5선'이라는 주제로 쇼츠를 만들려고 해. 쇼츠용 대본을 써줘. 300자 정도로."라고 부탁했더니 다음과 같이 훌륭한 대본을 써 주었어요.

오른쪽에는 스타일에 맞춰서 AI 목소리와 영상 요소까지 이미 설정되어 있는데, 이것을 변경할 수 있습니다. 목소리 같은 경우에는 변경 버튼을 누르면 목소리 샘플들이 나오니까, 그중에 마음에 드는 것을 고르면 됩니다. 목소리 자체도 선택 요소인데, 어조나 분위기 등을 선택할 때 고려하면 조금 더 자연스러운 목소리를 찾을 수 있을 것입니다.

이제 이런 내용으로 완료를 누르면, 영상을 생성할 수 있습니다.

잠깐 시간이 지나면 영상과 목소리, 그리고 배경음악까지 모두 합해진 영상이 편집 모드로 제공됩니다. 편집 모드이기 때문에 이 상태에서 자막이나 내용을 편집할 수 있습니다. 왼쪽에 조그맣게 플레이 창이 뜨는데, 이 창에서 플레이 버튼을 누르면 영상의 내용을 확인할 수 있어요.

수정할 부분까지 다 마치고 영상을 생성하려고 하면, 일단 제일 윗단의 도구 모음에서 '파일'을 클릭하고 '프로젝트 저장하기'를 클릭해 이 프로젝트를 저장합니다. 그리고 윗단 오른쪽에 '내보내기'라는 색깔이 다른 버튼이 보일 거예요. 이 버튼을 누르면 내보내기 형식이 여러 개 뜨는데, 그중에 영상 파일로 mp4를 선택하면 됩니다. 동영상 내보내기가 나오고 해상도나 화질을 선택하는 데 그냥 기본값으로 하면 됩니다. 너무 고화질로 하면 용량이 커서 활용도가 떨어질 수 있으니, 해상도 1080×1920에 화질은 '고화질' 정도로 하면, 이게 딱 추천 사양이어서 이대로 하면 됩니다.

생성 버튼을 누르면 어디에 저장할지 물어보는데, 저장할 곳을 정해 주면 영상이 출력되기 시작합니다. 출력된 영상은 파일 형식으로 제공 되는데 채널에 올려도 되고, 그냥 소장만 해도 되겠죠.

이렇게 만드는 데 들어간 사용량을 보니까 AI 목소리가 334/10,000 이고, AI 이미지가 5/100입니다. 무료 플랜으로 이런 영상 20개 정도 는 만들 수 있는데요, 더 다행인 것은 이 사용량은 한 달 지나면 다시 충전된다는 것입니다.

?.... 채널 기획하고 운영하기

물론 최근의 AI계는 워낙에 빨리 급변하다 보니, 언제 어떻게 바뀔지 모르지만 방향성은 영상을 만드는 방법이 더 간단해지고, 나오는 영상의 퀄리티가 좋은 방향으로 흘러가지 그 반대 방향으로 역행하지는 않습니다. 이렇게 한 번이라도 아이와 함께 영상을 생성하는 연습을 해보면 다른 영상 생성형 AI를 다루는 데 큰 어려움을 느끼지는 않을 겁니다.

영상을 만드는 것은 어렵지 않으니 오히려 영상을 생성해서 어떻게 활용할지, 그러니까 영상을 활용한 채널을 구상한다든가, 시리즈로 영상을 만드는 기획을 하는 것이 더 필요한 일이 아닐까 합니다.

아이와 함께 10개 정도 영상을 기획해보세요. 어차피 자기 목소리, 얼굴이 드러나지 않으니 사생활 침해 같은 문제도 없습니다. 동화책 리뷰라든가, 한국의 관광명소를 영어로 소개하는 시리즈, 맛있는 길거리 음식들, 과자 리뷰 등 여러 가지 아이템을 아이와 같이 기획해보고, 아이와 함께 쇼츠 채널을 운영해보길 권합니다. 채널의 가치를 먼저 설정하고, 그에 맞는 콘텐츠 기획안 5~10개를 리스트업하는 식으로 기획안을 간단하게 세우면 됩니다. 예를 들어 K-푸드를 영어로 소개해 외국인이 한국에 관심을 갖게 하는 채널 같은 식으로 기획하는 거죠. 아니면 K-드라마에 나온 한글 어휘를 배워보는 채널도 괜찮고요.

'학생을 위해 수행평가 때 자주 나오는 한국 단편 소설 초간단 리뷰' 채널 같은 것도 괜찮습니다, 어차피 대본은 ChatGPT가 만들어줄 거니까요.

예를 들면 다음과 같은 식으로 아이와 함께 채널 기획안을 세워보는 거죠. 그리고 콘텐츠 제목에 맞게 영상을 생성하는 겁니다. 기획안도 간단하게 다음 양식의 칸을 채운다는 정도만 세워보면 됩니다. 물론 아이에게 처음에는 기획안을 맡겨야죠.

채널	채널 목표	콘텐츠

다음 예시처럼 기획안을 세우면 됩니다.

채널	채널 목표	콘텐츠
K-BOB	외국인에게 한국음식의 매력을 알려주는 채널 (영어로)	김밥이 완전식품인 이유
		떡볶이는 왜 외국인에게 인기가 있을까?
		핫도그 맛있게 먹는 법
		십원빵은 언제 시작된 것일까?
		붕어빵에 붕어가 들어 있나요?

채널	채널 목표	콘텐츠
초교소 (초등학교 교과서 소설)	초등학교 교과서에 실린 소설을 소개해초등학생들에게 정보를 제공	〈벙어리 삼룡이〉 나도향
		〈메밀꽃 필 무렵〉 이효석
		〈B 사감과 러브레터〉 현진건
		〈동백꽃〉 김유정
		〈붉은 산〉 김동인

이렇게 채널 기획을 하고, 그다음에는 차근차근 이 기획대로 영상을 만들어서 쌓아가면 됩니다. 그런데 이렇게 자동화해서 만들면 하루에 20~30개도 만들긴 해요. 문제는 이렇게 쉽게 만들어지는 영상은 고품질 영상은 아니어서 추천받기는 힘들다는 것이죠. 하지만 이 영상으로 세계를 휩쓰는 유튜버가 되겠다고 하는 것은 아니니, 딱히 문제 될 것은 없습니다.

영상으로 의사소통하기 위한 방법을 익히는 것 정도로 생각하면 되고, 그리고 앞으로는 자신의 생각이나 의도를 글이나 말로 표현하면 그것을 영상으로 만들어주는 생성형 AI와 그것을 응용해 영화나 광고를 만들 수 있는 AI 툴이 쏟아져 나오니까, 그에 대한 대비로 초보적인 지금의 방법을 익혀두는 정도로 접근하면 됩니다.

아이와 부모가 함께
세상을 항해하기를

작가로서 글을 쓸 때는 자신이 쓰고 싶은 것을 쓰는 경우가 있고, 사람들이 듣고 싶어 하는 이야기를 쓰는 경우가 있습니다.《똑똑한 아이는 어떻게 생각하고 질문하는가》는 많은 이의 요청으로 쓴 책으로, 후자에 속하는 책이죠.

ChatGPT로 대표되는 생성형 AI가 몰고 오는 변화의 속도와 규모는 전대미문의 일입니다. 그동안 인터넷이나 스마트폰 같은 기술 변화와 그에 따른 대전환이 있어왔지만, 이렇게까지 속도가 빠르고, 전면적으로 라이프스타일과 일자리 전망을 변화시킨 격랑은 일찍이 없었어요. 더 놀라운 것은 이제 시작일 뿐이라는 것이죠.

강연을 하며, 또 북콘서트나 방송에서 이 놀라운 AI 시대에 우리 아이들은 어떻게 자라야 할지 고민하는 부모님들을 많이 만날 수 있었습니다. 두려울 정도로 격한 이 변화의 시대에 부모인 자신도 적응하기 어렵지만 도대체 우리 아이는 어떻게 해야 하는지 진심 어린 걱정을 정말 많이 접했어요. 생각해보면 이상한 일입니다. 아이들은 아직 어리니, 이제 커가면서 교육을 받고 새로운 AI 세상에 적응하면 되거든요. 그런데도 부모의 걱정과 한숨이 미래보다 앞서는 것은, 지금의 교육이 이 AI 세상을 무사하게 항해하도록 해줄 만큼 명민하게 변화하지 않는다고 생각해서일 것입니다.

그래서 많은 부모의 질문에 대해 답을 정리해서 드리는 것이 바로 이 책 《똑똑한 아이는 어떻게 생각하고 질문하는가》입니다. AI를 가장 잘 활용하는 방법으로서 생각하기, 질문하기라는 본질적인 사용법을 구체적이고 실용적으로 알려드리고 있죠. 스킬적인 이야기들이 나오느니만큼 그런 부분을 활동과 미션을 통해 전달함으로써, 훈련과 연습이 재미있으면서도 본격적으로 이루어질 수 있도록 구성했습니다. 무엇보다 이런 활동을 부모와 아이가 함께할 수 있게 함으로써, 아이뿐만 아니라 부모 역시 자연스럽게 새로운 세상을 항해할 준비를 같이 할 수 있도록 했습니다.

우리나라에서 GPT 전망서를 처음으로 내고, 또 AI 세상의 서바이벌 가이드라고 할 수 있는 《똑똑한 사람은 어떻게 생각하고 질문하는가》

를 낸 사람으로서, 저는 부모님들의 걱정에 답을 해야 할 의무와 책임을 많이 느꼈습니다. (일단 강연 후 질문에 대답을 해야 하니까요.) 그리고 마침 제가 계속 해오던 일이 미래 인재양성에 관한 것입니다. '똑똑한 사람'이라는 타이틀로 스마트하게 지혜를 갖는 방법에 대해 계속 이야기해왔죠. 성신여대에서 저의 소속 부서가 인재개발팀입니다.

하지만 역시 이 책을 쓰는 데 가장 도움이 된 경험은 아이와 함께한 시간이죠. 아이들이 어렸을 때 좋았던 부분, 못해줘서 아쉬웠던 부분, 그리고 지금과 같은 환경에서 우리 아이들이 어린이라면 같이 하고 싶은 부분을 종합해서 이 책에 담았습니다.

아이들은 자랍니다. 아이가 아이로 있을 시간은 생각보다 한정되어 있어요. 그 아름다운 시간 놓치지 말고, 생애 가장 아름다운 추억을 아이와 함께 쌓으면서 미래에 대한 준비도 원 팀으로서 재미있게 하기를 바랍니다.

잘 커준 한나, 한이 두 딸과 그 아이들을 키우는 데 지분이 99%인 아내 한님에게 사랑한다는 말을 전하면서 이만 책을 맺습니다.

1 https://www.mediatoday.co.kr/news/articleView.html?idxno=317011
2 https://bootora.com/entry/%ED%85%8C%EC%84%B8%EC%9A%B0%EC
   %8A%A4%EC%9D%98-%EB%B0%B0-%EC%97%AD%EC%84%A4?cate-
   gory=987299
3 https://www.newstomato.com/ReadNews.aspx?no=1222516&inflow=N
4 https://www.loremachine.ai/
5 https://ko.wikipedia.org/wiki/%EC%A0%95%EA%B8%80_%EB%B6%81
6 https://news.mt.co.kr/mtview.php?no=2023100313405794787
7 https://www.munhwa.com/news/view.html?no=2022120901031912
   000003
8 https://blog.naver.com/don_men/221568827392
9 https://www.khan.co.kr/economy/finance/article/201312132055355
10 https://partner.yogiyo.co.kr/content/view/%EB%A1%9C%EB%B2
   %84%ED%8A%B8%EC%B9%98%ED%82%A8-%EC%9A%94%EA%B8
   %B0%EC%9A%94-%EC%82%AC%EC%9E%A5%EB%8B%98-
   %EC%9D%B8%ED%84%B0%EB%B7%B0
11 https://robertchicken.com/content/franchise?pat=fr2
12 https://www.wikitree.co.kr/articles/232727
13 https://twitter.com/beckylitv/status/1772407948481892396
14 《뇌 과학의 모든 역사》(매튜 코브, 심심, 2021)
15 https://blog.naver.com/papayakim/223249609518
16 《포노 사피엔스》(최재봉, 쌤앤파커스, 2019)
17 《GPT 제너레이션》(이시한, 북모먼트, 2023)

18 《트렌드 코리아 2024》(김난도 외 9명, 미래의창, 2023)

19 https://blog.naver.com/jloger/222004517730

20 《페르마의 마지막 정리》(사이먼 싱, 영림 카디널, 2022)

21 https://terms.naver.com/entry.naver?docId=1838528cid=42045category-Id=42045

22 https://blog.naver.com/pwe21/223183626353

23 https://youtube.com/shorts/vB9ZiEf2b94?si=2BbNJZpalkTpjrPA

24 https://english.hani.co.kr/arti/science/science_general/979195.html

25 http://www.mdilbo.com/detail/L4p3oT/662193

26 https://terms.naver.com/entry.naver?docId=67931cid=43667category-Id=43667

27 https://donbada.tistory.com/810

28 https://blog.naver.com/mono-pastel/222148936677

29 https://namu.wiki/w/%ED%95%99%EA%B5%90

30 https://caltechkorea.tistory.com/entry/%EC%A7%80%EA%B8%88%EC%9D%98-%ED%95%99%EA%B5%90%EA%B5%90%EC%9C%A1%EC%9D%B4-%EC%B6%94%EA%B5%AC%ED%95%98%EB%8A%94-%EA%B2%83%EC%9D%80-%EB%AC%B4%EC%97%87%EC%9D%B8%EA%B0%80

31 https://snuarori.snu.ac.kr/rencw/admission_guide/typical_guide2.php?board_07=2021

32 《21세기를 위한 21가지 제언》(유발 하라리, 김영사, 2018, 398-399쪽)

33 https://blog.naver.com/psi666art/222961699799

34 https://www.stb.co.kr/?m=bbs&uid=5543

35 https://www.edaily.co.kr/news/read?newsId=01446486638755424media-aCodeNo=257OutLnkChk=Y

36 《노화의 종말》(데이비드 A. 싱클레어, 매슈 D. 러플랜트, 부키, 2020)

37 https://post.naver.com/viewer/postView.naver?volumeNo=32606575memberNo=3336vType=VERTICAL

38 https://www.mk.co.kr/news/world/10975643

39 https://www.joongang.co.kr/article/25238251
   https://www.chosun.com/economy/money/2024/03/24/UALXK2JW6B-
   GIXJBL7SS5XBXZUA/?utm_source=naverutm_medium=referralutm_cam-
   paign=naver-news

40 https://www.chosun.com/economy/money/2024/03/24/UALXK2JW6B-
   GIXJBL7SS5XBXZUA/?utm_source=naverutm_medium=referralutm_cam-
   paign=naver-news

41 https://post.naver.com/viewer/postView.naver?volumeNo=33403070me
   mberNo=34980552vType=VERTICAL

42 https://blog.naver.com/shh7164/223164774391

43 https://namu.wiki/w/%EB%8C%80%EC%83%81%20%EC%98%81%
   EC%86%8D%EC%84%B1

44 https://terms.naver.com/entry.naver?docId=2094153cid=41991category-
   Id=41991

45 https://www.mk.co.kr/economy/view/2021/458864

46 https://blog.naver.com/palankum/223168798492

47 《도덕경》(노자, 올재, 2013)

48 https://www.youtube.com/watch?v=Q2BHEQpZAMs&t=97s

49 https://www.youtube.com/watch?v=kaKQHsUM3Po

50 https://namu.wiki/w/%EC%9D%B8%EC%84%B1

51 https://www.m-i.kr/news/articleView.html?idxno=1080933

52 《이제는 잘파세대다》(이시한, RH코리아, 2023)

53 https://contents.premium.naver.com/bigpicture/moreandmore/con-
   tents/220629162039597cs

54 《책 읽는 뇌 : 독서와 뇌 난독증과 창조성의 은밀한 동거에 관한 이야기》(매리언
   울프, 살림, 2009)

55 《1984》(조지 오웰, 민음사, 2007)

56 Six Thinking Hats (de Bono, Edward, Penguin Books Ltd, 2016

57 https://terms.naver.com/entry.naver?docId=937485cid=43667category-
   Id=43667

58 https://www.news1.kr/articles/5370149

59 《사피엔스》(유발 하라리, 김영사, 2013)

60 https://terms.naver.com/entry.naver?docId=2274546cid=42192category-Id=51107

61 https://ko.wikipedia.org/wiki/%ED%8E%B8%EC%A7%91

62 https://www.dailyhagah.com/%EC%A0%80%EB%84%90%EB%A7%-81journaling%EC%9D%B4%EB%9E%80-%EB%AC%B4%EC%97%87%EC%9D%B8%EA%B0%80/

63 https://namu.wiki/w/%EC%95%84%EC%B9%B4%EC%9D%B4%EB%B8%8C

64 https://namu.wiki/w/%EB%A7%88%EC%9D%B8%EB%93%9C%20%EB%A7%B5

65 https://blog.naver.com/go_with_god/223364336607

66 https://terms.naver.com/entry.naver?docId=5772875cid=43667category-Id=43667

67 https://zecle0.tistory.com/entry/%EB%A7%8C%EB%8B%A4%EB%9D%B-C%ED%8A%B8-%EA%B3%84%ED%9A%8D%ED%91%9C-%EB%AA%A9%ED%91%9C-%EB%8F%84%EC%A0%84-%EB%B0%A9%EB%B2%-95feat-%EC%98%A4%ED%83%80%EB%8B%88-%EC%87%B-C%ED%97%A4%EC%9D%B4

68 https://www.hankyung.com/article/2024031883287

69 《에디톨로지》(김정운, 21세기북스, 2018)

70 https://www.ibulgyo.com/news/articleView.html?idxno=410918

71 https://goodeditor.tistory.com/237

72 https://www.manzlab.com/news/articleView.html?idxno=24169

73 https://dict.naver.com/dict.search?query=%EC%A1%B0%EB%A6%AC%AC&-from=tsearch

74 https://namu.wiki/w/%EB%84%B7%ED%94%8C%EB%A6%AD%EC%8A%A4

75 https://www.youtube.com/watch?v=VH8UEdtnfv4

76 https://www.youtube.com/watch?v=LyAdZmg1w4U

77 https://www.youtube.com/watch?v=kxJyC4nyrHI

78 https://ko.wikipedia.org/wiki/%EA%B9%80%ED%98%95%EC%84%9D_
(%EC%9D%8C%EC%95%85%EA%B0%80

79 https://twitter.com/kimhs0927

80 https://news.sbs.co.kr/news/endPage.do?news_id=N1007601599pl
ink=ORIcooper=NAVER

81 https://www.segye.com/newsView/20240403516297?OutUrl=naver

82 https://www.youtube.com/watch?v=Sq1QZB5baNw

83 https://magazine.hankyung.com/business/article/202403203552b

84 https://news.heraldcorp.com/view.php?ud=20240402050800

85 https://zdnet.co.kr/view/?no=20230913084433

86 https://news.heraldcorp.com/view.php?ud=20240118000864

87 https://www.youtube.com/watch?v=d6e41W6ZjtY

88 https://www.yna.co.kr/view/AKR20240331016400003?input=1195m

89 https://www.joongang.co.kr/article/25239918

90 https://biz.chosun.com/it-science/ict/2024/03/21/GBLCEWWALBC3X-
AJRH54SPTAGRM/?utm_source=naverutm_medium=originalutm_cam-
paign=biz

91 https://www.yna.co.kr/view/AKR20240328004500091?input=1195m

92 https://www.aitimes.com/news/articleView.html?idxno=157727

93 https://www.newsis.com/view/?id=NISX20240322_0002672073cID=10406
pID=13100

94 https://www.newsis.com/view/?id=NISX20240328_0002678468cID=13006
pID=13100

95 https://deepdaive.com/midjourney-pricing/

96 https://openai.com/dall-e-3

97 https://app.suno.ai/account/

98 https://openai.com/sora

99 https://vrew.voyagerx.com/ko/

똑똑한 아이는 어떻게 생각하고 질문하는가
© 이시한, 2024

초판 1쇄 인쇄 | 2024년 5월 10일
초판 1쇄 발행 | 2024년 5월 16일

지은이 | 이시한
책임편집 | 배상현
콘텐츠 그룹 | 배상현, 김다미, 김아영
북디자인 | 초코북

펴낸이 | 전승환
펴낸곳 | 책 읽어주는 남자
신고번호 | 제2019-00045호
이메일 | bookcrayon@thebookman.co.kr

ISBN 979-11-93937-03-7 03370